创业36条军规

孙陶然 著

|简明国民创业实践教程|

（全新修订版）

中信出版集团 · CHINACITICPRESS · 北京

图书在版编目（CIP）数据

创业 36 条军规 / 孙陶然著 . —2 版 . —北京：中信出版社，2015.11（2025.11重印）
ISBN 978-7-5086-5528-4

I. ①创…　II. ①孙…　III. ①企业管理　IV. ① F270

中国版本图书馆 CIP 数据核字（2015）第 226293 号

创业 36 条军规

著　　者：孙陶然
策划推广：中信出版社（China CITIC Press）
出版发行：中信出版集团股份有限公司
（北京市朝阳区东三环北路 27 号嘉铭中心　邮编　100020）
（CITIC Publishing Group）
承 印 者：北京通州皇家印刷厂

开　　本：880mm × 1230mm　1/32　　印　　张：11.75　　字　　数：224 千字
版　　次：2015 年 11 月第 2 版　　印　　次：2025 年11月第 39 次印刷
书　　号：ISBN 978-7-5086-5528-4 / F · 3487
定　　价：49.00 元

目录 CONTENTS

再版推荐序

新东方教育集团董事长、洪泰基金联合创始人　俞敏洪

创业，是我这一年来谈论最多的话题之一。因为我欣喜地看到，中国年轻人创业的最好时代已经到来。我们所有人都有幸出生在一个伟大的时代，迎来了一个中国这么伟大的时期，我们不能辜负这样的时代和机遇。

任何一个世界文明的繁荣，都是从商业开始，而创业带来商业活力、商业秩序与商业文明，这恰恰是推动社会进步的力量。在今天的中国，我们完全可以通过自己的努力建立商业时代的新秩序，让诚信、负责、透明、平等、自愿的商业精神成为新一代中国人的精神。

更让创业者增加底气的，是李克强总理在 2014 年夏季达沃斯论坛上的一句承诺：要“打破一切体制机制的障碍”，让每个有创业愿望的人都拥有自主创业的空间，让创新创造的血液在全社会自由流动，让自主发展的精神在全体人民中蔚然成风！

陶然是我的师弟，也是北大企业家俱乐部的好友。他是中国大名鼎鼎的连续创业者，创业领域横跨媒体、广告、公关、金融服务等，几乎每一次创业都取得了成功，所以若论成功创业的实战经验，估计没有几个人能比得上他。他创办的蓝色光标、恒基伟业、拉卡

拉等企业无一不是创新创业的成功典范。

放眼望去，市面上与创业有关的书籍琳琅满目，那些高高在上的姿态或者千人一面的言辞很难打动人心，而读完《创业 36 条军规》，我深深地感觉到这是每位创业者都需要的国民创业实战教程。

在这本书里，你不仅能学到如何组建公司、如何管理团队、如何形成商业模式、如何与资本打交道等实战经验，更重要的是，还能够读到陶然在 20 年创业生涯中的心路历程，让创业者的奋斗之路不孤单。

2014 年底，我和著名投资人盛希泰先生共同成立了“洪泰基金”，为年轻人的创业理想保驾护航。我每天接触很多的创业项目，年轻人的创业热情让我热血澎湃，同时，缺乏创新、商业模式不清晰等普遍存在的问题使得创业项目想取得成功并不容易。

现在中国的创新为什么这么难？我觉得是因为我们从小到大所接受的教育，扼杀了我们的创新意识，局限了我们的求异思维。互联网和移动互联网的到来，已经完全改变了中国社会，也改变了中国人的生活模式和商业模式。现在的社会，只有知识储备能力，没有创新突破能力是不行的。年轻人要不断拓宽自己的眼界，养成不断学习的习惯，要有意识地培养自己的创新能力。

对于有志创业的年轻人，我有三条建议：一是要不断熟悉商业模式；二是要不断思考自己的创业点是否有创新性；三是要有组建团队的能力。把握住这三点后，我觉得创业成功的可能性就会大很多。

创业需要胆识和勇气，因为创业的路途一定会充满荆棘，但我还是鼓励那些有理想的年轻人：不要在平凡的岁月中迷失自己，不要被眼前的坎坷绊住脚步，如果创业是你的选择，那么就请坚定地踏上征程，把一次次的失败当作阶梯，踩在脚下，直到取得你所梦想的成功！

再版自序

本书初版是2012年，适逢我大学毕业20年，算是对于我毕业20年职业生涯的一个小结和复盘。写作时我很自信，因为与很多作者坐而论道完全不同，本书是源于我的科班理论+多次亲自创业实践+反复复盘的结果，但出版后还是有点小忐忑。

本书出版后，不到一年时间里加印了30多次，被很多创业培训机构列为必读书。尤其是从2013年开始的北大创业营（北京大学校友会和企业家俱乐部联合发起成立的中国第一个综合性创业培训体系），我是营友总会理事长也是导师之一，第一期的第一堂课就是我讲《创业36条军规》。两年来，北创营开始了300多门课程覆盖了超过10万受训学员，每门课的导师要么是成功企业家要么是知名教授、院士，以本书为蓝本的课程“创业军规”在学员无记名评分中一直以近乎满分排名第一。

对于作者而言，最担心的就是所著所写被人诟病、误人子弟，最高兴的莫过于所著所写对于读者有用。过去三年里，让我最高兴的是，我没有听到一次对本书的责骂和讥讽，相反我遇到很多人告诉我他感谢本书，认为本书是所有有关创业的书中信息量最大，“干货”最多的，“当作辞典来用”。

微博、微信上有人给我留言，告诉我这本书他“读了100多遍”（我几乎不敢相信），有人告诉我他“买了几十本给身边创业的朋友每人送了一本”（这我相信），有人告诉我他“给公司中层每人发了一本，组织大家研讨”，有人拿来索要签名的书“密密麻麻贴满了五颜六色的书签”（我大吃一惊），有人告诉我就是看了我的书决定辞职创业了……这一切，让我欣慰让我感动，也让我一颗悬着的心终于放下。

诚如我在本书所写，创业是一种生活方式，但是也是和平时期最绚丽的一种生活方式。不管是30年前创业者不被认可的时代，还是当今政府号召“大众创业、万众创新”创业者被捧为英雄的时代，创业生活都是波澜壮阔的，创业者一年经历的酸甜苦辣相当于普通人的5年到10年。

创业就是一个从无到有的过程，每一个从无到有都是历史的进步机会，每一个能够生存并发展的从无到有都会推动历史的进步。即便有些不适合的人投身到创业之中失败了，他们的试错对于后来者而言也是一种进步。

中国创业的氛围从来没有现在这样好，不管是舆论还是环境的改善，在这个历史进化的大潮中，本书若能为进步助一分力，将是我莫大之荣幸。

本次修订是应中信出版社赵辉编辑之邀，也因为我是一个追求完美的人。过去三年，我本人对很多事情的领悟都上了一个小台阶，也希望能够将这些感悟注入《创业36条军规》中，让其符合目前我自己的最高认知水平，于是就有了本次修订再版。

军规还是原来的36条，但是顺序做了梳理，对于每条的阐述也进行了大幅度修订，书中近50%的地方都有增删修改，以期逻辑更深刻，文字更精炼。

最后，祝天下创业者开创梦想，心想事成！

2015年9月，巴黎旅途中

推荐序1

著名经济学家　厉以宁

孙陶然同学是北京大学经济管理系（北京大学光华管理学院前身）1987级的本科生。我当时是系主任，给他们上课，还时常举办讲座。他在校期间就很活跃，还担任了班干部。记得有一次他和另一个同学到我家里，当时我还住在中关园宿舍，他们请我给学生们准备创办的一本刊物题词，记得我写道：一个二十几岁的人，如果天赋很好，可以成为某些领域有突出贡献的专家，但绝不可能成为一个出色的经济学家。意在告诫他们，经济学是紧密联系社会实际的科学，从事经济学研究的学者必须深入了解社会，了解企业，有丰富的实践经验，才能有真知灼见。

2011年是1987级本科生毕业20周年。20世纪80年代的中国，是一个探索的年代、争鸣的年代，教师、学生和研究人员都在为中国的改革道路抒发己见，所以1987级是北大非常活跃的一个年级。在校期间，他们跨系之间的交流非常密切，尤其是学生干部之间跨系跨级的交流更是非常多。那也是一个思想非常活跃的年代，讲座多，各种思潮纷至沓来，加之特殊的时代背景，这一级北大同学毕业后涌现出了一大批非常出色的企业人才，例如百度创始人李彦宏（87级图书馆系）、本书作者——蓝色光标、恒基伟业及拉卡拉等多家公司的创始人孙陶然（87 级经济管理系）、西藏旅游股份公司创始人欧阳旭（87 级中文系）、蓝色光标股份公司创始人赵文权（87 级政治学与行政管理系）等等。

这些从北大走出的企业家身上有着很多共性。他们都崇尚创新，不屑于人云亦云，他们的企业往往是从一开始就另辟蹊径，开创了一个新的行业；他们都志向高远，意志坚定。这股韧劲源于北大带给他们的高远境界和深刻自信。他们往往能够坚持到最后并最终取得成功。他们都信仰正义，往往能够比同行拥有更高的道德底线并能坚守。他们也都充满理想主义，所以他们一直在积极参与各种公益事业，回馈社会，回馈母校。

我认为，从某种角度看，孙陶然愿意花时间把自己毕业 20 年来创办和经营企业的经验和教训整理出来，这件事本身就具有公益性。既然身为企业人，对社会的最好回馈就是支持和帮助有志于创业的人发展，不论是从资本层面还是从知识层面。

这本书通读下来，虽然我并不认为陶然的全部观点都是正确的，至少不是全部经验都具有适用性，但我赞赏他勇于钻研的精神以及归纳、总结、提炼知识的能力。我想这也许和他在北大经济管理系学习到的经济学和管理学知识相关。如果真是如此，那是我们这些教师最大的欣慰。

我非常欣慰北大培养了许多出色的企业家，更欣慰他们身上那种低调的北大味道。“野无人迹非无路，村有溪流必有桥”，“倾听江下涛声急，一代新潮接旧潮。”我知道，北大精神的魅力已经深深融入他们的血液，我相信未来这些他们得自于北大的精神财富会激励他们创造出更多的精神和物质财富以回馈社会，回馈北大。对这一切，我始终充满信心。

推荐序2

联想控股董事长，联想集团创始人　柳传志

我认识孙陶然是在 1995 年，当时他和《北京青年报》一起创办的《北京青年报 · 电脑时代周刊》来采访我。当时 IT 业相对神秘，只有寥寥几份专业媒体报道相关内容，大众媒体上的报道几乎没有，陶然告诉我他们要开风气之先，在大众媒体上用老百姓读得懂的语言向他们讲述有关电脑的一切，因为电脑必将走下神坛走入寻常百姓家。一股闯劲儿给我留下了深刻印象。

其后我们一直断断续续有接触，我关注到他创办蓝色光标公关公司、创办直投杂志、参与创办恒基伟业推出商务通掌上电脑等业务。其间，有顺有不顺。再次正式接触是 2004 年底，我参加联想投资的会议听取孙陶然创办拉卡拉公司的商业计划书，当时他正准备结束长达两年的休假开始再次创业，我非常赞成“联想投资”投资他，因为我知道的孙陶然是个哭着喊着要进步，而且也知道怎么进步的人，是个想干事能干事的人。

会后孙陶然送给了我一本《联想管理大纲》，让我惊奇的是，这是一本我们在 1991 年前后编辑的管理文件，厚厚的一本复印件上密密麻麻地被孙陶然标注了各种颜色的标记和注释，他告诉我，当年他请人复印了这本管理大纲，一直不断地钻研其中的管理理念并借鉴到自己的管理工作之中，他说是对照这本大纲学习的管理。

虽然我知道这是他的自谦，但是也从一个侧面看出孙陶然是一个非常喜欢学习、非常重视学习的人，从陶然写这本书也可以看出，这 20 年来，他在创业也在思考，而归纳、总结和提炼能力是一个领军人物非常重要的能力，联想文化非常提倡“复盘”也是这个意思，希望各级管理者能够通过复盘来不断总结和提高，从会做菜到会写菜谱，从而把工作做得更好。

陶然能够在工作之余整理总结出这本书，也是他对自己多年经营和管理工作经验的一次复盘，我相信他总结出的经验和教训对于后来的创业者会有所启迪。陶然目前正在率领拉卡拉团队在金融服务领域大展宏图，已成为联想控股旗下现代服务业的一个重要业务模块，成为联想正规军的队伍，我也在此祝愿他和他的团队能够永攀高峰！

推荐序3

中关村科技园区管委会主任　郭洪

应陶然之约，为其《创业36条军规》再版作序。开始有点犹豫，一来觉得创业的激情与梦想、艰辛与磨难，创业者自己最清楚，他人不好评价；二来我始终认为，每一场创业都是独特的，从某种意义上来说，创业没有一定之规。但是，陶然作为一个连续创业者，你可以从他身上感受到强烈的创业家精神。这种创业家精神需要传承并发扬光大。基于此，我和广大创业者一样，对《创业36条军规》再版备感欣慰，充满期待。

创新创业是中关村不朽的灵魂。创新通过创业来实现，创新贯彻创业始终。中关村创新的历程，就是一部创业的历史、一代又一代创业家奋斗成长的历史。近30年来，中关村诞生了一大批具有鲜明时代特征的创新型企业，涌现了一大批明星创业家。他们有把企业做成一个全球领军企业的雄心壮志，有持续的创新精神和创新能力，有百折不挠的毅力，有极强的风险意识和与之相对应的冒险精神。他们的创新创业故事汇聚成了中关村的发展历程，他们的创新创业精神凝练成了中关村精神。毫无疑问，陶然是这些创业家中的典型代表之一。他先后创办多家知名公司，行业涉足媒体、公关、IT和金融等多个领域，积累了丰富的经验和教训。

随着创新工场、车库咖啡、创客空间等一大批创新型孵化器的兴起，特别是 2014 年 6 月中关村创业大街的开街，中关村的创新创业进入了一个新阶段，引领了全国大众创业、万众创新的时代潮流。90 后创业者、领军企业骨干创业者、连续创业者三类创业群体组成了中关村新的创业大军。作为连续创业者，陶然和许多创业家一样依然活跃在中关村创新创业的大舞台上。他们既是创业者，又是投资人；既是创业导师，又是志愿服务者。他们既为创业者们提供经验、资金、市场、人脉等各种资源，又带领众多的“创业系”在中关村各领风骚。

正如陶然所言，创业，是一场艰苦的持久战。当我们看到并分享一个创业者的成功喜悦时，往往会忽略他迷茫中的坚持、失败后的重启，其中的痛和难也许不是局外人能体会的。其实，无论成功还是失败，创业已经成为中关村人的一种生活方式。在中关村工作，我有幸能经常和中关村的创业者们接触交流，看到那么多年轻人怀揣改变世界的梦想，看到那么多创业者面对困难和挑战时表现出来的乐观、自信和坚韧，看到那么多不同年龄、不同领域的创业者聚在一起碰撞沟通、跨界融合，总会禁不住感慨，国家和民族未来的希望就在他们身上；总会禁不住心生更加强烈的责任感、使命感和紧迫感，因为创业的路还很漫长，依然还很艰辛。让创业更加简单、让创业者不再孤独，我们还需共同倍加努力，还有很多工作要做。

成功不可复制，智慧可以传承。在《创业 36 条军规》中，陶然通过复盘自己的创业历程、创业经验和创业教训，从创业的梦想到创业者的基本素质，从创业的理念到创建公司、组建团队，从经营思想到管理方法，从发展方向到项目细节，全方位地、毫不保留地呈现给广大创业者，既反映了他的创业品质和智慧，又体现了他乐于分享、甘为人梯的精神。与陶然那一代创业者相比，今天的创业者们是幸运的。中关村之所以能够成为全国，乃至全球最具活力的科技创新创业中心，从根本上讲，得益于几代人的共同努力，已经初步构建形成了有利于创新创业的生态系统，支撑中关村创新创业活动源源不断地产生。今天，我们高兴地看到，越来越多的像陶然一样有社会责任感的创业家，加入到天使投资人、创业导师的队伍中来，倾心竭力地帮助新一代创业者快速成长。我们也期待有更多的创业家，将自己的创业经历通过各种方式传递给后人，让创业家精神永存！

最后，让我们向每一位创业者致敬！

推荐序4

创业：一个心智历练的旅程

小米公司内容运营和投资副总裁　陈彤

这是一个缺乏创新但却不乏创业梦想的国家。当然，也许我们期望的创新精神能够从无数的创业过程中逐渐产生。“创业改变中国”，这个概念可能有些过于恢宏，但我相信创业将为中国的商业发展和商业精神提供丰富的给养。

创业的动力非常多样，或源于对自我价值的追寻，或源于对财富的渴望，或源于成功者的范例指引……但创业的结果大致相似，不外乎“成功”与“失败”。自改革开放以来，从联想到海尔，从瀛海威到爱多，这里有至今仍在闪耀的创业成功，也有早就淡出记忆的创业失败。对于大多数人，尤其是对正怀揣创业梦想的人而言，这些荣耀与悲伤都在别处，而它们所带来的思考一直都在眼前。

正如那句老话所言：幸福的家庭都是相似的，不幸的家庭各有各的不幸。创业者们该如何走向幸福？孙陶然先生在《创业 36 条军规》一书中进行了系统的归纳。的确，创业本身就是一个系统工程。对于创业者而言，从开始创业的选择到目标的确定，从团队的搭建到融资合作，每一步的成败都将决定整个过程的成败。作为资深的创业家，陶然在书中用他的实战经历和经验，为创业之路的主要环节进行了独特的归纳和注解。

在陶然看来，创业者首先要考虑的是，要对创业的艰难有充分的预估，更要清楚自己是否适合创业。在创业的过程中，创业者应该遵循自己最初的梦想。如在起点没有想清楚，那根本无法掌握终点的方向。

一旦开始创业历程，作为创业者，应该知道如何决策，明了如何“建班子、定战略、带队伍”。在这里，陶然总结了公司创始人需要注意的7个品格，公司管理中需要注意的9个关键问题。比如，对于创业公司而言，最重要的战略是什么？对于这个问题的回答可能多种多样，但从我的经验来看，陶然给出的答案无疑极具实战价值：“创业者必须清楚，只有解决问题才能向前进，要集中兵力重点突破。”应该说，这一部分所涉及的内容，其价值已经超过了创业这个范围，对于每一个管理者的日常管理工作都极具参考价值。每一个创业者最大的敌人往往就是自己，从无数创业者的经历可以看出，管理的成败可以说直接决定了创业的成败。如果说前面讲过的梦想和个性决定了一个人是否可以去“创”，那么管理将决定你的“创”是否可以真正成为“业”。

一般谈及创业的书籍讲完上述内容后可能就结束了。但是在陶然看来，对于一个真正想做大做强的创业公司来说，仅仅做到上述这些内容是远远不够的。创业初成，如果不避免误区，之前所有的努力都会前功尽弃。对此，陶然提醒创业者切记成功后不要盲目扩张，要知道如何和资本打交道，并且对所有怀揣上市梦想的创业者提醒道：“上市是企业的成人礼，但上市之后，考试才真正开始”。

创业有道。某种意义上讲，《创业36条军规》是一本创业者的行动指南。36个创业之道独立成篇，而又串联起一个创业者从梦想的开始到上市道路上所有重要的步骤。当然，创业的过程纷繁复杂，其中不免需要机缘巧合，不免遇到世事沧桑，这36条“军规”肯定不是创业成功的全部“秘方”。但我相信，只要遵循这36条“军规”所蕴含的创业之道的精髓，机缘就不只是巧合，世事也不仅是沧桑。

对于创业者而言，创业是一个心智历练的过程。如同书中所述，创业者有时往往没有退路，有时必须超越自己。在我看来，无论成功与失败，这样一个过程所积累的经验其实更有价值，因为这些都将成为创业者一生的财富。这个心智历练的过程将与公司成长的过程一样精彩！

推荐序5

蓝色光标品牌顾问股份公司联合创始人、董事长兼CEO
赵文权

自那个多事之夏认识陶然，转眼已 20 多年了，我们是同学，也是同事，我们曾经共居一室，也曾经一起创业，曾经共同大醉之后抱头痛哭，也曾经喝下绝交酒分道扬镳。陶然是这个世界上唯一对我说过“我爱你”的男人，我们不是朋友，也不是哥们儿，按照我们自己的说法，我们是既志同道合又臭味相投的兄弟，我们是兄弟，可以托妻寄子，我们是刎颈之交。

陶然才子，一向喜欢写文章，也写诗，在北大就是校刊的大记者，激扬文字除了提点世人各种道理之外，也是泡妞利器。不过写书出书倒好像是第一回，也就有了我这人生中的第一个序。

创业是时下中国的时髦词，引无数英雄竞折腰，我自己十几年前也算是一个小小的创业者，因此深知创业之艰辛；我的北大同学李彦宏先生曾说，99% 的创业者将以失败告终，我深以为然。我一向是不劝人创业的，做职业人有什么不好？做老板看着风光，其实是为所有员工打工，打落牙齿往肚子里咽，甘苦自知。中国的职业经理人体系迟迟不能建构完善和我们文化中这种“宁为鸡头，不为凤尾”的心态大有关系。

但是有一种人，骨子里面就是不安分，你教他做职业人他永远不甘心，天生就是要创业，纵横捭阖的，陶然大概就是这样的人。《创业 36 条军规》谈不上字字珠玑，却是陶然兄 20 年创业之路和着血和泪的经验大成，对于那些心不自安、渴望创业的陶然的同道中人来说，此书将大有裨益，遇到什么疑难困惑，拿出来翻翻，不一定有现成的答案，但是一定会有感悟。

《军规》的内容，以我自己十几年的创业经历印证，绝大部分都是真理中的真理，但是认识真理易，坚持真理难。我也借这个机会算是搭陶然的便车，和读者们分享一些自己的体会。

先说说战略。诚如陶然所言，创业者都怀揣梦想和激情，如果只是为了养家糊口，大多数情况下不必选择创业，但是梦想要变成现实，战略是首要大事。战略是决定企业能不能真正长大或者基业长青的最重要的因素之一。遗憾的是，中国的许多企业或者是创业之初忙于生存压力，或者是目光短浅只想今年赚多少钱明年赚多少钱，往往缺乏对企业发展的中长期战略的关注。蓝色光标是幸运的，1996 年成立时，虽然只有十来个人，七八条枪，但是我们几个远见卓识的董事就为公司制定了发展战略，迄今这个战略仍在指引公司的发展。蓝色光标能够发展成为全球公共关系 30 强、中国公共关系行业的领导品牌，乃至成为中国资本市场公共关系行业的第一个也是目前唯一一个上市公司，战略明晰居功至伟。上市之后，蓝色光标连串并购引来诸多关注和各种议论，我们是创业板 300 多家公司中最快把超募资金用完的，为什么？无他，战略耳。上市之前公司董事会就已经明确了通过并购快速扩张，打造中国的超级传播集团的战略，后来的事情只是坚定地执行战略。我经常被问到为什么蓝色光标能够发展这么快，为什么我们能够第一个上市，我们和同行相比有什么不同——我总是把战略放在第一位上。战略决定方向，决定你的彼岸在何处。

再说说专注。专注其实是战略的一部分，专注还是多元首先是由战略决定的，并无绝对的对错之分，企业史上专注或者多元都有不少成功案例；只是一般意义上而言，由于资源有限，专注比多元更容易取得成功。以蓝色光标所在的传播行业而论，绝大多数品牌都是专注在细分市场，公关公司就做公关，广告公司就做广告，活动公司就做活动，大型企业中全球似乎也只有奥美是例外，打着整合营销的大旗，业务涉及多个专业领域，从结果看还算是不错。蓝色光标自成立之始就非常明确地专注于公共关系业务，这是我们战略的一部分，十几年来我们心无旁骛只做了这一件事情，总算天道酬勤，取得了一些小小的成绩。上市之后一方面是通过积极并购，在传播的全产业链各个环节布局，另外一方面对于旗下任何一个单一品牌，我们仍然强调专注，集中所有资源，充分发挥自己的核心优势，在一个细分市场做深做透，不是补短板而是把自己的长板做到尽可能长。专注的道理其实大部分人都明白，问题是企业许多时候会遇到诱惑，比如说某个客户和我们说：你们服务得不错，干脆我们把广告业务也交给你们吧。这个时候我们有几种选择：告诉客户我们不做广告业务，但是我们可以帮着推荐专业的广告公司提供服务；我们先把业务接过来，再分包给其他广告公司做，从中赚取差价；我们成立一个广告公司，自己来做这块业务，利润最大化。手边的钱，你赚不赚？这就是考验，而真正的考验通常会伴随企业发展的全过程。抗得住诱惑才有可能讲专注。

最后，陶然可能不爱听，但我还是要说：是否要创业首先是每个人自己的人生战略规划要决定的事情，创业不是好玩儿的事情，而是一条充满荆棘之路，除非你做好了虽万劫不复依然无怨无悔的心理准备，否则不要轻言创业。但是如果你真的已经想清楚了，那么就一往无前，演绎你自己的精彩人生吧，无论成功还是失败，精彩是一定的。上路的时候，别忘了带上这本书。

自序

写这本小书的缘起是两个非常偶然的因素。

一个机缘是牛文文《创业家》杂志搞的黑马成长营。我因为是创始人俱乐部的发起理事，并且和周鸿祎一起担任第一届联席主席，被老牛拉着做了第一批黑马导师。其实我并不认为自己有什么资格做别人的“导师”，本人平生也是最反叛“导师”的，但是老牛同志认为我们这些人必须把自己创业路上的经验和教训拿出来和创业者分享，这个理念我是非常赞成的，能够让年轻人少走我们走过的弯路，这是善事，于是就答应了。后来黑马成长营访问了拉卡拉并请我讲一次课，因为准备时间比较紧，我就根据创业路上各个阶段应该注意的问题写了 36 句话，命名为“创业 36 条军规”和大家做了一次分享，这就是军规的由来。

另一个机缘是微博。我也是被牛文文拉着开的微博，于是就顺手把每一句话加了些注释发在了我的微博上，没想到被很多人转发，也引来一些出版界的朋友，大家鼓动我写成书等等，后来就有了中信出版社的约稿，有了今天这本书。

这是缘起，我之所以愿意抽出碎片时间来写这本书，也有几个考虑。

一方面，今年是我大学毕业20周年，想留下一点儿纪念。1987年我以吉林省文科第四名成绩考入北京大学经济管理系，当时的我们满怀经天纬地之志，一心学成文武艺，货卖帝王家。无奈求学期间世事多变，1991年毕业之时，我因学校某领导的作梗被分配回长春老家，但我不甘心被命运摆弄，毅然放弃分配放弃户口开始了“北漂”生涯，进入四达集团从合同工开始做起，用了10年时间成为恒基伟业公司（由四达集团改制而来）的第二股东、董事、常务副总裁，其间又创办和联合创办了四达广告公司（我们策划了飞跃黄河、中国第一个太空情缘链、中国人首次徒步北极等异想天开的活动）、中国第一个大众媒体产经周刊《北京青年报电脑时代周刊》、中国第一批DM（直邮）杂志《生活速递》、中国第一批公关公司蓝色光标等公司。人生的第二个20年，我过得可谓是丰富多彩。

另一方面，这20年下来，我创办和联合创办了6家公司，横跨媒体、广告、公关、消费电子、金融服务等领域，每一家公司都是另辟蹊径开创了领域内全新的产品或者模式，而且都做到了细分行业内数一数二的位置，这里面有很多经验和教训，值得复盘，我也愿意将它们归纳、总结、提炼出来，供创业者同行们参考。

这本书能够成稿，我要感谢很多人。

首先要感谢《创业家》杂志的牛文文社长的“教唆”、中信出版社的蒋蕾和袁博的工作、齐妙小姐的热心联络。我还要感谢我的太太郭婷婷，她为本书提出了诸多精彩的建议。没有你们的支持，这本书不可能如此顺利出版。

我还要感谢过去20年里我创业路上的那些同伴们，赵文权、许志平、陈良华、吴铁、张征宇、宋建元、范坤芳、赵明明、冯庆宇、李明、刘峻谷、黄明、戴启军、徐氢、邓保军、房建国、陈灏等等，没有大家一起奋斗，就没有我为之自豪的这些成功企业。

其次、我要感谢那些在我生命的每个阶段启迪我、支持过我的同学们、朋友们，你们的支持和帮助，让我受益匪浅。

我还要感谢我的父母和家人们，多年以来，因为工作关系我照顾你们太少，你们为我付出太多。未来的日子里，我希望自己能够真正践行自己倡导的六分之一生活理念，有更多的时间和你们在一起。

最后，要特别感谢我热爱绘画的大女儿 Amy，她动手帮我画了一幅精美的插图作为本书的点睛之笔，让我实现了和女儿“同场竞技”的小梦想。

2011年12月于北京，空气质量“轻度污染”

第一部分

创业的真相

创业就是带领一群未知的人去一个未知的地方完成一个未知的任务，每一场创业都是一场10年的艰苦长征。所以，创业成功是小概率事件，只有极少数人适合创业，而适合成为创业领军人物的人更是凤毛麟角。

对个人而言，创业是一种生活方式，是和平时期最绚丽的一种生活方式。如果你想扩展自己生命的广度和深度，创业是最好的一种生活方式，创业者一年能够品尝到的酸甜苦辣是普通人5年甚至10年都体验不到的。

创业是一个场没有止境的长征，不要期望等创业成功之后如何如何，要享受创业过程，在创业过程中同时实现自己生活中的方方面面理想。

当然，创业成功是有规律可循的，按照一些科学的理念去行事，创业成功的概率会提高很多。

军规 1　创业成功是小概率事件

微语录

昆仑的仑 #：

不要相信那些“成功者”自己讲述的“创业传奇”，创业是件很难的事，只有极少数人适合创业，其中只有极少数的创业者能够成功，每一个成功的创业者都是九死一生的幸运者，创业者长时期为生存苦苦挣扎是常态。

创业是一场艰苦的持久战

创业是什么？创业其实就是带着一群未知的人去一个未知的地方干一件未知的事，再有能力的创业者也无法在出发之前就想清楚所有的事情，即便是你已经想清楚，一旦开始做也会发生很多变化。军事上有一句话叫“枪声一响预案作废”，再好的军事计划在战斗打响之后预案都会失去作用，因为敌人不会按照你的设想来做出反应。实际上，绝大多数公司成功时的商业模式和最初的设想都大相径庭。

创业的这种特性决定了创业之路想起来容易做起来难，开始容易过程很难。创业者需要在前进的过程中根据市场的情况以及消费者的反应，甚至是竞争对手的动态来随机应变。

创业路上，最常见的不是成功和失败，而是长时间的苦苦挣扎。

任何一个公司，不经过 10 年的发展，不可能成为一家行业内数一数二的公司，对于某些行业，例如金融行业，对于某些类型的公司，例如平台型公司，尤其如此。10 年前，成就一家全国规模的知名公司需要 15 年甚至 20 年的奋斗，后来有了风险投资的介入，快的七八年时间就可以成就一家互联网知名公司。但对于大多数创业者来说，不经历 10 年、每周 7×12 小时的创业奋斗，很难有大成。

据我观察，超过一半的创业者是迷迷糊糊上路的，他们在开始创业之前，其实并不清楚创业是怎么回事，也不清楚创业将给他们的生活和人生带来什么样的改变，更不清楚创业将是一场 10 年以上的艰苦“抗战”，他们仅仅是凭着满腔的热情以及一个浪漫而美好的想象就开始了，从此踏上漫长的、充满变数、迷茫、让人经常感到无助的长征路。

我的朋友申音是《创业家》杂志前主编，是个非常有想法的人，后来他离职创业，开始创业前他在微博上写道：“从昨晚到今晨，恐惧大于激动，压力大于亢奋。创业只是个人选择，不想放大意义。很多时候，让自己 high（兴奋）很容易，让心定很难。开口向朋友要帮助简单，不辜负信任才要紧。第一日，立此存照。2010 年 12 月 1 日。”这是创业者典型的写照。

创业的机会成本很高

经常有媒体问我最想给创业者的建议是什么，我的回答都是“不要轻易开始创业”，因为创业是一件很难的事，更因为创业的机会成本很高。

机会成本是经济学的基本概念之一，即你选择了 A 就意味着放弃了 B 和 C 等，你放弃的就是你的机会成本。

对大多数人而言，如果你选择了创业，就意味着你放弃了可能更适合自己的打工，就意味着你很可能会陷入以己之短参与竞争的困境。而对大多数人而言，选择一个适合自己的公司、适合自己的岗位去打工才是正途，也是个人价值发挥的最佳途径。

所以，开始创业之前，一定要测算一下自己的机会成本，大凡想创业的人，都是同辈中的佼佼者，然而越优秀的人选择创业放弃的东西就越多，数十万的年薪，甚至可观的期权，即将到来的升职机会……实际上，对这些佼佼者而言，如果能以创业心态去打工，很可能会迅速成为出色的员工甚至中高层管理者，但一旦选择了创业，就变成了从最低点开始爬坡，很可能会陷入一场持久的苦战。当然一旦创业成功，你获得的成就感和物质及精神收获也是打工永远不可能达到的。

只有不到十分之一的人适合创业

在我看来，人可以分为三类：侠客型、领袖型和群众型。

侠客型的人适合单打独斗，一个人从头做到尾，他们适合做艺术、工程师等工作。

领袖型的人适合做领导，在幼儿园里他们就是孩子王，在生活中他们是“带头大哥”，在工作中他们敢于担责任，愿意担责任，他们有着强烈的事业心，不能容忍平庸，不接受失败。

只有领袖型的人格适合创业，试想如果生活中你都不能成为带头大哥，谈何带领一群未知的人去一个未知的地方呢？

我认为领袖型人格80%以上是天生的，他们从小就充满正义感和争强好胜之心，不能容忍自己在同学中沦为平庸。对于没有领袖特质的人基本上可以放弃期望，能力可以培养，性格基本上不可能培养。

创业的成功率不足三分之一

据统计，美国新创公司存活10年的比例仅为4%，第一年以后有40%破产，5年以内80%破产，活下来的20%在第二个5年中又有80%破产。哈佛商学院的研究发现，第一次创业的成功率是23%，而已成功的企业家再次创业成功的比例略高但也只是34%。可见创业是件很难的事，创业要比打工难十倍，创业的风险要比打工大百倍。

不要被成功者“忽悠”，很多人在成功后会下意识地杜撰出很多“英雄壮举”，这当然可以理解，成功路上很多事情确实不足为外人道，那些求爷爷告奶奶的艰辛以及几度绝望几度想放弃等“糗事”确实有损自己的“光辉形象”，他们会为自己“避讳”。但其实这是最害人的，对于很多创业者来说，如果你按照他们宣称的方式和经验去做，基本上会“死无葬身之地”。

不要相信那些一年创立两年融资三年上市的故事，不要相信那些被投资人追逐着想投资的故事，更不要相信有人在厕所用6分钟搞定永远也花不完的钱的故事，这些故事几乎肯定是吹嘘的，即便不是吹嘘的，故事的主人公也是百分之一、千分之一的幸运儿，即便跟你吹牛的那个人就是那个幸运儿，也不等于你会是下一个幸运儿。

中国创业者更不易

在中国创业，对创业者的要求更高，你不但需要应对经营和管理，还必须应对很多经营之外的事情，工商、税务、城管、牌照等等，任何一方面你应对不好都会给企业带来大麻烦，而应对这一切全靠你自己，你自己不懂就不可能应对好，几乎没有人可以求助。

这方面美国的情况要好很多，美国有利他主义的文化，有天使投资的文化，也有成熟的产业链，很多创业者在引入天使投资时相当于引入了一个创业导师。天使投资对于创业者而言不仅仅是钱，而是天使投资人作为你的教练、导师和你一起创业，告诉你前方会遇到什么，在你遇到困难的时候给你建议，以及帮助你对接各种人脉和资源。例如Facebook（脸谱网）的扎克伯格在创业之初获得了PayPal前CEO彼得·蒂尔的天使投资，由此找到了很多人给他做顾问，甚至有幸专程飞到纽约拜访时代公司的总裁求教。中国创业者很少有人能够如此幸运，基本上只能靠自己一点点摸索和试错。

不过最近一两年这种情况正在快速发生变化，越来越多的中国成功企业家开始投身天使投资，他们或者个人组建合伙基金，专注天使投资，不仅仅给予创业者资金，还亲自参与到创业公司的战略和业务之中，充当创始人的教练和对话对手的角色，这是非常大的进步。

我自己近年在个人偶尔做天使投资的同时也作为LP（有限合伙人）投资了几家基金，希望以此表达自己回馈社会的心意。我也看到身边很多成功的企业家开始涉足天使投资，开始用自己的经验和资源帮助创业者创业，如果这样发展下去，相信中国的创业环境会越来越好。

创业者要准备好过非人的生活

我曾经开玩笑说创业就不是人干的活儿，创业者的时间表上没有生活时间，正如歌词中所唱，“没有人能随随便便就成功”，每个创业者在热血沸腾地想象未来自己准备用几年时间取得成功甚至超越成功者时，应该冷静下来扪心自问，我是否已做好心理和生理上的准备开始过创业生活？我是否愿意把那些成功者所吃的苦、受的磨难、承担的压力也在几年里经历一遍甚至加倍？

作为创始人，你要给投资人、合伙人、下属、员工、朋友等所有人交代，越是紧要的事越只能由你一个人承担，你可能无人可求助，而且往往“祸不单行”，你需要同时应付内忧外患，还得强颜欢笑故作淡定，这就是创业者的典型生活形态。

每个创业者的生活都是非人的生活，打工时你的生活是生活、工作是工作，一旦开始创业，你的生活将与你的工作“合二为一”，对于夫妻或男女朋友共同创业的，简直是“合三为一”了。

俗话说开门七件事“柴米油盐酱醋茶”，创业者每天一睁眼就面临着房租、水电、工资、货款、现金流等一系列压力，做得顺时你希望跑得更快。做得不顺时，你希望尽快走出困境。你的大脑无时无刻不在梳理公司的大小事情，压力之大，将深深改变你的生活心态以及状态。相信每个创业者都经历过无数个从梦中惊醒，抓起笔记录下一个闪念的想法再继续睡的夜晚。

而且，一旦创业，永远停不下来，我一度非常好奇为什么很多已经把企业做得非常大的企业家工作强度依然很大，甚至压力比我还大。有一次和联想控股的高级副总裁宁旻聊起来，他告诉我，其实成功者是“人在江湖身不由己”，因为他每前进一步都要调动很多资源，例如会给部下许诺更大的舞台、更多的收入，会给合作伙伴承诺合理的回报，甚至会向上级主管单位立下军令状……所以根本不可能停下来，因为一旦你停下来所有的承诺就兑现不了了，所有他人的期望就会变成失望……

可见，创业不是你一个人的事，一旦选择创业，不但你自己会进入一场需要竭尽全力的战斗，也必然会将你周边的全部资源卷进去，而且离你越近的人卷入得越深，你的家人、同学、朋友都会慢慢被你卷入，从借脑、借钱到借力，周而复始，永无止息。

在公司里，所有人都可以找上级主管说“我尽力了，我放弃了，我请求支援”，只有创始人不能说这句话，因为当你说这句话的时候就意味着 game 已然 over，对创业者而言，所有的事情都是你的事情，所有的压力都是你的压力，你无可逃避，你必须撑住。

更难的是，很多时候你只能自己承担这一切，你无人可商量，你不能和下属商量，不能和股东商量，甚至不能和家里商量，你必须自己做决策自己承担结果。

尤其痛苦的是，往往越是难的时候你越需要强颜欢笑，一边焦头烂额地应对销售的困难、现金流的危机，一边还必须给下属打气，给客户以信心，甚至给股东以信心，告诉他们一切正常，未来很美好。

作为创始人你永远得打肿脸充胖子，打落牙齿和血吞，你在任何人面前都不可以显示自己的软弱和无助。

打工和创业完全是两回事

很多职业经理人是成功的打工者，但是他们创业的成功概率并不高于其他人，甚至更低，因为创业者需要的能力和打工者完全不同，甚至相反。

首先，成功的打工者，其能力其实并没有他们自以为的那么强。

在大企业里面工作，尤其是在外企工作，要求你掌握流程就可以了，凡事都有相关部门支持。所以，实际上你做出的成绩并非拜你的才能所赐，而更多是系统甚至企业品牌导致的结果。你能干成事情是因为你头顶上的那个品牌，以及你身后那个强大的公司系统，而非你自己的能力。一旦离开那个公司那个职务，你就可能啥也不是了。

其次，创业需要的能力和打工完全不一样。打工你只要干好你那个环节就好，而创业需要做好全盘工作。

再次，打工者往往缺乏过程感。这点即便是成功的创业者再次创业时也常犯，过去的成功往往带给他们非常好的自我感觉，认为自己能力很强，认为手中的资源很多，不屑于细节和小事，期望可以快速成功。这些心态在再次创业的过程中非常有害，甚至是致命的。如果调整不好，过去的成功就是现在失败的原因。

而且，打工者往往缺乏不达目的誓不罢休的“死磕”精神，因为在一个大体系内工作，只要你尽力了，只要流程上正确了，你就可以免责。而对创业者而言，没有结果等于没做，没有达成目标等于零，这比以免责为目标去工作要难上百倍。

我有一个朋友，在一家著名IT厂商工作几年后因为表现出色被派到美国总部，也做得很好。2005年的时候他想回国创业，做了很详细的商业计划书，带着投资人给他的300万美元投资承诺回国考察市场，向很多朋友征询意见，大家纷纷劝他趁回国热回国创业，只有我非常明确地建议他不要这么做，因为我了解他的能力，他是一个舞台越正规越能发挥的人。我告诉他一旦回国创业，将要面对的环境是他完全不熟悉的，关键是以他喜欢规范的性格也未必会喜欢创业的生活。如果全用自己的钱还好，一旦你开始创业用上了投资人的钱，你就背负上了一个巨大的责任，也很可能陷入一个长时间为生存苦苦挣扎的状态，那对他而言将是“生不如死”的境况。后来他听取了我的建议，几年以后我们再见面时他很感谢我，说幸亏没有创业，现在发展得很好，并且已经到另外一家著名的国际企业担任了非常高的职务。

创业者需要一些天生的特质

创业绝对不是一个适合所有人的事情，只有具备一些特质的人适合创业，而且这些特质很大程度上是天生的。

创业者必须同时具备创业的欲望和创业的能力。

2011 年《创业家》黑马大会上，我受邀担任主评委，我们谈到一个话题，“如果明天生命终止，今天你还想创业吗？”这是一个很好的问题，如果你的答案是肯定的，那你就具备创业欲望，就是天生为创业而生的人，就应该去创业。

但是你适合创业吗？要看你是否具备创业者的能力。

柳总（柳传志先生）讲过，成功的领军人物应具备四个素质：（1）目标高远，意志坚定。（2）心胸开阔，情商要高。（3）企业利益放第一位。（4）学习能力强，爱学习而且会学习。

我认为创业者需要具备三个素质两个能力：

三个素质是：（1）志存高远，是否有做一番事业的雄心壮志。（2）心力强大，是否具备百折不挠、处变不惊的心力。（3）胸怀宽广，是否有先人后己、舍己为人的胸怀，是否有足够的情商以凝聚到一批人追随自己。

两个能力是：（1）战略水平。能够制定正确的战略是成为领军人物必不可少的素质。（2）学习能力。是否有学习意识，是否善于学习。

如果还有要具备的，那就是勤奋。记得十几年前有一次和雷军谈起营销，他说他当金山总裁时为了研究软件的营销，去日本时曾经用一天的时间站在人家的软件店里，研究产品的包装、货架的摆放，观察消费者的反应，并由此总结出产品包装一二三，店面广告一二三。类似的事情我也做过，大学毕业后我进入四达集团公关部，集团要求我们为一个教育项目做个营销方案。当时全部门没有人会做，我也不会，可是我领受了任务，然后自己去查书、找人、请教，甚至花了一笔钱跟一个4A公司的策划总监买了一个废弃的营销方案。我把自己关在家里对着书本把4A公司的方案反复分析、推理，了解人家做营销方案的思路、逻辑等等，硬是从一个方案之中反向学习到了如何策划市场营销。记得当时关于广告的书很少，我发现了一本台湾人写的《成功广告80例》，读了不知多少遍，圈圈点点，里面每个案例都被我用自己总结的营销框架琢磨过、推演过。

军规 2　梦想是唯一的创业理由

微语录

#昆仑的仑#：

只有梦想才应该是你创业的理由，遗憾的是，在中国，很多创业者的目的是为了生存和赚钱，这是错误的。一方面，绝大多数的创业者都会陷入为生存苦苦挣扎的境地，可能不但赚不到钱还会赔钱；另一方面，创业是一个长期的苦苦挣扎的过程，如果不是因为梦想，很难坚持下来，过程更是毫无乐趣可言。

创业就是一个不断试错的过程

有人把创业说得很浪漫很神圣很伟大，也有人把创业说得很苦逼很悲催。我的定义是创业要做的事就是“做买卖”，做出一个有人愿意买的产品，找到一种方法把产品源源不断地卖出去。

曾经有朋友在微博上征集对创业的定义，我也给过一个描述，我说创业就是：（1）对某某方向有痴迷的梦想。（2）在个人兴趣、个人特长及市场需求之间找到一个“产品点”。(3)组建一个团队。(4)调动团队内外的全部资源围绕这个“点”死磕。20年前，人们把做企业的称为“倒爷”、“个体户”，言辞之中颇有贬低意味。如今，很多人又喜欢使用各种绚丽的词汇来描述创业，例如“伟大”、“英雄”等等，其实根本不必如此，创业就是创业，不论你从哪个角度描述都只是“做买卖”而已，只是一种生活方式。

有的人天生是为户外而生的，喜欢一个人背着行囊去跋山涉水。对他而言，山珍海味都比不上在野地里宿营煮的一包方便面；有的人是为创业而生的，他们不满足于朝九晚五的生活，更不满足于20岁就看到60岁的工作，他们宁愿食不果腹，也要去选择充满不确定性的创业生活；有的人喜欢稳定，不想担那么大责任，甚至宁愿工资低一点，也要责任小一些、压力小一些。

大家喜好不同、选择不同而已，都是一种活法。不管你选择哪一种生活方式，日子每天还是要过，事情每天还是要做，年龄每年还是要增长，其实并没有高低贵贱之分，只有你喜欢不喜欢的分别。

但不可否认，创业是和平时期最绚丽的一种生活方式，创业一年，你能体会到的辛酸苦辣、悲欢离合等于循规蹈矩的五年甚至十年！所以套用一句电影台词：如果你爱一个人，就让他去创业；如果你恨一个人，也让他去创业吧。

创业是我喜欢的的生活方式，因为我坚信，我们不能拓展生命的长度，但是我们可以拓展生命的深度和广度，而创业，就是拓展生命的深度和广度的最佳途径。

从开始创业的第一天起，你就要学会享受创业过程，创业是创业者终生的事业，只要生命不息，你对企业的牵挂和责任感就不会停止。所以，千万不要有等创业成功后享受生活的想法，一旦你开始创业，你永远不可能有停止的那一天，除非你退休，否则你总是这山望着那山高，永远停不下来。

创业的复杂程度远远超过你的想象，很多人往往因为有一技之长就想创业，其实专长和创业完全是两码事。对于一个厨师而言，打工是做菜，创业是开餐厅。对于一个程序员而言，打工是写代码，创业是办公司。开餐厅也好，办公司也罢，都远比做菜和写代码要复杂很多。所以，不是会做菜就可以开菜馆，不是懂技术就该办高科技公司。

创业是一项复杂的系统工程，你要面对的不仅仅是招人、用人、管理人、开除人，你还必须面对研发、制造、销售、代理商、供应商……同时你也躲不开工商、税务、融资……

创业注定是一个不断试错的过程，只有走出去，你才知道哪条路走不通，只有知道哪条路走不通，你才可能知道哪条路走得通，最终找到一条走得通的路你就成功了。

为梦想而创业

过去20年，我亲自操盘和参与创办的公司有六七家，每一家都源于一个梦想，每一家都处在不同行业，而且每一家都做到了行业数一数二。

1995年，我和《北京青年报》合作创办了《北京青年报·电脑时代周刊》，这应该是中国第一家大众媒体的产经周刊，一举开创了全国大众媒体开办产经周刊“由薄变厚”的时代。

那是因为我有一个梦想，我认为：在信息时代，电脑不应该只是大企业里面只有穿白大褂的“专业人员”才能操作的设备，电脑应该走入寻常百姓家，成为大家的生活用品。所以我们必须“在老白姓喜欢看的媒体上，用他们喜欢的方式，用他们能看懂的语言向他们介绍有关电脑的一切”。

1996年，我发起创办蔚蓝轨迹广告公司。那是因为我认为中国应该有本土的4A广告公司，虽然欧美的4A广告公司很强大，但台湾最强的4A公司都是以本土公司为主体发展起来的，大陆当然不应该是海外公司的天下，经过几年的发展到1998年我主持恒基伟业公司时，商务通掌上电脑的全案企划均出自该公司之手，从某种意义上可以说，没有这家广告公司，就没有商务通广告的辉煌。

1996年，我、赵文权、许志平、陈良华、吴铁五人发起创办蓝色光标公关公司。那是因为赵文权和我都坚信，品牌及公关服务将越来越成为中国企业市场竞争的必然需求，而外资的公关公司在中国市场并不能完全解决中国企业的问题，中国需要本土的公关公司。2010年2月26日，蓝色光标在A股上市，成为中国公关第一股，目前以市值论，蓝色光标已经成为全球第六大传播集团。

1998年，我和张征宇、宋建元、赵明明、范坤芳、李明、冯庆宇共七人联合创办了恒基伟业电子产品公司。那是因为我们认为中国应该有适合中国人使用的掌上电脑，高端的商务和政务人士应该“抛开兜里那翻得破烂不堪的电话号码本”。同时我也有一个梦想，我希望自己在涉足过媒体、广告公司、公关公司之后能够担任一次甲方。1999年，商务通全中文掌上手写电脑风靡全国，一时间“呼机手机商务通，一个都不能少”成为大街小巷的流行语，也算创造了中国营销史上一个不大不小的奇迹。

2005年，我和戴启军、徐氢、邓保军等联合创办拉卡拉，那是因为我们认为中国人需要更好的金融服务，传统银行不论是服务品种还是品质都无法满足信息社会以及电子商务时代消费者的需求，我们梦想让金融服务走入千家万户，今天，拉卡拉已经成为中国排名第二位的综合性互联网金融集团，业务涉及支付、征信、信贷、理财等方方面面。

伟大的创业都源于伟大的梦想，而且我坚信人生是一场体验，有梦想就要去尝试，只有梦想值得我们去尝试。

几年前我曾经写给我的大女儿三句话，也是我对孩子们的期望，第一句是“To be a nice one”，做个好人，这是最基础的也是最重要的，如果说人生有捷径，做好人就是人生的捷径。做一个好人，不仅心安理得，不仅半夜不怕鬼叫门，而且时间越久别人越会认可你、喜欢你，愿意和你合作，愿意帮助你，你的路会越走越宽。第二句是“Just do it”，做你喜欢的事，做你想做的事，过你想过的人生，人生的路没有对错只有你喜欢不喜欢。正如乔布斯所说：“人的时间都有限，所以不要按照别人的意愿去活，这是浪费时间。不要囿于成见，那是在按照别人设想的结果而活。不要让别人观点的聒噪声淹没自己的心声。最主要的是，要有跟着自己的感觉和直觉走的勇气。”第三句是“So what”，去追逐你的梦想吧，只要不违背普世价值，结果成败又如何？过程本身就是意义。

在我看来，人生最大的悲哀，是当我们老了抱着儿孙玩耍时讲不出自己当年的故事。人生更大的悲哀，在于当我们濒临死亡时，有太多的事情还没去做，有太多的体验还没体验到。

而创业，就是一种最大限度扩展你生命体验的生活方式。

那些“错误”的创业理由

如果你不是一个天生喜欢创业生活方式的人，如果你没有创业梦想，千万不要创业。因为一旦开始创业，就意味着你要开始承担一份沉甸甸的责任，公司一开门你就对员工、对合作伙伴、对投资人、对企业涉及的方方面面的人有了责任。如果公司做大了，你又增加了社会责任。如果一不小心跻身行业龙头企业的行列，你又多了份行业责任。企业越大你的责任越大，这些责任绝对不是一时冲动就能承担得起的，只有那些怀着创业梦想的天生创业者才可能担负起来。

对大多数人而言，选个适合自己的职位打工是本分。对于打工者而言公司分为四种：第一种是公司有前途个人没前途，第二种是公司没前途个人也没前途，第三种是公司没前途个人有前途，第四种是公司有前途个人有前途。第四种公司充满活力，个人能力也可以尽情施展，是最佳的打工选择。如果你想过很舒服的日子，最好不要创业。在第三种和第四种中选择一家公司去打工，可以收入稳定，生活体面。

现在很多创业者把上市当作创业目标，甚至把何时上市当作创业目标，这固然有社会浮躁的一面，也是因为资本的介入把回报的贪婪传染给了创业者的缘故。这种观点是非常错误的，上市绝不是创业的目标，甚至很多企业根本不适合上市，能够上市的企业只是极少的一部分，如果你是为了上市而创业，你多半会失望。

经常听到有人大讲为了实现自我价值而创业，为了给社会创造财富、为社会创造就业机会而创业，我认为这些人如果不是唱高调就是走火入魔了。这些都是创业成功之后的“果”，绝非创业的“因”。

不要为了就业而创业。创业比打工难百倍，打工只要专才就可以了，而创业需要的是全才。打工是站在巨人的肩膀上做事，创业是在社会的最底层行走。打工是当孩子，创业是当家长。当孩子是生活在父母的羽翼之下，有父母为自己铺垫好方方面面的环境；当家长，没有人照顾你，你必须照顾别人，再苦再累也得忍着，再大的问题也得去想办法，天塌下来也不能躲，必须站在那里撑起一片天。因此，将“创业”当作“就业”途径，实在是错得离谱！

应届生尤其不适合创业。金融海啸时，有人呼吁大学生创业以解决就业难的问题。媒体采访我时我明确表态说这种说法是不负责任的。试想，一个大学生如果连工作都竞争不到却要去创业，相当于让一个生活尚不能自理的小孩去养育另一个小孩，其结果可想而知。

应届生去创业绝大多数只能干最低端的职业，是摊煎饼还是送报纸？我没有看不起这些工作的意思，但是我认为如果一毕业就去创业，会直接降低自己的社会交往层次，会丧失很多事业机会，而且这个过程是不可逆的。除非是极个别的天才，否则对于绝大多数大学生而言，毕业进入一家企业，接受正规化的职业训练是正途。如果经过一两年的训练，再出来创业，则从管理经验、人脉、眼界上都有好处。

我回想自己的职业经历，比较遗憾的就是未曾在大公司打过工，导致很多的管理方式需要自己去悟，去偷师学艺，虽也有所成就，但毕竟走了很多弯路。如果可以选择，最理想的职业道路是本科即可，不必读研究生（除非你想做学问），本科毕业走出校门进入大公司工作两三年，然后进入小公司或者去创业。我不赞成在大公司待太久，我认为在大公司待 5 年以上的人基本就废了，进入眼高手低一群，成了温室里的小白鼠，生存能力退化，却又自视很高。这样的人一旦离开大公司的环境，身上的品牌光环退掉之后，基本上就是“鸡肋”，一定会跌跟头的。

创业要趁早

想创业，有想法就要行动，想是不会有任何结果的。现代社会一切都是快节奏的，你的想法可能别人很快就会想到，早一点开始没有坏处。不要幻想把一切准备好再出发，因为你永远都准备不完。

创业是一步一步干出来的，不是想出来的，与创业能力和创业条件相比，行动更为重要。我一贯认为，人和人之间的竞争绝大多数情况下根本到不了比拼能力的那一步，50% 的人只是想想根本没有行动，行动的人中一大部分遇到第一个阻力就放弃了，坚持下来的人在长期层出不穷的问题面前大部分都打了退堂鼓，所以很多时候你行动了、你坚持下来了，就是“剩者为王”了。

作家张爱玲说出名要趁早，创业也是一个道理。当青春消逝，不管是精力还是激情都开始走下坡路时，创业的难度就更大了。我们在没有太多的人生成见与拘束时，会充满创造的激情与勇气。

创业是一个体力活儿，熬夜、加班是平常事，尤其是创业初期，雇不起人也雇不到合适的人，很多事都需要创业者亲力亲为，对体力是一个巨大的考验。越早行动，体力精力越好，越多的时间在手，到达胜利彼岸的机会就越大。有权威研究表明，在硅谷有 47% 的企业是由年龄不到 30 岁的创业者创立的，企业的市场价值越高，其创始人的年纪反而越年轻。事实上，美国市值超过 5 亿美元的初创企业中，有 67% 的创始人年纪都低于 30 岁。

人生不过百年，可用来做点儿自己喜欢的事的时间就更少了。

20 岁之前基本上在学习，60 岁以后精力越来越少，中间 40 年扣除吃饭睡觉游戏的时间，真正能干点儿事的时间其实是很少很少的。

不要犹犹豫豫患得患失，想做就立刻去做吧！有创业梦想就去闯荡吧！不管成功还是失败，你失去的只是画地为牢和坐井观天，如果成功，你获得的将是整个世界。

军规 3　选择正确的创业方向

微语录

昆仑的仑 #：

选对创业方向事半功倍，不要会啥做啥，要抓住用户的强需求来创业，在个人爱好、个人特长及市场需求之间找到一个平衡点。如果可能，创业要选择最肥的市场入手，在一个大市场中占有一个小份额，要比在一个小市场中占一个大份额容易很多。

选择创业方向非常重要

选择正确的创业方向很重要，男怕入错行女怕嫁错郎，一旦选择了错误的行业和市场，不管你多努力，其结果都会陷入“鸡肋”状态，如果有条件，最好选择最肥的市场，广阔天地才能大有所为。

创业时最常犯的一个错误是“会啥做啥”，创业者习惯于选择自己最擅长的东西来创业，扬长避短当然是对的，但如果只是盯着自己会做的事情，不管需求是否存在、是否刚需、是否足够大，很容易选择错误的方向。

在选择创业方向时，必须要综合考虑自己的特长、用户需求和自己的爱好三大因素。我不认为很多人提到的选择行业是重要的，虽说一个朝阳行业才能催生一个巨大的公司，一个夕阳行业机会很少，但是朝阳行业照样有很多公司死掉，夕阳行业照样有很多欣欣向荣的公司，关键还是看你自己的特长，以及有没有抓住用户需求。

经常有人找我咨询创业的问题，我第一个与他们探讨的问题就是方向选择是否正确，这是基础。

和他们探讨创业方向时，我又会先从了解他们的特长入手，了解他们能够掌握什么独特的资源，他们的特长是什么，这是非常重要的考虑因素，以己之长与他人之短竞争才有胜机。

然后基于他们的特长和资源，在他们的行业之中去寻找用户的需求，越是刚需的、用户群体越大的需求越好。抓需求不必抓多，抓住一个刚需就足够。针对的需求越多产品越复杂，而且不容易抓住重点。满足了刚需，用户自己会找过来，可有可无的需求，花再大的力气也会事倍功半。

如果找到了，再去推演设计什么样的产品来满足用户的需求，以及如何确定价格，如何推广等等。

当然，这其中也要关注你是否爱好，这也是一个考量因素，毕竟我们没有必要做一个自己根本不感兴趣的创业方向。兴趣是最好的老师，因为爱好才会投入，才能支撑自己走过过程中的千难万险。让一个喜欢文学的青年去学物理基本上可以断定他不可能学好，反之，如果你选择了一个自己爱好的事情来创业，你会焕发出无限的活力和创造力。

这三个因素，是每一个创业者都必须选择的，在三者之间寻找一个平衡点，至于顺序和权重，因人而异，选择余地大的人可以首选自己的爱好再考虑需求，选择余地小的人就必须首先考虑需求、自己的特长最后再考虑自己的爱好。但是无论如何，需求都是最基础的，没有需求一切都是空想。

如果我们在对的时间做对的事，想不成功都难；相反，如果在错误的时间、地点和错误的对手打了一场错误的战争，其结果自然一目了然。

我也认为选对创业方向已经成功了80%以上，正确的方向让你事半功倍，错误的方向让你事倍功半。中国有一个典故叫“南辕北辙”，如果方向错了，执行力越强错得就越深，失败得就越惨。

抓住刚需是成功的不二法门

要紧紧抓住用户的强需求，围绕用户需求创业，解决他们的需求，这是最重要的。需求的强弱既决定了市场的大小，也决定了成功的概率，需求越强市场越大，需求越强成功的机会越大。

什么是需求？用户愿意支付代价的需要就是需求。我经常讲，商业就是做出有人愿意花钱买的产品，并找到一种方法把产品源源不断地卖出去。

所谓抓住用户需求，就是要想清楚什么人在什么情况下要用我们的产品做什么，就是要抓住那些大多数人大多数情况下都非用不可的需要。

我的朋友蒋宇飞曾经总结过：产品是道，营销是术。总结得非常到位。

我认为根本上决定公司经营成败的，是市场份额；根本上决定市场份额的，不是营销而是产品；决定产品成败的，是需求。

当我们纠结于公司经营不畅时，不如低下头来审视我们的产品是否有需求，是否很好地解决了需求。

对于自己的产品，要经常问自己四个问题：（1）哪些人需要我们的产品？（2）他们用我们的产品干什么？（3）我们的产品是否足够好？（4）我们的价格是否可以接受？

如果这四个问题的答案都是正面的，我们的产品应该没有问题，剩下的就是营销问题，我们是否找到了一种方法能够把产品源源不断地卖出去？这是同样关键的问题，酒好不怕巷子深的时代早已经过去，好的产品找不到可复制的营销方法照样不可能成功。

不论是做产品还是做服务，我们都需要清楚我们的用户是谁。如果只是少数人在少数时候才会需要的，趁早别做，那叫概念不叫商品。如果是大多数人在大多数情况下非用不可的，那是创业机会。越多的人在越多的情况下非用我们的产品不可，就说明需求越大。如果你能找到一个所有人每天都要用的产品，你就是腾讯了。

你不可能为所有人服务，也不可能满足所有人的需求。从经济学角度看，放弃一部分用户往往是最经济的选择。为了满足最后20%的用户，你往往需要增加80%的成本，不如索性放弃这些用户。

区分真假需求

用户的需求分为真需求（needs）和假需求（wants），一定要区分清楚。

假如你问用户是否喜欢钻石，所有的用户都会回答“喜欢”，你问用户是否需要钻石，所有的用户都会回答“需要”，你问用户会不会花钱买钻石时，很多用户回答“会”，但是当你请用户现在就掏钱来买，哪怕是打八折，很多用户也会回答“不买”，原因很简单，回答问题和掏出真金白银是两回事。

需要和购买是两回事，有些需求其实不存在，例如那些可有可无的需求，那些用户根本不愿意为之付出代价的需求，以及那些可以被替代的需求，都属于锦上添花的需求，对消费者而言有了更好没有也无所谓。

古往今来，数不清的企业为了这种假需求耗尽了人力物力财力，最终失败。不能带来规模市场的需求是没有市场价值的，为此进行的投入得不偿失。我担任《南方都市报》举办的百姓创富大赛评委时曾告诫参赛者，只有通过创业来创富，社会才会进步。创业是一种生活方式，别问评委问自己，别问自己问市场，别问市场问用户。做自己想用的产品，只要解决了用户的一个需求，企业就能够生存和发展，只是做到多大的问题。

创业者容易把自己的爱好当作用户的需求，把个别用户的需求当作普遍的需求。我主持商务通营销时常说，让一个人买你的东西很容易，但是如何能让成千上万的人排队来买你的东西？什么产品都会有人需要，但是如果没有足够规模的人需要你的产品就没有市场。陈好拍摄的那版长达10分钟的商务通电视广告，其文案是我的一个朋友朱波一气呵成的，但是朱波是一个不会打字的人，所以他找了他们组里的打字小姑娘帮忙，小姑娘打完之后问他这东西多少钱，她想买一个，这就是强需求产品，让看到的人都想买。

如果有可能，盯住最肥的市场

如果幸运地有几个创业方向可以选择，我认为应该兼顾：第一，市场应该够大。第二，事情本身应该是有意义的。第三，有所创新。

人怕出名猪怕壮
市场要肥又要胖

我喜欢做创新的事情，学生时代写作文，想到的题目再好，如果别人已经写了，我绝对不会再把它写一遍。做企业也一样，产品也好、服务也好，我很反对复制和抄袭，至少我不会去这么做，我要去做创新的东西、别人没有做过的东西。

我不愿意去做已经会做了的东西，我喜欢挑战，越复杂、越需要花很大的心思和智慧去努力的事，我越兴奋。相反，如果这件事我已经做得很熟练了，我就没有兴趣了。

我特别希望自己做的事情是有意义的，即使卖茶叶蛋能卖出一家上市公司，我也不会去做，因为我觉得去做一家卖茶叶蛋的公司没有什么意义，虽然可以赚钱，但无法推动社会进步，没什么技术含量，对人类也没有什么正向意义，所以我不会去做。

小池塘养不出大鱼，市场规模是决定性的，决定了你最终能够达到的高度。在一个规模很大的市场中占有一点份额就是一个巨大的销量，而在一个小规模的市场中垄断也没有什么油水。所谓最肥的市场是那些规模大、利润率高的市场，尽可能选择你可以选择的最肥的市场，选定后就死磕。在一个大市场之中占有10%的份额，要比在一个小市场占有50%的份额有价值得多，大市场意味着大的成长空间。

雷军曾经讲过，如果创业者一上来就选择一个小市场，再怎么折腾都没用，因为在小池塘里养不了大鱼。他建议创业者“看五年，想三年，认认真真做好一两年”。

做商务通的时候，我们就一直在研究手机市场，因为掌上电脑是一个很小的市场，这个市场我们的占有率是70%，一年也就是10亿的销售额，可是手机市场，一年7 000万部的销量，占个10%就是不得了的事情。

有一次和当当网的俞渝一起参加活动，谈起图书市场，她告诉我全国的图书市场是300亿规模，在这个市场之中即便是获得20%的市场份额也只有60亿而已，但是电器却是上千亿规模。所以，当当一直在向3C（计算机、通信、消费性电子）等领域延伸。

风险投资界有一种说法，叫“长不大的公司”。这种公司处于非常纠结的状况，每年下来，赚一些钱，饿不死也做不大。出现这种情况，就是市场选错了。

军规 4　领军人物决定创业成败

微语录

昆仑的仑 #：

领军人物是创业企业的灵魂，没有一个强有力的领军人物，创业不可能成功，对于大多数创业公司而言，领军人物不胜任，公司百分之百经营不好，领军人物胜任，公司成功的概率在 80% 以上。

每一个初创企业的成功都源于其领军人物

到底是人民群众创造历史还是英雄人物创造历史？这个问题太政治，我不想去争论，但是很清楚，创造创业公司历史的一定是领军人物，没有一个强大的领军人物，创业不可能成功。

历史上，每个伟大的企业都是由一个伟大的领军人物缔造的，例如联想控股的柳传志、海尔的张瑞敏、红塔的褚时建、苹果的乔布斯，以及微软的比尔·盖茨等等，换一个领军人物，绝对不可能有这些公司的成功。

每个伟大企业的诞生过程都是一个破茧化蝶的过程，需要随机应对创业路上的沟沟坎坎，需要有预见性，需要坚持，需要执着……所有的这一切，仰仗的都是领军人物的心力、智力和体力。

俗话说，兵熊熊一个将熊熊一窝，企业作为社会组织之中要经营和赢利的组织更是如此。一头狮子领着一群羊可以战胜一头羊领着一群狮子。在任何一个公司，领军人物都是核心，创业公司尤其如此，创业公司什么都没有定型，什么都缺，只能靠领军人物来找方向找人找钱。

领军人物是团队形成和发展的关键，优秀的领军人物善于发现和解决问题，对行业趋势和前景有自己独到的见解与精辟的分析，对企业短、中、长期目标有详细规划；他能激励团队的士气，传授经验。他能让有能力、有意愿的人，死心塌地地跟着他打拼。

显然，不是每个人都适合当领军人物，领军人物需要专业的素质，需要强大的心力、智力和体力。我认为只有不到10%的人适合创业，适合创业的人之中只有不到5%的人适合当领军人物。

如果创始人中没有适合的领军人物，一定不要“凑合”，这时候创业的首要任务是去寻找一个胜任的领军人物邀请他加入团队并给他“黄袍加身”，敢于让贤的创始人更值得尊重，更接近成功。当创始人自己不胜任领军人物时，能够三顾茅庐邀请诸葛亮一起创业的人是明智的。没有诸葛亮，刘备就是一个狼奔豕突的流寇，有了诸葛亮，就可三分天下有其一。如果创始人中无人能够胜任领军人物，最悲惨的情况莫过于不去找或者找不到合适的，而让一个不胜任的去指挥经营。

创业公司的领军人物必须是股东

我们这里所说的领军人物，对创业公司而言，一般指董事长兼总经理，或者指总经理（董事长只是挂名不管执行也不管战略），总之，指的是实际制定战略和组织执行的人，为表述简单起见，本章的下文中称“领军人物”。

创始人不一定是领军人物，但是公司必须有领军人物，而且创业公司的领军人物必须是股东，如果他不是，让他是。没有股份的“职业经理人”来作为领军人物经营创业公司是不可想象的，在创业期的重重艰难险阻中，如果领军人物不是股东，也就意味着他和股东的利益是不一致的，想想有多可怕！

领军人物需要具备三大素质两大能力

我对创业公司的领军人物下过两个结论：一是“总经理不是人干的活儿”，二是“管理是一门专业”，与学术能力、资源背景无关，需要的是专门的素质和能力。

领军人物要具备什么素质？

拉卡拉有一个“三有人才”标准，第一是要有态度，即有激情、求实和进取；第二是有能力，即能够解决问题、以往业绩好、工作有亮点；第三是有素质，即掌握拉卡拉的方法论、执行力四步法和管理三要素。这是我们衡量干部的标准，相当于将才的标准，但是领军人物必须是帅才，符合上述标准还不足够。

我认为领军人物需要具备三大素质两大能力：志存高远、心力强大、胸怀宽广，以及战略水平和学习能力。

可见领军是多么艰巨的职责，即便是最优秀的干部都不一定合格，除了态度和能力之外，志向、心力、胸怀等素质缺一不可。

领军人物必须志存高远，有强烈的事业心，必须有一股子把企业当作命根子来做的劲儿，没有激情的领军人物是不可想象的。

领军人物必须心力强大，必须泰山崩于前而色不变，任何打击都打不垮，有着强大的毅力，执着而坚韧，百折不挠。

领军人物必须有宽广的胸怀，必须先人后己、身先士卒，只有愿意分享才能号召起团队。在利益面前，你是独占还是与大家分享？分享的时候，你是自己吃亏还是让别人吃亏？在功劳面前，你是揽在自己身上还是归为团队？你的做法直接决定了你能否笼到一直与你一样有事业心，把企业当作命根子来做的团队。商场好比战场，领军人是否能亲自带头，冲在士兵前面冲锋陷阵，直接影响到整支军队的军心，也影响到企业是否能在商场中屹立不倒。试想，当一个企业的团队面临困难，总经理畏畏缩缩，推脱责任，势必影响整个团队的心之所向。军心大乱，何以杀敌？身先士卒，是作为一个领军人的责任，只有身先士卒，才能所向披靡。

领军人物必须有战略水平，领导者要带着队伍前进，就必须站得高、看得远、想得深，拿破仑说过："我看起来是每时每刻对所有的事情都信心十足，其实是因为我每时每刻都在思考。"领导者必须具备制定战略目标、打法的能力，一个好战略事半功倍，一个坏战略事倍功半。

领军人物还要有学习能力，这是我们不断进步的基础。首先应对自己严格要求，不断提升自己、充实自己，然后再引导团队一起学习，将团队成员组织起来，共同学习。在公司发展到各个阶段，都要善于分析和总结，总结成功经验与失败教训，善于积累，在团队中共同探讨，以求不再在"同一类问题"上摔倒，使团队与公司共同成长。

技术专家做领军人物很危险

很多创业公司的创始人是技术专家，由此也导致了很多创业公司的领军人物是技术专家，在我看来，这是很危险的。

技术专家做领军人物易陷入的4个误区是：（1）技术自负：认为技术决胜且只有自己的技术最佳，把技术等同于经营。（2）藐视管理：以技术概念理解管理，崇尚无序，拒绝规范。（3）独享心态：不认同产业链，妄图自己全部自力更生。（4）拒绝授权：只愿意自己把握航向自己决策，不愿意授权。

“企业到底是科学家的企业，还是企业家的企业？”很多企业历史上都曾发生过科学家和企业家之争，现在大家的看法已经统一：企业应该是企业家的企业，研究成果只是企业发展若干环节中的一个，科学家在企业中很重要，应该获得极高的报酬，但绝不能因此就应当让科学家来管理企业。如果真的让一个科学家来管理公司，他很容易把企业带偏，因为科学家很容易仅从技术的角度考虑问题，但是在很多时候，不是技术实现了，企业就可能成功。

恒基伟业就是这样一个例子，我是常务副总裁，总裁是技术专家出身。我同意一起创业的一个条件就是公司要由我来管理，从1998年下半年公司组建到1999年底，都是我以常务副总裁身份主持公司经营。1999年我们获得了巨大的成功，卖了66万台商务通全中文掌上手写电脑，实现了7个多亿的销售额，净利润高达3个多亿。后来总裁希望介入管理，从2000年开始，他越来越多地介入公司管理，与我的很多思路产生较大分歧，最终，我于2000年年中辞去了常务副总裁的职务。

我们之间存在比较大的分歧，就是源于以上我提到的技术专家做领军人物容易陷入的4个误区。技术专家认为只有我们才能研发出最好的产品，所以所有的产品都要我们自己研发。我们准备进入手机市场时，我想贴牌，借助我们已经建立起来的品牌和渠道，广泛整合上游厂商，采取贴牌的方式迅速推出产品。而总裁认为只有我们自己研发的手机才会满足用户需求，坚持自己从底层开始研发，我坚决反对并预言：“我们自己研发的手机上市之日就是落伍之时”。后来不幸言中，我们做的黑白屏的智能手机磕磕绊绊上市的时候，彩屏的智能手机的售价已经逼近我们的成本了。

另外一个案例是，恒基伟业做无线掌上电脑时，设计了一个庞大的计划，从内容、终端制造、运营、销售等全部自己做。我当时坚决反对，我认为历史上就没有一个公司曾经将产业链全都独霸了，即使我们每个环节都能够做到90%的水准，但是因为我们自己做了5个环节，5个90%相乘的结果也是不及格。但是总裁坚持全部自己做，结果不到一年该项目就因经营不善全面下马了，公司损失惨重。

如何当总经理?

绝大多数创业者都是第一次担任总经理，如何当总经理是困扰大家的最大问题。总经理的职责是什么？总经理应该如何思考？如何工作?

我认为核心是两个问题：知道总经理的工作目标是什么，以及知道总经理日常应该做哪些工作。明白这两个问题自然就会当总经理了。

第一个问题：总经理的工作目标是什么?

我认为总经理的长期本质目标是让企业成为市场上数一数二的企业，而且是长期成为这样的企业。为了实现这个目标，总经理需要制定企业的发展战略，并在战略指导之下领导实施。至于研发、推广以及组织结构、人力资源、管理制度等等，都是为实现这个目标的手段。总经理的中短期本质目标，是让企业的收入和利润比上一期增长一个合适的比例，至于产品计划、市场计划、激励机制等等，都是实现这个目标的手段而已。

第二个问题：总经理日常应该做什么？

总经理该如何经营一家公司呢？现在市面上的各种创业书籍令人眼花缭乱，各种名词更是让人眼花缭乱，但是这些要么是学院派的总结，要么是成功者成功之后的只言片语，要么让你摸不着头脑，要么将你带到沟里。

总经理的工作跨度很大，从产品到技术、生产、销售、售后服务，无一不是总经理要去关注和解决的问题，但这些都是手段而非目标，都是表象而非本质。总经理每天要处理的事情很多，紧急的、重要的、重要且紧急的等，一个合格的总经理该如何思考和开展自己的工作呢？

我自己的体会是，管理的事情千头万绪，千条万条，总经理日常的工作核心就两个：管理三要素和执行四步法。所谓总经理，就是不断地围绕这两个方面循环展开工作的过程，宏观上践行管理三要素，微观上践行执行力四步法。

首先是宏观上，践行管理三要素，要建班子、定战略、带队伍。

建班子，人对了事才可能对，人不对事一定不可能对，让每一个方向都有一个胜任的领军人物来负责，这是总经理的第一要务。

定战略，经营的前提是有一个战略，包括中长期战略以及年度工作规划，即目标、打法、资源和激励。这是总体工作的指导，有了这个指导，剩下的就是领导 N–1 去执行的问题了。

带队伍，核心是宣贯企业文化，践行企业文化。

其次是微观上，践行执行力四步法，要设目标、控进度、抓考评、理规范。

所以，总经理的工作说复杂也复杂，说简单也简单，就是管理三要素+执行力四步法，这不是一次性工作，而是每年每月每天都要循环往复的工作。做好了这两点，公司的经营就在正确的轨道上。

此外，如果还有此外，总经理还应该亲自设计企业的管理工具。管理思想的理解和执行，经营计划的实施，都必须有有效的管理工具相配合，没有管理工具，一切管理都无从谈起。

管理只有工具化，公司的管理制度和理念才可能被贯彻和执行。管理工具是公司管理系统的核心，是公司赖以运转的核心，目的是让任何人都可以依照这个管理系统，按照你设定的方式来运营这个公司。

总经理必须亲自设计公司的管理工具，包括制度、流程、表格、IT系统以及企业特有的一些工作方法等，不要设想你可以找到一个“管理专家”来帮你管理公司或者来设计这套管理系统，这是你的事。你永远找不到一个可以帮你制定规则的人，规则必须你定，基础的运转方式必须你亲自来建立。

领军人物必须不断提高自己的境界

领军人物是创业公司的天花板，对于领军人物而言，重要的不是低头拉车而是抬头看路，重要的是不断提高自己的境界。

领军人物一定要站得高，要能够跳出具体的战术问题和细节从战略高度思考和规划，而不是鼠目寸光小富即安；要看得远，要有预见性，永远在未雨绸缪，所有的事情对他而言都是早有预案成竹在胸；还要理得清，要善于归纳、总结、提炼，这是一种强大的学习能力，有了这个能力就会不断地提高自己的水平；要能分清主次和轻重缓急，这是一种执行力、一种处理问题的能力，有了这个能力就会永远有条不紊地稳步前进。

很多朋友奇怪，我参与了那么多企业，而且拉卡拉集团的业务那么多那么复杂，为什么总是看到我在全世界玩来玩去呢？

这不奇怪，虽然我的身体在世界游历，但是我的心一直在企业的事情上。我认为，一个领军人物对企业的投入在于心而非物理上的时间。

一个领军人物，如果7天 ×16小时地坐在办公室处理日常事务，在我看来是不可思议的，基本上是在“用自己战术上的勤奋来掩盖自己战略上的无能”。

一个领军人物，重要的是规划企业的方向，选定各个业务的领军人物，为企业找来各种资源，而不是事无巨细地亲自处理。

因此，领军人物的眼界非常重要，只有看得远才能走得远。领军人物不要窝在企业里，要走出去开阔眼界，到社会中去，到圈子中去，到大自然中去。当然，出去的目的是为了回来，领军人物参与各种活动的目的是为了开阔眼界，把企业做得更好而不是参与本身。

很多做得好的企业，其创始人都是业界圈子的活跃人物。当然，也有很多活跃于各种圈子的“企业家”企业做得一塌糊涂。这其中的差异就在于，你是把做好自己的企业当作目标还是把参与各种圈子当作目标，你是否清楚自己安身立命的根本是企业的成绩。

我看到很多创业者参与了一些社会活动后开始热衷各种活动、各种采访、各种聚会，最后自己的企业被搞得一塌糊涂，这是很愚蠢的，人不能被过程带着走，永远要牢记自己的使命和目的。

总之，我非常建议创始人不要只埋头于自己企业的那点儿事，而应该走出去，跳出具体事务，从远一点高一点的角度去审视自己的企业，去展望航线和发现现状中的问题。

对这一点我的体会非常深，每次出差去合作伙伴处或参加社会活动，哪怕是喝个茶，我都会得到很多资讯，得到很多启发。尤其是有机会和高手接触时更是如此，不管是哪个圈子的高人，和他们接触都会让我大开眼界，启发出很多思路，所谓“听君一席话，胜读十年书”是现实存在的，而且如果遇到“高君”、“明君”，你从他们身上能够领悟到的东西要远远超过读书。

军规 5　你必须与团队一起来实施战略

微语录

#昆仑的仑#：

一个人包打天下的时代早已经过去，创业是一个系统工程，需要一个团队，团队要靠领军人物带领，没有头儿的团队比没有团队还可怕。

你必须与团队一起来实施战略

创业是带领一群人去实现一个愿景，当然需要一群人一起努力多年才可能成功，所以，创业需要一个团队和一个班子。

什么是团队？团队就是你的 N–1，即直接向你汇报的那些分管一个或者几个方面工作的人。你需要几个直接对你汇报的人帮助你管理更多的人，科学研究表明，一个人直接管理的幅度以 8 人为最佳，超过 8 人就需要分层来管理，所以，你的团队以不超过 8 人为佳。

什么是班子？班子就是团队之中能够和你一样站在全局高度思考全局的人。所以，班子成员一定是团队成员，团队成员未必是班子成员。

团队能做什么和不能做什么？我的理解是，团队也许未必能够做到和你对话、和你一起设计战略，但是团队可以帮你一起实施战略，而且你必须与团队一起来实施战略。

这方面我是一个现实主义者，虽然我也希望能够找到和自己一起设计战略水平的班子，但是现实中这种班子成员往往可遇而不可求，一个企业最难的三件事——找方向、找钱和找人，主要靠老大自己去做，尤其是找方向和找钱，很难寄希望于别人。

但是在老大制定了战略之后，团队是可以分工去实施战略的人，没有团队的分工，任何战略都是不可能执行到位的。

如果一群背包客在荒野上遇到狼群，最好的策略是有一个总指挥，指挥大家背靠背围成一个圆圈，每个人集中全力应付一个方向，把后背托付给彼此，共同作战，哪个方向弱了，招呼一声，彼此相互补位、共同御敌，遇到任何一个成员解决不了的问题老大就顶上，这就是团队的最佳状态，团队中的每个人都是企业某个方向上的专家，在老大的领导下，在企业统一战略的指引下，团队成员作为自己方向上的最高负责人、最高责任者，负责达成自己分管领域的目标，从而为总体目标服务。

有的创业者个人能力很强，但就是聚集不起团队，这样的创业者其实是有缺陷的，做不大的。只有组建起正确的团队，才可能创业成功，一个聚集不起团队的创业者，要么是做人有问题，要么是企业方向或者管理有问题。

柳传志先生曾经说过，是否有一个优势互补、紧密配合、把公司当作命根子来做的班子，是一个公司成败的关键。我非常认同，在我看来，能否做成大事需要具备三个前提：首先是机制问题，有没有一个开放性的利益共享、产权明晰的机制；其次是领军人物问题，有没有一个能力强大的领军人物；再次是团队问题，领军人物愿意不愿意、能不能组建一个伟大的团队。

1994年，我和《北京青年报》合作创办《电脑时代周刊》时我写道：现在已经不是一个人包打天下的时代，靠一个人单枪匹马闯天下的时代一去不复返了，每个人都必须和别人合作来做事。这也是为什么1996年赵文权找我一起创办蓝色光标时我们又邀请了另外三人一起创办的原因。

冷兵器时代是个人英雄的时代，只要你练就一身好武艺就可以行走天下，行侠仗义。而现代社会是团队的时代，科技发达、竞争加剧，一个人，纵然本事再高，能力再强，也越来越无法以一己之力来成就一番事业。即便是在个人才华起决定性的艺术、文娱领域也是如此，任何一个明星背后，都是一个多人的团队甚至是一个公司在支持他。

团队必须有“老大”

为什么一头羊带着的一群狮子打不过一头狮子带着的一群羊？这就是领军人物的作用，团队既然不是一个人，就必须要有领军人物，一个没有领军人物的团队只能是一盘散沙，一个强有力的领军人物是团队的灵魂。

如果把公司经营比做打仗，我们的主要经营目标就如同攻山头，不管是大山头还是小山头，重要的还是不重要的，如果你要拿下山头，首先要有部队在进攻，如果没有投入部队，山头不会自己送上来。投入部队之后，最重要的事就是指挥官是否胜任。战场上没有侥幸，一个不胜任的指挥官是不可能打胜仗的。

创业者常犯的错误是大家“不分大小”、“大碗吃肉大秤分金”

以及“结拜相交”。其实这些都是创业路上的大忌，短时间看这些江湖习气似乎能够凝聚人心，长期看不但不可能产生团队的战斗力，还会毁坏团队的文化。

创业需要团队，团队一定要有老大，我们需要的是一个有“头儿”有“兵”、有主有辅、各司其职的团队。团队之中，领军人物要承担起领军人物的职责，团队成员要履行团队成员的义务，这样的团队才是有战斗力的。

创业公司尤其依赖领军人物，在公司起步阶段，必须有人来承担老大的责任。所有伟大的公司都是和一个领军人物的名字联系在一起的，例如柳传志之于联想、张瑞敏之于海尔、乔布斯之于苹果等，无一例外。

实际上，如同每个人都有个性，每个公司也都有其经营风格。电视剧《亮剑》里的李云龙说，一支部队的性格是由它的第一任军事主官注入的，公司的经营风格就是由其创始人奠定的，而且领军人物的威信只能在战斗中形成，如果你带着大家不断地打胜仗，你的威信自然会越来越高，你的整个班子会越来越团结在你周围，反之，头衔和股权虽然可以给你权力，却无法给你权威。

老大和团队的关系

这是一个需要搞清楚的问题，创业者容易产生的两个错误倾向是，要么低估团队的作用，认为自己一个人就可以包打天下；要么高估团队作用，搞成了团队集体领导、投票经营，这都是不对的。

领军人物和团队的关系，就是1和0的关系，领军人物是1，团队是0，没有领军人物，再多的团队也是0，领军人物越强大，团队的整体实力就越强大。柳传志先生也曾讲过，人是企业第一位的，合适的人是阿拉伯有效数值的1，后面带一个0是10，带两个0是100，三个0是1 000，没有合适的人做1，再多的0也没用。

我的好朋友黄健翔曾给我分析过巴塞罗那俱乐部之所以强大的原因：(1) 球队中每个人都是自己位置的专家，不论前锋后卫都技术娴熟。(2) 球队作战配合默契，一人拿球全队都在跑位。(3) 控球好，牢牢控制比赛节奏，张弛有度，时机一到突然发动。(4) 拥有一个强大的球迷群体，服装一致队歌嘹亮，与球员深度互动，有坚强的后援。

司马光在《资治通鉴》中写道："上之使下，犹心腹之运手足，根本之制支叶；下之事上，犹手足之卫心腹，支叶之庇本根。然后能上下相保而国家治安。"我们不去评判其观点对错，这确实应是一个强大团队的运转状态。做老大的，要担当起老大的责任，任何时候都不能用团队集体意志来推卸自己作为老大的独立思考和把握方向的职责，同时又要善于组建团队和调动团队积极性。

建立一个志同道合、优势互补的团队是创业成功的前提。管理者的能力不在于自己能够做多少事，也不在于比部下强多少，管理者的核心能力是知道自己需要什么样的人，能够找到自己需要的人，并能够激发他们的工作热情，让他们彼此认可、相互配合着展开工作、达成整体目标。

团队的基因

拉卡拉有一个规矩：月薪在一个数量级以上的人都要经过我最后面试，目的很简单，我们需要保证公司骨干的"感觉"一致、"味道"相同。我面试的时间很短，有的甚至只有不到10分钟，简单到只是让被面试者做个自我介绍，但我也要实实在在感觉一下他的谈吐举止以及思维方式，从中体会大家文化是否可能共同。神奇的是，凡是我面试感觉不对的人，最终在工作中都会出现这样那样的问题。

每个团队都是有基因的，团队的基因决定了团队擅长什么不擅长什么。这个基因多半是由其创始人在创业伊始注入的，同样的业务有的团队做得得心应手有的团队做不成，其差别正在于团队的基因不同。

20 多年前，戴尔公司在美国横空出世，它以按照订单数量和配置生产个人电脑及直销模式迅速成为美国市场上的个人电脑巨头。其独特的业务模式不但大大降低了库存，而且通过压缩经销层级大大降低了渠道成本，一时风光无限。戴尔成功后，当时所有的个人电脑巨头——IBM、康柏，甚至中国的联想，都渴望学习戴尔的模式，但是无一成功，其核心就是因为公司的基因差异。戴尔从建立的第一天起，就是为这种模式而建立的，从公司的组织结构、思维观念，到每个环节的每个人，都是为这种模式而选择的。

扩张新业务需要新基因，改变团队的基因几乎是不可能的。你过去之所以成功，是因为你的独特做法，你的团队在成功的过程之中已经被训练成了固有模式的模范执行者，其思维也深深信奉其所做的一切，让团队抛弃以前的一切做法而采用另外的思维和行为模式几乎是不可能的，所以业务扩张时可能最好的办法是组建新的团队，新人做新事。

如何建立高效团队

我总结，建立高效团队的要点是：（1）一个对的领军人物。（2）清晰的组织结构。（3）共同的文化，包括核心价值观、方法论以及战术原则。简而言之，团队的战斗力源于领军人物的能力以及团队的执行力。

一个团队的战斗力不是由队伍之中最能干的那个人决定的，而是由战略的正确性和团队的执行力决定的。任何团队中总有一些“聪明人”，他们自认为自己很高明，不愿意与别人配合，在工作中往往按照自己的想法而不是整体的规划来执行，这种“聪明人”是团队中最危险的人。他们对团队的贡献在于其创造力带来的鲇鱼效应，但他们只能敲边鼓不能挑大梁，而他们的危害往往是拖累整体。

团队成员需要协同作战，要建立共同的文化，包括共同的愿景、使命、价值观，以及共同的方法论、条令。

在拉卡拉，我们的文化里面包含了很多让团队成员能够协同作战的理念，例如：

我们要求团队成员之间要互相补台，要主动去理解领导的意图，积极去贯彻领导意图，这是团队成员的基础素质。有人说贯彻的前提是领导是正确的，这种思想是非常危险的，因为领导是不是正确怎么可以由你来判断？你站的高度以及担负的责任甚至能力都不如领导，你怎么就认为你的判断比领导更正确？所以，有句话是有道理的：领导的指示理解的要执行，不理解的更要执行，在执行中加深理解。不理解说明你落后了，实际上，80%的情况下我们要做的不是争论领导的意图对不对而是要领会和贯彻领导意图，尤其是对于创业公司而言，很多时候更需要依靠领军人物的个人能力来决策，团队领会领导意图的能力和执行力更为关键。那些总是执拗于自己的思路和做法的人，基本上是团队的阻力。

我们强调团队成员要向上思考、向下执行，每个人都要力争站到自己上级的高度去思考，不能“开小船儿”不能本位主义只考虑自己分管的那点儿事，局部利益必须服从整体利益，个体方向必须服从整体方向。这样才能做出正确的决策，但是执行时必须管一层看两层，只有关注你下级的下级的状态，才能保证你的下级在战略路线上。

我们强调团队成员必须对结果负责，必须清楚是你而不是你的上级要解决问题，是你而不是你的上级要拿出结果。在军队中，即便是最基层的指挥官，也要为发生在自己所辖区域内的所有事情负责。当他接受某项任务时，他既要为发生的每件事负责，也要为没有发生的事负责，"这不是我的错"这种话在军队里是绝对立不住的，企业之中其实也一样，只有这样，企业才是有战斗力的企业。

我们强调团队成员要有"不择手段"达成目标的意识，在拉卡拉我们的说法是："没有结果就是没做，不管任何原因。"经常让事情停下来止步不前的下属是团队中的毒瘤，必须及时发现并纠正或清除，为了确保执行力，你必须亲自部署目标、路径甚至方法，并以周报月报监控进程，甩手掌柜是没好果子吃的。

军规6　凡事只能靠自己

微语录

昆仑的仑 #：

从创业第一天起你就必须清楚，创业路上凡事只能靠自己，所有最难的事都只能靠你自己，尤其是创业最难的三件事——找方向、找人和找钱更是只能亲自来。你不会做的事不要指望下属能给你惊喜，永远不能指望有人会来救你。

创始人必须十项全能

绝大多数创业公司，创始人就是总经理，其往往还要身兼财务总监、客户总监，甚至前台、送货员，即便是上了一定规模，也经常是缺乏合适的管理者，创始人还是需要兼客户总监甚至技术总监。创业期公司，任何一个岗位出现空缺，创始人都要自己顶上去。无论是刀山还是火海，创始人都要顶住，如果放弃或者顶不住，就意味着 Game over！

公司经营的核心是要解决两大问题：管理问题和业务问题，这都需要创始人去解决。

管理问题各个公司大同小异，从你创业的第一天起就存在了。随着公司规模扩大，分支机构增多，管理的难度也越来越大，创始人当然也必须与时俱进提高自己的管理能力。

业务问题各个公司千差万别，对于创业期公司而言，核心是解决业务问题，所谓找方向就是要解决业务问题。所以创业者必须懂业务，否则寸步难行，如果你自己搞不清楚业务，业务一定做不起来。

有人说管理公司就像在下坡路上开快车，你可以转向，可以加油，可以刹车，但绝不可以大撒把，哪怕是一瞬间的撒把，也可能是车毁人亡。对创始人而言，公司的任何一个方面都必须自己搞清楚，自己搞懂，甚至自己出手解决。

在中国创业，除了要解决业务问题和管理问题外，还必须应对好工商、税务、监管部门以及各种有关部门，甚至媒体，这一切都需要创始人自己去做。

创始人永远没有退路

有一次我和暴风影音的冯鑫一起受邀参加中科院研究生院的一次创业论坛，我分享的是创业36条军规中的某些问题，他讲了自己的创业四原则：（1）凡事只能靠自己。（2）万事皆有解且有唯一正解。（3）凡是你担心的事一定会发生。（4）享受创业过程。看来“英雄所见约同”，成功者走的都是同理的路。

会场上有人问冯鑫，不是说创业要靠团队吗，为什么说凡事只能靠自己？我替冯鑫解释道：（1）对一个创始人来讲，不管你的实际身高如何，你必须知道天塌下来只有你顶着，所有人都可以说“不会干”，只有创始人不可以。（2）你自己不会做的事，不要指望你的下属会做。（3）不要对你的投资人有太多指望，也不要按照他们的意愿去做经营决策，只能靠你自己，靠你自己的团队。冯鑫说我说的和他体会的一模一样，台下都笑了。

创始人是公司的最后一道防线，再苦再难也必须扛住，不论何种情况都不能放弃，因为如果你放弃就意味着公司失败了。就算账上一分钱也没有，也得做出腰缠万贯的样子，就算敌人已经冲到中军帐前，也要故作镇定运筹帷幄，越是困难的时候，越必须做出信心满满的样子来。

所有最难的决策都需要创始人来做，每个决策都可能关系公司的存亡，越是最难的事情越没有人可以商量，甚至最亲密的助手也暂时不能让其知晓你的困惑、你的软弱。

创业路上最难的事只能靠创始人

创业路上有三座大山：找方向、找人和找钱，爬过这三座大山企业就基本上度过创业期了。这三座大山原则上只能靠你自己爬，不能指望外来的和尚，外来的和尚你请不起，请来了他们也念不好你这本创业经。

创业公司如何找方向？只能靠创始人。

20 年前那批创业者出发之前往往只是想好了要创业，至于做什么要在创业的过程之中摸索，现在的创业者出发之前一般都设计好了一个方向。不管是哪一种，无一例外从走向市场的第一天起就面临着调整，没有人能在开始创业之前就规划好未来的经营。市场是随时变化的，竞争对手的动向是随时变化的，设定的方向是需要随时调整的。绝大多数成功的公司最终成功的点和开始时的设想都是大相径庭的，找方向和确定方向，只能靠创始人，甚至更多要仰仗创始人的灵感和魄力。

创业公司如何找人？只能靠创始人。

对于任何企业的任何阶段而言，人永远都是稀缺的，除非你是一个没落的日薄西山、气息奄奄的企业，即便如此，你也需要能够力挽狂澜的人才。肯创业的人是稀缺的，愿意去受创业之苦、冒创业之险的人更是凤毛麟角。创业公司无法提供和大公司一样的待遇，甚至无法提供大公司的稳定感和方向感，创业公司缺人，难招人，这是普遍现象。一方面只能靠内部挖潜自己培养；另一方面，只能靠领军人物亲自去找，尤其是高级人才，不要指望人力资源部能够帮你招到，不要以为猎头能够帮你招到，你必须亲力亲为。乔布斯说，他花了半辈子时间才充分意识到人才的价值。他在一次讲话中说："我过去常常认为一位出色的人才能顶两名平庸的员工，现在我认为能顶 50 名。"由于苹果公司需要有创意的人才，所以乔布斯说，他将大约四分之一的时间用于招募人才。

创业公司如何找钱？还是要靠创始人。

企业融资的过程是一个投资人和创始人沟通的过程，投资，尤其是早期投资，基本上是投人，在我印象里很少有只依靠 CFO（首席财务官）谈成的融资，CEO 在融资上想做甩手掌柜也是不现实的。

永远不要指望别人来救你

常言道"大难来临各自飞"，企业遇到危机的时候员工会"各自飞"吗？不一定，但是最难的问题肯定只能靠创始人自己解决，不要指望投资人、朋友或者员工能救你，他们能帮到你是偶然，帮不到你是必然。

所以，一旦开始创业，你就必须立足于一切只能靠自己来设想问题，凡事做好最坏的打算，随时随地准备自救。

虽然有各种顾问公司，但可以期望不能指望。无论财务顾问还是猎头公司，他们能够帮你提供信息，帮你穿针引线，但其实作用都有限，核心的事还得靠你自己想清楚和下决心，根本指望不上对方也不敢指望对方。

不要被对方的夸夸其谈所忽悠，所有的第三方公司，因为自己不掌握资源不能影响对方的决策，所以都会自觉不自觉地“练口活儿”，要经常给自己提个醒儿，别被他们绕晕了。所有的顾问公司都只会打顺风球，也就是说你的项目抢手的时候他们能做得很好，你的项目冷门的时候他们也无能为力，所以他们只可能锦上添花，不可能雪中送炭。

随时准备自救才能长命百岁

所有人都喜欢锦上添花。银行追着你给贷款时一定是你不需要钱时，你缺钱的时候他们不会贷给你。很多投资人会告诉你除了钱还会带给你很多资源，这可以期待但是不要期望太高。他们会帮你介绍业务关系，但能否达成合作还要看对方是否需要你的服务。

问题是，当你需要雪中送炭时怎么办呢？

不要指望你的投资人会追加投资来救你，他们有他们的止损原则，他们是你的唯一，而你只是他们投资的几十个公司之一。如果他们内部评估你的企业价值在衰减，他们就会减少投在你身上的精力。

不要指望 A 不要指望 B 更不能指望 C，与其指望别人来救你，不如抓紧时间自救。天助自助者，首先要自己全力以赴，如果你自己都不竭尽全力，别人怎么可能会伸出援手？其次，要反复告诫自己，一切要靠自己，一切立足于自己不能寄希望于别人。至于结果，尽人事，听天命。

我给创业者的建议是，宁愿前进速度慢一点，宁愿收益没有最大化，但是一定凡事都要有B计划，任何时候都要留有余地，目的就是随时准备应付预想不到的意外，随时准备自救！

军规 7　干部要靠自己培养

微语录

昆仑的仑 #：

企业都缺人，发展越快的企业越是如此，如何找到足够的干部？解决之道只有一个：自己培养。创始人必须把培养自己的干部放到战略级高度，亲自制定选才标准，亲自选才，亲自抓人才培养，才能为企业的可持续发展奠定坚实的基础。

慎用空降兵

从外面直接引进的干部，我们称之为“空降兵”。

我印象中“空降兵”存活率超不过 50%，尤其是高级别的“空降兵”，“阵亡率”肯定超过三分之二。

“空降兵”产生的另外一个原因是创始人潜意识里面的谦虚和不自信，导致他们有时会有一种倾向，倾向于去寻找“专家”，期望找到比自己更强的人来托付责任，例如寄希望于从大公司或者竞争对手那里挖一个“懂的人”、“有经验的人”。

我的建议是不要抱这些幻想，如果真有人能够点石成金，那他早就自己创业去了。当然，有些人的确非常有经验，但他们并不了解你的产品和企业，能够全面了解你的产品和企业并且愿意真正用心去做事的，只有你自己和你自己企业里的人。

不了解你的产品，就不可能找到好的推广方法；不了解你的企业，就不可能拿出适合你的方案。关键是，不热爱你的产品和公司是不可能经营好你的产品和公司的。

一般而言“空降兵”不会愿意从基础干起，不愿意接受和同事一样的创业期待遇，他们要求一来就直接身居高位，拿和他们原来可比甚至更高的待遇。尤其是他们的心态和做事方法，与创业者相比会完全不同。

所有引进“空降兵”的企业都是抱着一个善良的愿望，希望“空降兵”如天降神兵一般帮助企业，但实际情况十有八九是事与愿违，外来和尚未必会念你的经，未必会执着地念你的经，他们带给你的麻烦可能远多于创造的贡献。

“空降兵”尤其不适合创业期公司，因为他们往往一加入公司就直接就任高位，大量引进自己以前的旧识旧部，以新人指挥老人，以外来人指挥内部人，这些都会给企业带来一系列的影响，而且都是关键的负面影响。

“空降兵”首先会影响你既有团队的士气，因为他们的到来取代了原有员工的晋升，影响的不仅仅是未被提升者本人，还有所有的员工和干部。其次是文化的影响，“空降兵”在没有了解和接受企业文化时就身居高位，这对文化的冲击非常大，尤其是高位的“空降兵”，会自觉不自觉地将自己原来的文化带到公司。最后是薪酬体系的影响，“空降兵”往往意味着打破企业既有的薪酬体系，这是一个非常大的问题。这样不仅仅会造成原有员工的不稳定，也不利于空降兵和团队的融合。

如果一定要用“空降兵”，应该说服他们低半格进入。待遇可以该如何就如何，融入公司后或者立下一个战功之后再恢复到预期的职位，同时领导者应该扶上马送一程，主动设计一些方法来帮助他们融入公司。我经常劝新来的人，不要去要求和原有人员不一样的待遇。因为你一旦要了这种待遇，就会被大家视为“对立面”，大家会自然地以更高的标准来要求你，以更苛刻的眼神来挑剔你，为你自己的工作平添许多障碍。

可见，要找到真正适合你企业的“空降兵”可遇而不可求，努力培养企业内部人才才是正途。哈佛商学院终身教授、世界领导与变革领域的权威约翰·科特曾指出：企业文化对长期的经营绩效有巨大的正相关性。企业的内部员工，熟悉企业的产品和经营模式，对于企业文化有强烈的认同感和融合感，并且对企业百分之百地忠诚，这些都是“空降兵”难以具备的品质。

绝不用职业经理人

我最怕从下属口中听到“我会尽力”这个说法，这是典型的职业经理人心态：事情不是我的，但我会尽力向着目标努力，至于达成目标还是没有达成目标只是结果，只要我尽力了，我的工作就完成了。

这是非常可怕的一种心态，在我的经验里，持有这种心态的人不但不可能带给你成功，还必然会误你的大事。

我们需要的是创业心态，第一是主人感，这个事情就是我的事情，我要对结果负责；第二是不达目的不罢休的意识，必须解决该解决的事，没有什么可讨论的，没有结果就等于没做，不管任何理由，在他们的字典里根本就没有“没戏”这个词。

我们深恶痛绝的是职业经理人心态。

从严格意义上说，“我会尽力”这种心态本质上是一种最恶劣的不负责任，不仅不负责任，还会“捣糨糊”，像“搅屎棍”一样把整个系统搅得乱七八糟，影响系统中每一个环节的运行。

我认为，所谓的责任心是层级的，第一层责任心是履行职责；第二层责任心是解决问题，履职的过程中遇到问题解决问题，向着目标前进；第三层责任心是防区延伸，履职的过程中发现友军的问题，主动示警并主动将自己防区向友军领域延伸一公里；第四层责任心是关注结果，关注自己的工作能否达成上级希望的结果；第五层责任心是关注目的，关注自己的目标是否有助于一级的战略目的。

越高级别的干部，其责任心的层级应该越高，基本上没有第五层责任心的人不可能做领军人物，没有第四层责任心的人不可能胜任中层干部。而职业经理人所谓的“我会尽力”其实只是将将达到第一层责任心罢了。

大公司的商业模式已经成型，管理体系已经建立，或许可以请职业经理人来管理。但是对于创业公司而言，商业模式和管理体系都没有明确，也无法明确，职业经理人是创业公司的天敌，如果寄希望于交给职业经理人，那基本上“离死不远了”。

我很理解创业者那种无助感，也理解每个创业者无时无刻不希望能够招到高手加盟以解决公司难题的心情，但我必须告诉你，创业初期的三大难题——找方向、找人和找钱，只能靠创始人自己去慢慢解决。

每个公司在发展过程中，创始人都会不止一次地涌现同一个善良的愿望：希望能够请来某个有能力的职业经理人让公司正规化起来，实现脱胎换骨的飞跃。实践证明，这些美好的愿望每一次都会在冷冷的现实面前破灭。

首先，职业经理人的天性决定了他们只注重短期的目标，缺少主人翁意识，做决策非常短视。联想集团的洋 CEO 阿梅里奥卖掉联想的手机业务就是一个典型案例，他无视无线互联网时代的到来，仅仅因为任期内的赢利目标就砍掉了具有战略意义的手机业务，使得联想在无线互联网时代陷入被动。

其次，中国缺乏成熟的职业经理人。培养职业经理人群体是需要土壤的，中国缺乏这一土壤。大多数职业经理人，都不愿意以创业的心态加入公司，不愿意从基层干起，尤其不愿意接受创业公司的薪酬体系，这种心态是很大的问题。

再次，中国人的商业道德水准也不是很高。中国人的民族性也不支持，中国人讲究宁为鸡头不为凤尾，经理人干几年带着客户出去创业和东家竞争的案例比比皆是，尤其是那些创业门槛低的行业，这种现象更是普遍。授权给职业经理人，如果被授权者没有极高的道德感，根本不会把公司利益放在第一位，“59 岁现象”就是一个例子。

最后，职业经理人的打工心态会滋生很多问题。他们追求程序正确，过于讲究制度流程，过于依赖相关部门的支援，这三个方面都是创业公司的大忌。

绝大多数情况下，创业公司用职业经理人，尤其是在外企做过多年的职业经理人是很危险的，如果再放手授权，就几乎离找死不远了。

干部的培养应该是一把手工程

干部的培养是企业的战略级问题。

创始人要亲自抓干部培养问题，要亲自制定企业的用人标准，这也是创办一个企业的环节之一。只有有了明确的人才标准，企业才知道如何选才以及按照标准选才，企业的人也才知道向哪个方向成长。

选才非常重要。如果可能，一把手应该亲自把关选人，因为只有一把手才完全了解公司发展的整个过程和在这个过程中经历过的磨难，也就是说只有一把手自己才真正知道这个公司的优势和劣势，知道公司缺少怎样的人才，又会与怎样的性格互不相容。而选才恰恰是公司补充新鲜血液、弥补缺陷、扩大优势的大好机会。

我认为中基层人才的标准可以参照拉卡拉的“三有人才”标准，即有态度、有素质、有能力。而高层人才标准应该是参照领军人物必须具备的三大素质两大能力即志存高远、心力强大、胸怀宽广，有战略水平和学习能力。

培养干部最好的办法是自基层提拔，尤其是从销售一线提拔。要注重从内部提拔人才，一把手要亲自构建起自己的干部培养体系，要自己培养干部。自己培养的干部文化上更一致，越到关键时刻，越要依靠自己的队伍来化险为夷，因为自己的队伍是经历过失败、接受过历练的战士，他们拥有团结合作的默契和统一的做事风格。更重要的是，作为公司的一分子，他们心底里在乎公司，那份对公司的责任心是其他人不可比拟的。哪怕是你将一个连长破格提拔为团长，绝大多数情况下也比你直接空降一个副师长来当团长强。

要敢于相信自己的干部，不要低估自己队伍的能力，他们既然能够跟随你走到今天，也能够支持你走到明天。你现在团队里的人 80% 就是他们岗位最合适的人选，他们的主人翁意识是创业期公司最宝贵的财富。

记得我刚刚参加工作的时候，每个月的工资是 200 元，分管公司的公关宣传。有一天我的老板跟我讲，既然我们的稿件一直写不好，你能不能去招一个人专门写稿，我们愿意支付 1 500 元的月薪。我愕然！这是典型的“外来的和尚会念经”思维，不信任自己的部下而盲目推崇所谓的专家，带来的只能是公司内部的混乱和人才的流失。

所有伟大的创始人都高度重视干部的培养。不论是农民运动讲习所、黄埔军校，还是红军大学，或者是庐山军官训练团，不论情况多么危急，环境多么艰苦，创始人们都高度重视干部的培养，甚至亲兼校长导师。

另外，我不赞成以培养人的名义去宽松管理，不赞成给予干部过多机会，管理就应该奖惩分明，不胜任就换人。如果失败了就再给机会，很可能把干部都养成了温室里的小白鼠，一旦冲入大自然的“血雨腥风”之中连站直了的能力都没有。

第二部分

创业者需要特殊材料制成

创业成功是小概率事件，不是每一个人都适合创业。一般而言，最多10%的人适合创业，其中最多1%的人适合作为领军人物。那到底什么人适合创业呢？伟大的领军人物是什么样的人呢？

我认为，伟大的创业者需要具备三个素质、两个能力。

第一个素质，志存高远。

第二个素质，意志坚定。

第三个素质，心胸宽广。

两个能力是战略能力和学习能力。

军规8　要有预见性

微语录

昆仑的仑 #：

在探索未知的道路上，拥有预见性是走下去的前提，预见了未来就可以早做准备，早做准备就不需要急加速、急刹车，也就不会掉到坑里。预见性是领导者必须具备的能力，与其说这是一种能力不如说这是一种意识，创始人必须要时刻提醒自己向前看，预见未来。

预见性就是比别人更早看到未来

所谓预见性就是要能够预测到未来并提早做准备。

没有人能一帆风顺地活到老，只有那些经历过危机并最终度过的企业才是真正强大的企业。如果你现在还没有遇到挫折，说明你今后遇到挫折的概率在迅速增大，这有点像孩子出天花，出过天花的人体内就会产生免疫力，一生再也不会出天花。如果做天使投资，我宁愿选择那些曾经失败过的创业者，至少他们知道创业的艰险。

企业最顺利的时候其实也是最危险的时候，创业者必须居安思危。在我的印象中，古今中外还没有哪个公司一直是一帆风顺的。即便是当今如日中天的苹果公司，也发生过从人员内耗（将乔布斯排挤出公司）到产品失误等大量问题，一度股价跌到退市边缘。历史上所有伟大的公司都经历过几起几伏，谁都不能幸免。

而要应对前方数不清过不完的沟沟坎坎没有窍门，只能一个一个去应对，如果说有工具的话，这个工具首先就是预见性，你预见到了，早做准备了，就可以应对得更好。

只有有预见性，才能成功；只有有预见性，才能提前准备避免挫折和失败。

新车手和老车手的区别在于，新手没有预见性，开车的时候只知盯着车前一米的地方，总是突然发现路况然后急刹急加速，不出事故是偶然的出事故是必然的；而老手则不然，老手有预见性知道提前准备，所以老手开车几乎从来不急刹车也从不急加速，甚至他们都很少踩刹车，因为老手开车的时候，目光的焦点从来都是前方100米以外，双眼的余光随时观察两侧以及车内后视镜，车辆前后左右的状况一目了然随时关注，而且老手开车还有一个心得，就是经过每个可能出现车辆和行人的路口前，眼睛随时关注该方向，随时准备刹车，对老手而言根本没有突发情况，一切都在预料之中，所以老手很少发生事故。

经营企业也一样，领军人物必须要有预见性，拿破仑曾说过：如果说我对一切都胸有成竹的话，那是因为我一直在思考。我也有这个习惯，不管我在户外还是在牌桌上，我的大脑经常会思考我的工作，尤其是那些关键的工作，我会不断向前推演，设想最好时最坏时会发生什么情况，发生了应该如何应对，结果会如何。对于伟大的领军人物而言，发生的一切都不是意外，都已经在他的脑海里面设想过很多次如何发生如何应对了，所以他们才会显得对一切都胸有成竹，并且能够成功。

对未来预见得越早越清晰，你就越可能做正确的事。人无远虑必有近忧。我曾经听一村干部讲 15 年前如何遇到上面下来测绘和规划的人，如何了解清楚了建设用地和农业用地的区别，如何意识到建设用地的价值，如何陪调研人员喝了一顿酒把本村的土地全规划成了建筑用地，而邻村全部成了农业用地，结果现在他们村很幸福邻村很悲催。故事真假且不论，我相信如果十几年前他真有这个预见性，想影响规划不是一件难事，他真的能做到。

预见性就是比别人更早看到未来，有了预见性基本上没有竞争。就如同被剖开之前的和氏璧，别人认为是石头当然不会和你争，当然你想什么就是什么。

2008 年底，联想的 CEO 俱乐部的会议主题是“企业如何过冬”，柳传志先生亲自主讲，当时谈到这个话题很多人还莫名其妙，认为是杞人忧天，但是几个月后的情况证明了，这些预见性的言论是何等正确，而预见到了金融危机的人，早做准备，该收缩收缩该融资融资，金融危机到来的时候反倒是他们的发展机会。任何事情都是如此，而如果我们是“春江水暖鸭先知”的那只鸭子，我们就会非常主动，在泡沫破灭之前清仓、在升浪之前建仓，在大旱之前蓄水在大雨之前修渠，那将是何等的美事。而这一切，需要的是能够预见未来。

对于创始人来说，即便不能预见国家宏观形势的未来，也要去预见本行业的未来；即便不能预见本行业的未来，也必须预见本企业的未来，否则失败是必然的。

做企业是很复杂的一件事，柳传志先生曾经讲过，企业家要“吃着碗里的看着锅里的瞄着地里的”，所谓“碗里的”即现有的带给你主要收入的成熟业务，所谓“锅里的”是指当下虽然还没有完全成熟，但是市场已经显露出不断增长的需求的业务，所谓“地里的”就是那些新的增长点，那些可能颠覆你现有市场地位的未来趋势。

为了做到这一点，柳总建议领军人物必须经常退出画面看画，一幅油画只有退到远处才能看清楚是什么，如果走到近处看到的就只是一个个色块而已。我非常认同，一把手抓产品固然重要，但抓完之后甚至抓的时候绝对不能一脑门子扎在具体业务里，必须退出具体业务来思考行业情况、竞争对手情况、市场情况，然后给出企业和产品的方向。领军人物如同船长，一个船长如果一猛子扎到轮机舱烧锅炉而不去引领航路，那船危矣。

现代社会的竞争非常激烈，一种流行的说法是企业离破产永远只有 18 个月，对于初创公司尤其如此，所以在创建自己的公司之前你就应该明白，只要自己稍有不慎就会跌入低谷，有时甚至很难翻身。创业者永远要比别人多思考一点儿，早思考一点儿，尽可能向前看，永远要做好最坏的打算、最全面的准备。

近年常听有创业者抱怨某个行业大鳄经常复制创业者的创意，让创业者没有机会。我的看法有些不同，如果不是你缺乏预见性就不会产生这种情况，选择之前预见一下，这是不是大鳄的势力范围？大鳄的业务向前走是不是必经此地？如果是别人的卧榻之侧你凭什么可以去酣睡呢？也许你就不应该选择这个方向来创业。俗话说大树底下长不出参天大树，想成为参天大树，你当然不应该选择在大树底下去生根发芽。

预见性是一种能力，更是一种意识

预见性是成功的关键，不论是创业还是其他，那么问题来了，如果不具备预见性的创业者想创业怎么办？天生没有预见性的人难道就不可能成功了吗？

当然不是。在我看来，预见性与其说是一种能力，不如说是一种意识，一种时时刻刻向前看的意识，一种任何事情都要有 Plan B（B 计划）的意识。

成功者的预见性源于一种使命必达的责任心，其本质是一种时时刻刻关注目标能否达成的意识，他们会时时刻刻审视现状、审视进度、预判未来，并凡事都准备 Plan B，以确保不论出现什么变化都可以达成目标。

可见，预见性，只要你想有你就会有，至于预见得准不准、远不远那是第二位的，可以肯定地说，一个领军人物如果没有预见性，前途是渺茫的，如果你有预见性而竞争者没有，你已经赢了。

我们不能要求所有的领军人物天生就有预见性，但是作为领军人物，必须知道要去预见未来，试着预见未来并提前做准备，这是领军人物的基本责任，否则就是失职。

预见未来是为了提前布局

预见未来的目的是洞察行业趋势并据此确定企业的发展战略，提前做准备，这就是企业的布局。

布局是围棋术语，高手下棋绝对不会上来就捉对厮杀近身缠斗，而是先要在整个棋盘上布局，考虑好根据地、出击点、攻击顺序甚至是佯攻诱饵，通盘考虑后确定行动策略。

布局越早越好，越早行动难度越小，成本越小，成功概率越大，如果在别人浑然不觉之中把该做的事情都做了，别人醒悟过来后也没法翻盘。

市场竞争中，先发优势不容小觑。统计数据表明，先发优势非常巨大，成为第一个进入消费者心里的品牌将为自己奠定巨大的优势，后来者追赶非常困难。美国的研究表明，过去100年里，有2/3的领先品牌依然占据领先地位，市场后来者向市场领先者发动进攻时，要花费领先者3~5倍的投入，但成功率只有1/3不到。

布局是领先企业必须要考虑的事情，但我不大赞成创业公司谈布局，对于创业公司而言，抓住一点做深做透就是全部战略，远没有到需要做布局的时候。很多初创企业喜欢夸夸其谈布局和战略，我认为那只不过是用未来的“饼”掩盖现在的“无饼”而已，用所谓的战略和布局掩盖现有产品的乏力而已。

布局不是一次性的工作，而是一个持续性的工作，对于成功企业更是如此，必须时刻紧盯市场，时刻向前看去预见未来，要知道企业现在赖以成功的产品很可能就是明天市场淘汰的产品，不早做布局，到时候必然惨败。当然如果布局错误，结果也必然惨败。雅虎曾经风光一时，诺基亚曾经是手机的老大，但是由于对互联网判断失误或者对智能手机的判断失误以及对于操作系统的布局失误，这两家伟大的公司一个举步维艰，一个被收购。

1994年，我接任四达广告公司总经理。年底，我与《北京青年报》签署了合办《电脑时代周刊》的协议，这是一个创新，但起步很艰难，我记得前半年几乎没有企业愿意投放广告，我们亏损严重。7月份我拿出公司最后一点资金召开了一次花费巨大的论坛暨客户沟通会，也许是客户沟通会的效果也许是水到渠成，9月份开始我们的广告订单开始逐步上来，其后一直到1996年，我们的业务都是如日中天，一时间所有的主流IT品牌都成为我们的广告客户，开年之前就可以预订出去第二年几乎所有的广告版面而且价位坚挺。

“成功”后公司很多人开始自我感觉好起来，整个公司沉浸在一片乐观情绪之中。但是我很清楚，3年协议到期，《北京青年报》未必续约，即便续约条件也会非常苛刻，我们必须利用未来两年的时间打造出未来公司的业务。于是我制订了一个“02计划”，组建了几个项目组，目标是花两三年时间借助与《北京青年报》合作带来的3年丰收年景，用《电脑时代周刊》带来的丰厚利润和品牌，培育出几个新的业务增长点，如果《北京青年报》合作到期后续约条件不好，就以新培育的业务增长点作为未来公司的主业。这就是后来《生活速递》直投杂志、蔚蓝轨迹全案代理广告公司以及蓝色光标公关公司的由来。与《北京青年报》3年合作期满后，报社果然提出了苛刻的续约条件，其他的合作者别无选择只能接受，我们因为此前的布局已经开始开花结果，便潇洒地选择了放弃续约。

布局要早，行动要快

凡事预则立，不预则废，再复杂困难的事情如果提前一年两年就做准备，都可以水到渠成地解决。相反，如果事先没有做些铺垫做些预案，事情真正发生时很可能就是“灭顶之灾”。

预见未来的目的是要未雨绸缪，一旦预见到，就要迅速布局抢先行动。

创始人必须随时在脑海中设想3个月、6个月、一年后市场会怎么样，产品会怎么样，企业会怎么样，并从现在开始就对企业未来可能要面对的情况预先有所准备，或者是预案，或者是做些铺垫，做些功课，当未来某些情况发生时可以应对。

而如果已经预见到了未来，就应该快速决策，马上采取行动。速度很关键，战场上，一分钟就能决定战斗的胜负。电视剧《亮剑》之中有一个情节，日军的特种部队被围在平安县城后，他们的头目以李云龙的新婚妻子要挟李云龙暂停进攻15分钟来谈判，被李云龙拒绝，因为李云龙知道，“一分钟就能决定战斗的胜负！除非你立刻放下武器，否则我立即开炮！”

企业经营也一样，如果发现战略需要调整就要马上行动，每延误一天，企业的错误就加深一分，调整的难度就加大一分。这方面我的经验是，决策要慎重，行动要迅速和坚决。我决策的习惯是，凭直觉一秒钟决策，然后慢下来用一周两周的时间来反复推演、论证直觉，一旦做出决定，就迅速坚决地展开行动。

领军人物要敢于取舍，善于决断。战场上环境瞬息万变，5分钟可能就是地狱天堂的分界线，企业经营虽然没有那么夸张，但是你的最小时间刻度是周、天还是小时，决定了你的速度，而速度又决定了成败。以周为最小时间刻度的人要比以天为最小刻度的人行动慢7拍！以小时为时间刻度的人已经把肉吃到嘴里了，以周为时间刻度的人还在慢慢悠悠地讨论可行性呢！创业需要的是那些以小时为时间刻度的人。

不要心存幻想认为奇迹会出现，不要寄希望于好运气，胜利不会自己到来，问题不会自己解决，能解决问题的是你的行动，所以，尽早准备，抢先行动，这是强者之所以为强者的不二法门。

任何时候都要有 Plan B

好的将军作战之前首先会留下预备队，以应付特殊情况或者关键时刻的关键一击。好的企业家能开“百年老店”的诀窍是——任何时候都不要孤注一掷，再有把握的事情也要留两分余力，以便一旦出现特殊情况可以有力量东山再起。

得州扑克中让你输得最惨的一定是好牌，所以真正的高手在所有的牌发完之前，在不能确认自己的牌最大之前，永远不会全押上，最终的赢家是那些不管把握再大也要留两分余力的人。永远不要把全部力量使出去，如同与人打架，使出了全力的一拳如果打空了，伤到的必然是自己。做企业也一样，任何时候都必须考虑后手，留有余力，都要有 Plan B，孤注一掷是搏命，不是经营。

在企业经营中“留预备队”和留有余力，指的是要设想最坏情况是什么，确保出现最坏情况时自己能够不被打垮还可以有“东山再起”的“本钱”。

企业经营要有 Plan B 指的是，任何机会都要准备一个备份计划，以防止原计划万一无法实施时采用。

我做决策的习惯是首先设想最坏的情况是什么，想好如果出现了最坏的情况怎么应对，应对不了的最坏结果是什么，我还有没有机会“东山再起”，如果没有东山再起的机会，那就是我不能承受的后果，就应该放弃；如果还有“翻本儿”的“本儿”，那就应该毫不犹豫地去闯，放手去搏。所以朋友开玩笑说我的底线是“死不了加上一点点翻本儿的本钱”，在此底线之上我是一个拼命三郎。

战争中留预备队永远是最重要的，企业经营上盲目扩张、不留余力也是失败的罪魁祸首。柯林斯在他的畅销书《再造卓越》中讲到企业从优秀到衰落的 5 个阶段，最初的衰落都是从狂妄自大和盲目扩张开始的。当企业不计后果地贸然进入不能做到最好的领域时，当企业以牺牲卓越绩效为代价追求增长时，当企业在面临前后不一致或者对己不利的决策信息依然做出激进、草率的决定时，“灭顶之灾”已经悄悄地在前方等着了。

如果一个企业不能考虑自身实力而盲目扩张，造成关键岗位上缺乏胜任的干将，那么它就等于自掘坟墓。如果企业的决策者过分冒险而又没有充分考虑冒险的后果，那么公司马上就会陷入衰落。

战争中，有经验的指挥员在战斗之前都会留好预备队，不到最后关头绝不投入战场。创业者要有自己的底线，不到万不得已不能打破。一个创业型公司的底线就是，即使是再看好的项目，也不应该把全部的钱押上去。

电视剧《历史的天空》中讲过一个朝鲜战场的战例。姜必达派两个团防守两个山头，联合国军围住一团猛攻，一团压力很大，部下都反复要求抽调二团增援，至少把预备队投入一团阵地，但是姜必达顶住压力就是不同意，最终一团几乎全军覆没，但是他最终获得了战役的胜利。因为联合国军的意图就是引你增援一团，然后一举拿下二团阵地，姜必达判断出了敌军意图并坚决不为部下的压力所动，保留预备队，保住了二团阵地，最终获胜。

越是顺风顺水时越要警惕

很多人争论决定成败的是细节还是战略，我认为其实都不是，这两个方面如果出错连成功的机会都没有，都把握好了才有机会成功，最终决定成败的是能否把握好先后、快慢、主次和轻重这些节奏。

联想有一个形象的比喻叫拧螺丝。装轮胎的时候，要拧 5 个螺丝，你不能盯着一个拧，如果把一个拧紧，其他几个就拧不上而且不平衡。成熟与否的区别在于对度的把握，所谓成熟就是为人知远近知深浅，处事知轻重知缓急，泰山崩于前而色不变。所谓成熟就是越是在顺风顺水的时候越警惕和谨慎。

我的经验是，越是顺风顺水也越是杀机四伏时，船一般都翻在阴沟里，淹死的都是会游泳的，企业的问题大多出在成功后或者顺风顺水的时候。越是顺利，创始人越要警惕和谨慎，要时刻保持清醒，睡觉时都要睁半只眼，克服自己的贪心，克服冲动，切忌盲动冒进。

革命晚胜利半年一年并不是问题，革命失败才是可怕的。得州扑克中，高手都知道，没有好牌不会输大钱，因为你会弃牌，输个精光时手里都是握着好牌，让你血本无归的都是好牌，因为这时候你会沉湎于自己的好牌而忘记了危险，忘记了别人可能会有更好的牌，忘记了观察别人的动作，忘记了分析别人为什么如此表现。拿着好牌时，你会对别人显而易见的“信号”视而不见，你的贪婪会让你不自觉地去孤注一掷，结果，大牌会遇到更大的牌，让你输个精光。

所以，拿到 AA 会喜不自禁以为赢钱的机会来了的是新手，而高手拿到 AA 脑子里第一个念头是“危险”，因为他们知道牌越好越是危机重重。真正的高手，从来都不会过于“惜牌”，对他们而言“只有跟不起的注，没有弃不掉的牌”，他们永远不会拿着一副好牌就忘乎所以地孤注一掷，当他们发现遭到强烈抵抗时，他们会非常警觉，甚至会弃掉非常大的成牌，因为他们知道，对手强烈的抵抗一定是有更大的牌，而自己弃掉这副牌只是放弃了一次机会而已，规避风险活下去最重要，只要保存住实力，随时有机会绝杀对手。

军规9　要敢于冒险

我每次与女朋友约会，都要冒极大的风险。

微语录

昆仑的仑 #：

世界上根本没有四平八稳的成功，不敢打破常规，一味按牌理出牌，作为后来者你连机会都没有。所谓机会，就是别人不看好的时候你去尝试了，想要成功必须敢于冒险，所有的成功者都是敢于冒险的人。实际上，行动本身就创造了最大的成功机会，小公司只有更多地冒险才能换来更多的机会。

打破常规才有机会成功

事情的确定性与可能性成反比，追求可能性必然要放弃确定性，追求确定性必然会丧失可能性。一件事情的确定性越大，就意味着可能性越小，而可能性越大也就意味着确定性越小。

我认为，凡事有六成胜算就该扑上去，不要前怕狼后怕虎，犹豫来犹豫去，把握性越来越大也就意味着机会正在离你远去。一件事如果有七成把握那就是雷军、孙陶然们的事了，等到有八成把握时，就是腾讯、百度们的事了，有九成把握时，就是皇亲国戚们的事了，如果有十成把握，那只能是上帝的事了。

1994年，我决定与《北京青年报》合作创办《电脑时代周刊》。当时项目的投资和风险远远超过了我们公司能够承受的范围，集团老总问我有多大把握，我说六成，但是绝对应该做，因为如果等到有八成胜算就轮不到我们了。老总同意了，集团公司借给我们60万元，我以30%的年息向十几名员工集资40万元凑齐100万启动了这个项目。最后我们成功了，我们掘到了自己人生的第一桶金，中国的大众媒体也步入了多版面、多内容时代。

古往今来，所有的成功都是突破常规的结果，因为所谓的常规其实就是此前的成功者们的做法，就是既往的成功者赖以成功的方法，那么，后来者如果按照这些"常规"去和领先者竞争怎么可能有成功机会呢？所以，后来者必须从打破常规开始。

打破常规当然要冒险，所有的成功者都是敢于冒险的人，天鹅肉从来都是被第一个敢张嘴的癞蛤蟆吃掉的。

主持商务通营销时，我就打破行业惯例提出了两个概念，一个是先款后货，任何代理商都必须现款进货；一个是小区域独家代理制，即每个代理商的代理权只有一个城市，不过是独家，不允许跨区经营，大家必须专注在把货卖给本区域的最终用户而非批发到其他区域。这两个做法都大大地打破了当时的行业"常规"，所有"懂行"的人都告诉我我的做法行不通，因为行业惯例是代销、是靠区域间批发来走货。我问这些规矩是谁定的？没有人知道，我说既然我们连是谁定的这个"常规"都不知道，为什么要遵守？事实证明，突破这两个常规是非常重要的创新，也是商务通成功的基石。

我想和《北京青年报》合作创办《电脑时代周刊》时，很多朋友反对。他们认为花那么大的价钱买断《北京青年报》的IT版面是非常冒险的，因为过去的IT厂商的“常规”是在专业媒体例如《计算机世界》、《中国计算机报》上做广告，没有人在大众媒体上投放广告。而我坚持认为，随着时代的发展，电脑必将走入寻常百姓家，老百姓都看大众媒体，厂商自然会转向大众媒体做广告。后来大概坚持了半年的时间我们就成功了，几乎所有主流厂商都开始在大众媒体上投放广告了。

还有一个例子，我们销售《北京青年报电脑时代周刊》广告时遇到了一个更大的“常规”。当时IT厂商的广告都由4A广告公司代理，4A广告公司的“常规”都是延后6个月左右付广告费。这是小本经营的我们绝对承受不起的，因为我和《北京青年报》的合作方式是我们买断《电脑时代周刊》的经营权，每个季度初都要预付一个季度的买断费用。如果广告主按照他们的“常规”付广告费给我，我们的现金流根本不可能支撑。于是我提出在我们这里投放的广告要预付广告费，4A公司认为我们疯了，想法完全不符合常规，但是在我们的各种努力下也做到了。

成功总是青睐那些具有冒险精神的人

这个世界上最不可能成功的，是那些做事瞻前顾后、前怕狼后怕虎的人。最可能成功的，就是那些具备强烈冒险精神的人。

世界上真正竭尽全力去努力最后却不成功的事情其实很少很少，敢于行动，就已经有了七成的成功可能。

世上的机会分两种，一种是我们看到了别人没有看到的事，然后我们去做且成功了，这种机会不是很多，也不是每个人都可以遇到。一种是大家都看到了，在别人不看好的时候你就扑上去行动了，这是最常见的，也就是俗称的冒险。

既非达官又非显贵的你，天上的馅饼凭什么会掉到你头上呢？你的机会只有自己去创造，在别人还没有看好的时候就扑上去，别人不做的事你扑上去，扑对了你就成功了，扑错了只要没死就去扑下一次吧。

成功总是青睐那些具备冒险精神的人，一个不冒任何风险的人，将一事无成，到头来，什么也没有，什么也不是。他们回避困难，也失去了收获成功的机会。

其实人生就是一场冒险，出生之时我们并不知自己要到哪里去，一生会遇到哪些人和事，但是我们出发了，走得最远的人是那些愿意去做、愿意去冒险的人。

很多公司都青睐具有冒险精神的员工。他们宁愿冒失败的风险选用曾经失败过的员工，也不愿意录用一个处处谨慎却毫无建树的员工。在微软，大家的共识是：最好是去尝试机会，即使失败，也比不尝试任何机会好得多。

工作中没有万无一失的成功之路，在追求的道路上，总会有那些不可预料的险滩沼泽；无处不在的风险，随时都会出现在每个人的面前。在今天开放的全球化世界中，随机性和偶然性更大，往往变幻莫测、难以捉摸。在如此不确定的环境里，冒险精神就成了最宝贵的资源。

大胆去冒险吧！你失去的只是锁链！

不要觉得冒险可怕，只要冒险的最坏结果不至于失去生命，就应该大胆去闯，大不了从头再来，一旦闯过去了就奠定了成功的基础。这与得州扑克的玩法非常类似，在累积筹码阶段你必须敢于冒险全部押上，一旦成功就筹码翻倍，完成了原始筹码积累，如果失败，大不了再重买一次而已。

大公司的体制决定了其不能冒险，大公司的规模决定了其必须进行规范的管理，计划提前很长时间就制订了，预算早早就发布了，一切都要按照时间表和进度来，凡事都要经过一系列的请示和流程。大公司的经营理念必须是以规避风险为主，追求稳步发展少犯错误。

这是大公司的生存逻辑，小公司应该与其正好相反，冒险才是小公司的生存方式，冒险带来小公司的竞争力。初创的小公司，要人没人、要钱没钱、要品牌没品牌，如何能够在市场上有一己之地？只有一种办法，冒险！冒险让自己特别起来，冒险提供别人不能提供的服务，冒险出品别人不制造的产品，打破常规，不按牌理出牌。小公司冒险失败了又如何？大不了重新再来，套用一句老话，大胆地去冒险吧，我们失去的只是锁链，一旦成功，我们获得的将是整个世界。

1999 年我主政商务通时，因为创造了中国营销史上的一个小奇迹，很多媒体来问我成功的诀窍。我回答“我只是按照营销教科书上教的把每件事都做对了”，“企业经营是一门科学，只要我们把产品（product）、价格（price）、渠道（place）和推广（promotion）这 4P 都做对了，成功是必然的”。这是实话，但是商务通的成功其实是突破了很多“行业惯例”做了非常多的创新的，很多创新都非常冒险。例如前文提到的采取小区域独家代理制、要求货到付款，以及坚持行业内的代理商一家都不使用等，每一个举动如果失败都可能是致命的，幸运的是我们的冒险成功了。

创业公司必须冒更多的风险，以此来换取自己的生存空间。尤其是赚第一桶金的时候，必须敢于冒险，冒险成功了就打开了成功之路，冒险失败了拍拍身上的灰尘舔舔身上的伤口再去寻找下一个冒险机会。任何一个企业的成功都是需要一点运气的，想成功，有时候需要冒把险赌一赌自己的运气。

中国有句俗语：不敢越雷池一步。其实现实生活中，绝大多数的雷池是不存在的，是我们自己想象出来然后让自己不敢越的，是我们自己在告诉自己那里是雷池不能越，那是常规不能破，其实很多时候，雷池只存在于你自己的头脑中，现实中并不存在，即便存在，经过努力你也是可以越过的，而很多时候越过背后就是成功，敢于越过，就是成功的开始。

不过还是要提醒一点，初创公司应该更多地冒险以期博得一些机会，但随着公司规模越来越大、市场份额越来越高，公司应该慢慢远离冒险，逐步以追求确定性为主。

军规 10　要相信直觉

微语录

#昆仑的仑#：

直觉是上天对创业者的恩赐，上天怜悯创业者的辛苦所以给予他们直觉的灵感，要尊重自己的直觉，敢于相信自己的直觉，坚决不要做与自己直觉相悖的事。

直觉是上天对创业者的恩赐

直觉是动物的本能，以最省材料的方式精准地建造坚固的六角巢穴是蜜蜂的本能，飞行是鸟类的本能；一个对特定情况或熟悉的事件有经验的管理者，当遇到某种类型的问题或情况时，通常会迅速做出决策，可能看上去他所获得的信息有限，可能看上去他没有经过思考，其实不然，他是在运用直觉在判断，而直觉是一瞬间综合了所有信息以及自己的经验来做出的判断，也是一种思考的结果，这种思考虽然只是一瞬间，但是对于某些天才而言确实精确无比，在创业者之中这种现象尤其普遍。

创业是一个会调动创业者周身细胞的事情，作为创业者，你全部身心都在企业上，企业已经成了你生活中最大的事情。你的大脑无时无刻不在思考企业的方方面面，不管你在哪里和什么人在一起，你都会把听到的每条资讯和公司的业务及管理联系上，甚至在睡眠中也在思考公司的问题。这时候你产生的直觉往往是神奇的，是大脑最理智和冷静的下意识反应，一定要重视。

创业者的直觉是最强的，我认为这是因为创业者 7×24 小时都在思考公司的事情，创业者的全部心思和兴奋点都在公司上，也是因为上天怜悯创业者的辛苦而给予的恩赐，总之，创业者要尊重自己的直觉，敢于相信自己的直觉，敢于坚持自己的直觉。

不要做与自己直觉相反的决策

我认为直觉是基于自身的一种修为，是大脑基于自身功力，综合各种条件，反射般一瞬间做出的决策，往往具有惊人的合理性。

我的朋友黄健翔曾经告诉我，在足球场上，很多超级巨星、技术大师，尽管风格不同，但是都有同样的说法：绝大多数情况下，他们来不及思考，甚至不要思考，想法越多球往往越臭，而凭直觉往往能踢出好球。其实直觉不是不想，而是功夫到了，一念之间，已经百转千回地得出正确的选择了。

我是一个相信直觉的人，所有的决策都是靠直觉形成的，只是在最终做出决策之前又经过了很仔细的小心求证的过程而已。过去 20 年商海生涯中，我发现凡是我背离自己的直觉所做的决策，基本上都别别扭扭甚至失败了，特别是用人上；凡是我遵从自己的直觉做的决策，基本上都是最佳选择。

决策有两种方法，一种是根据直觉，一种是根据理性推导。我比较习惯直觉决策法，尤其是在做定性决策时，根据自己的直觉先做一个大胆的假设，然后再去小心求证，是非常有效的决策方法。

即便你不敢按照自己的直觉去做，也一定要尊重自己的直觉。我的忠告是，绝对不要轻易否定自己的直觉，绝对不要做与自己直觉相反的决定。当你想做的决策与自己的直觉不符时要非常非常慎重，这是最容易出问题的时候，尽量不要违背自己的直觉去相信别人的建议，哪怕是别人告诉你他已经深思熟虑了，甚至拿出很多的资料和佐证。

别人的建议要慎听

别人的建议要慎听，尤其是具体建议，领导者永远不要用别人的脑子代替自己的思考，永远不要用集体意见代替自己的决策。

我非常不赞成一把手动辄就去找别人听取建议，我认为这不是谦虚而是推卸责任。事情是你的事情，情况你最清楚，别人并不在你的位子上，怎么可能给出好建议呢？尤其是组织内部的很多细微感受，外人更是不可能感受到，不管对方多么有经验有水平，都很难给出有效的具体建议。

一把手要敢于相信自己最懂行，敢于坚持自己的判断，应该适当固执些。虽然俗话说听人劝吃饱饭，但在我看来，别人的劝说很多时候是馊主意。顾问顾问，顾得上的时候问问。他们只是建议者，我相信他们的建议是出于好心，但是出发点不同，所考虑的问题也不同，不需要对结果负责的人，其建议基本上很难确保结果。

作为一个领军人物，凡事都要自己思考，不要用别人的思考代替自己的思考，要尊重自己的直觉，要敢于坚持。

尤其是处于创业初期的公司，团队在战略上有分歧是非常经常的，也是非常正常的，这时候作为创始人一定要有定力，不能被七嘴八舌地推着走，要敢于相信自己的直觉，敢于拍板，敢于迅速决策、迅速行动、迅速调整。迅速拍板和行动是创业公司最大的战斗力，即便是板拍得有些偏差，也强于大家群龙无首。

我的老师，北大深圳光华管理学院的李其院长曾经跟我讲过，组织分两类，一类是问题导向，一类是目标导向。问题导向的人更关注和感兴趣的是指出组织中的问题，试图解决组织中的问题，丝毫不管也许解决这些问题需要付出的代价远远大于这些问题存在会带给组织的伤害。而目标导向的人时刻盯着的是如何达成目标，他们会容忍组织中问题的存在，善于与问题相处。

显然，顾问和纸上谈兵的学院派多数都是问题导向的人，管理者多数都是目标导向的人。如果一个目标导向的人听取了问题导向之人的好心建议会怎么样？所以，永远不要把决策的责任交给别人，永远不要用集体决策代替自己的决策，即便是在领导要求集体决策的时候，也不要放弃自己的思考。

现在有很多人都被称为或者自称为“创业导师”，我认为创业者尤其要慎听别人的创业经验，首先别人的经验未必适合你，其次别人可能根本没有创业过，讲的道理都是道听途说加自己分析得来的，创业是一门实践科学，没有亲身创业过，甚至没有多次亲身创业过，没有经历过创业的成功和失败的人分享的“创业经验”，不听也罢。

大胆假设小心求证

决策是每个创业者天天要面临的问题，尤其是一些重大决策，让人辗转反侧不敢下手，因为一个重大决策影响的可能是项目的成败甚至是公司的成败。

但是决策必须做出，犹豫不决很多时候甚至比一个有偏差的决策还差。

作为领导者，该如何做出决策呢？我认为两个要点：一是追寻直觉，大胆假设小心求证；二是不做与自己直觉相反的决策。

面对任何事情，你都会在一瞬间意识到一个答案，这就是你的直觉，也应该是你大胆假设的决策，然后去小心求证，想方设法去推翻自己的假设，如果推翻不了，假设就是正确的。

多年以来我的决策习惯是，不管多重大的事情，我基本上都是在一瞬间靠直觉决策，但是并不会马上就确定下来，而是会把决策放下来，在随后的几天甚至十几天中反复去琢磨和论证，然后再决策。神奇的是，迄今为止我的这些直觉决策基本上都是后来的最终决策，而且基本上没有出过错误的决策。相反，偶尔有些我最终没有按照直觉决策的，往往是错误的。

我推崇直觉决策法绝不是建议大家靠拍脑门决策，而是建议大家要高度重视自己的直觉，直觉虽出于本能，但有极强的合理性。

所谓大胆假设小心求证，就是要敢于按照直觉确定决策，然后想方设法用理性去推翻该决策，如果推翻不了就按照直觉决策。如果理性论证的结果与直觉不符就要非常小心了，这时候是最容易犯错误的时候，理性与直觉不符说明情况已经极其复杂，已经接近你能力的极限了，这时候你的选择应该是更加仔细地进行求证，找出与直觉不符的原因，务必把情况搞清楚，实在搞不清楚，要么暂缓做出决策，要么放弃不做。

求证的时候要提防数据陷阱，理论上我们会倾向于用数据说话是最不会出错的，但实际上调查数据非常容易出错。为什么国家统计局会发布出举国哗然的数据来？为什么很多市场调查的结果会谬以千里？很简单：抽样是否科学，问卷设计是否科学，被调查者回答问卷时的想法和实际行动时是否完全一致，上述任何一个因素没处理好，都会直接影响调查数据的准确性，当数据与常识不符时，我们要毫不犹豫地相信常识，不要被数据所绑架。

军规 11　心力强大者胜

微语录

昆仑的仑 #：

所有的竞争，开始都是心力的竞争，最终也都是心力的竞争，绝大多数的竞争根本到不了刺刀见红比拼专业能力的时候，走到那一步之前，绝大多数竞争对手已经放弃了；当然最激烈的竞争比拼的也是心力，专业能力、资源等分不出胜负之后比拼的就是心力，你的极限也是对手的极限，你坚持不住了对手其实也坚持不住了，就看谁的心力强大能多坚持 5 分钟，谁就是最后的赢家。

所有的比拼最终都是心力的比拼

所谓心力，"心"的力量，即人的心理素质，这是一种精神的能量，是一种意志力，心力强大的人有三个突出特点：第一是志存高远，永不满足；第二是百折不挠，愈挫愈勇；第三是永远自信，永不言败，不达目的誓不罢休。

理论上，心力的来源有三种：一是来源于天生的、遗传的或自小养成的思维方式和行为习惯；二是基于理性的分析，认为自己应该坚持并且能够让自己坚持下去；三是目标的吸引力，巨大的吸引力能让人坚持下去。

但我认为心力 80% 是天生的，通过后天培养和训练仅仅可以有一定程度的提高。

俗话说，三穷三富活到老，没有人能够一直走在平路上，没有人能够一帆风顺，所以只有那些心力强大的人能成功。强大的心力让他们永不满足，让他们能睿智地看待发生的一切，能迅速调整自己的心态，唯有如此，才能应对创业路上的千沟万壑。

心力强大的本质在于志存高远并且能够迅速调整自己的心态，让自己永远处于理智和清醒之中，让自己永远在向着目标前进。

心力羸弱的人都是不能控制自己情绪的人，更别谈调整自己的心态了，他们只会一味放纵自己的情绪，不但会让情绪在放纵中放大，还会影响到自己身边的人，其结果必然与你的愿望适得其反。如果把自己的心态和心情建立在需要别人怎么对自己的前提下，别人会很累，自己的心态也永远无法和谐，必然陷入永无止境的纠结之中。

所有的成功者都是心力强大的人

纵观那些成功者，他们都是心力强大的人，用我的话说叫“活得明白”，表现在：（1）清楚自己想要什么。（2）清楚自己怎么能得到想要的。（3）有强大的执行力能够得到自己想要的。（4）善于调整自己的心态应对过程中的沟沟坎坎。

我曾经是一个每天要吸两包烟的人。2009 年 4 月的一天，我突然觉得不喜欢自己吸烟的形象。于是我决定戒烟，从那时开始就一支都没有吸过。很多朋友非常惊讶，纷纷问我是如何做到的。真的做到了吗？我的回答是，一个男人，如果连对一支烟的欲望都控制不住，那还能做什么？近年我鼓动了几个董事长戒烟，大家一旦决定戒烟都戒烟成功了，可见成功者都是心力超强的人。

2009年我和朋友们徒步墨脱，这是中国难度系数最高的一条线路。每天再累你也不能歇，再慢你也不能停，必须在天黑之前走到下一个宿营地，否则你就只能露宿原始森林了。虽然大家体能各不相同，但依靠精神力量，我们每个人都走完了全程。

记得高中时读过刘亚洲的一本小说《海水下面是泥土》，书中那种男子汉气概给我留下很深的印象。书中的男主角“少校”讲过他和他的同母异父兄弟的差别，“他们像白老鼠，聪明、家教好，但是他们缺少艰苦奋斗、挣扎求生的本能。我是一只褐色老鼠，可能只能当兵，但我能吃苦耐劳、不怕牺牲。如果我的腿陷在夹子中，为了脱身，我会把那只夹住的腿弄断，在所不惜，他们准不能”。要做野地里贱养放养的小褐鼠，不能做温室里圈养的小白鼠。

创业者必须是一个心力强大的人，必须有“断腿求生”的气魄，必须有股子对自己的狠劲儿。

我的信念是：只要肉体没被消灭，精神就不会垮掉。如果体力上已经筋疲力尽就靠心力，总之必须比对手多坚持5分钟，即便是跪着倒下也要比对手后倒下。

所有的竞争最后都是精神的竞争，精神垮了人也就败了，只要你的精神不垮，别人的精神就可能垮掉。

志存高远才能心力强大

既然心力强大对成功至关重要，那如何能让自己的心力强大?

答案是，首先要志存高远，只有志存高远的人才不会为眼前的一城一池得失而动摇，才不会为路上的小恩小惠所诱惑，才能坚定地奔着最终的成功而去。

创始人是企业的天花板，至少中国的情况是如此，企业能不能做大、能做多大，都取决于创始人的志向有多高远、立意有多高。绝大多数情况下绝大多数人是没有主意的，谁能提出建议并且能够自圆其说，谁的主意就会是团队的主意，谁就是领导者。如果创始人是一个志存高远的人，自然就会带领大家到达很多人不曾想象到的高度。

所有的伟大企业都是从很弱小的时候就立意高远、胸怀大志的。联想从创立之初就胸怀大志，即便在为生存而奔波的年代柳总也非常明确地要办一个百年老店，“不长本事的钱不赚”。我第一次对联想产生崇敬之心是 1991 年，我拿到一本柳总的内部讲话集——《从海图上看我们的未来》。当时联想还非常弱小，但柳总讲的是几年以后要超过宏碁电脑（当时正是宏碁电脑如日中天时）的规模，以及那句让人荡气回肠的“人类失去联想，世界将会怎样”的广告语，让无数像我一样的大学生热血沸腾，心向往之。我相信正是这种高远的立意、远大的理想鼓舞了很多像杨元庆、朱立南这样的优秀人才聚集到联想，如不是北大某位党委领导作梗，我 1991 年一毕业就会加入联想集团。

拉卡拉也是一开始就胸怀远大理想——立志打造一个便利支付、便利生活的世界，并最终发展成为中国数一数二的综合性互联网金融集团。我们从一开始就确立了两个立意：独立平台及通用服务。不去走赚钱快、模式简单的专业化服务道路，而是坚持独立自主地发展业务，可以说，正是这样高远的立意，推动着拉卡拉用10年的时间发展出互联网金融及电子商务两大平台，目前拉卡拉互联网金融服务集团已经成为中国排名第二的综合性互联网金融服务集团，业务涵盖支付、征信、信贷、理财等多个平台，拉卡拉电子商务集团开创了中国地面电子商务时代。

中国共产党在只有二十几个人的时候就设立了实现共产主义的远大目标，正是这种远大的理想带领他们走向最终的胜利。当时，比共产党强大的地方武装力量很多，有些甚至已经盘踞几个县。另外，当时各省的军阀也势力巨大，但是后来很快都灰飞烟灭了，原因就是因为他们没有什么远大理想，是靠江湖义气以及金钱聚拢起来的乌合之众，缺乏凝聚力，遇到困难即会四分五裂。

可见，只有志存高远才能面对各种艰难险阻不动摇，才能跨过千山万水去争取胜利。

充满自信是心力强大的第二法门

信心不是万能的，但没有信心是万万不能的。领导者必须有必胜的信念，才能支撑自己和团队以一种扎死营、打硬仗的气势来拼搏奋斗。很多时候，只要坚持，铁杵总可以磨成针。

充满自信是让自己心力强大的第二个法门。

越是高手之间，差距越是只在毫厘。所有最激烈的战斗不拼到各方都弹尽粮绝、筋疲力尽，是不可能分出胜负的，你的极限也是对手的极限。成功的关键往往在于能够多坚持5分钟，这5分钟靠的不是体力、技巧，而是精神，是心力。

谁自信，谁的心力强大，谁就能够比别人多坚持5分钟，谁就是最后的赢家。

心力强大的人都是自信的人，一个人若没有自信是绝对不可能成功的。如果你自己都不相信自己，别人怎么可能相信你？我的经验是，没有信心的管理者绝对不能用。如果一个管理者自己都不相信目标能够达成，他是不可能带领团队死战达成目标的，而且还会把悲观情绪带给整个体系，涣散体系的军心。

心力强大的人都是打不倒的“小强”

没有人能预知自己这辈子会走哪条路，更不可能预知路上会遇到什么人什么事，我们唯一知道的就是我们每个人都必须要经历很多很多考验，生活中的很多事，不到最后一秒钟都很难确定结果。

面对如此多变如此不确定的人生，我们有什么“法宝”可以让自己的人生过得更好？我认为如果有“法宝”，这个“法宝”就是强大的心力，让自己的心力强大起来，是我们可以更好地应对未来的重要基础。

只要你不认输，奇迹就可能出现，如果你认输了，你就失败了。高尔夫球场上，最后一个球入洞之前，得州扑克桌上，最后一张牌发出之前，人生旅程中，在闭眼离去之前，什么奇迹都可能发生，什么奇迹都可能出现，前提是你不能放弃，如果你放弃，一切就结束了。

创业路上内忧外患经常是一起来，漫长的创业过程，最终考验的是创业者的心力，然后才是资本、技术等实力。商场上竞争到最后，拼的都是创始人的心理素质，拼的是意志力，谁垮掉了谁放弃了谁就失败了，谁扛住了谁坚持下来了谁最后就成功了。

只有拥有强大心理素质的人才适合创业，才可能成功，不管你的项目多好、你的公司多强大，你都需要有一颗坚强的心。如果没有强大的心力，你走不到最后。

我分析，世界上 80% 以上的创业失败是因为放弃，而 80% 以上的放弃是因为心理上垮掉了。如果你自己不相信会胜利，你的部下不可能相信会胜利，你也就真的不会胜利。如果你自己都不相信你追求的方向能成功，你的团队不可能有斗志，你的用户也不可能接受你。如果你自己都不相信你的产品，你就不可能说服客户使用你的产品。

要想成功，必须让自己成为一个心力强大的人，任何时候任何情况都必须顶住。

第三部分
创建公司有规律

股东是公司的基因，股东的选择以及股东之间的约定非常重要，有了好的基因才有机会长成参天大树。中国大多数好公司的垮掉都是股东之间出现了问题，如果按照科学的方法组建公司，很多问题原本是可以避免的。

一个公司的创建包括两个层面，物理层面和精神层面。物埋层面的创建很多人都知道，从注册公司、选择办公地点到招聘员工，但是精神层面的创立很多人会忽视。

实际上，创始人必须从公司创建一开始就创立企业文化，为企业确定愿景使命价值观。企业文化不是大公司的专利，越是小公司越需要企业文化，企业文化是企业战斗力的源泉和倍增器。

创业期最忌讳的是好高骛远小公司大做，最重要的是找方向，能不能做出一个有人愿意花钱买的产品，并找到一种方法源源不断地把产品卖出去，这是创业起步的核心。

军规 12　股东宁缺毋滥

微语录

昆仑的仑 #：

股东是企业的所有者，股东对企业的影响很大，选择股东慎重，宁缺毋滥，处理好企业的股东圈、员工圈和朋友圈是做好企业的关键。

选股东要慎之又慎

企业家行走江湖，彼此问的第一个问题一般是“你们是做什么的”，第二个问题多半就会是“你们的股东是谁”。因为在对你的公司不甚了解的情况下，人们最直接的倾向就是通过你的股东了解你。

股东是企业的所有者，对企业影响很大，选择好股东是创业的头等大事。股东实力很大程度上决定了企业实力，股东的素质会在很大程度上影响企业的最终成就，股东是企业的基因，既决定了企业的出身，也决定了企业一大半的未来。

我的建议是，股东不是越多越好，选择股东要慎之又慎，没有合适的宁愿不选，拿不准的就先不让他进来成为股东，没有合适的股东就先把股份拿在自己手里，哪怕有了合适的股东自己再出让，也比随随便便选择一些股东好。

有些企业喜欢选择国企股东，有利有弊，利处是可能对企业进入某些“民企禁入”的领域有好处，弊端是企业因此会受制于国家对国企的很多一刀切式管理的影响。我的一个朋友，其公司引入了一个股份占很小比例的国资股东，他告诉我，每次开董事会的时候，必须把全部议题和拟决议准备好书面材料提前发给他们，他们内部开会之后得出一个意见，然后派代表到董事会来开会，这给企业的决策带来了非常大的不确定性。当企业发生资产转让的时候，国企按照防止国有资产流失的理念有针对股东的程序和要求，而这些要求往往是非市场化的，很麻烦，我还是倾向于不选非市场化的机构作为股东。

股东有问题企业很难做好

股东一旦选定，不管你喜欢不喜欢他都会伴随企业终生，商业文明的最高原则是股东权利神圣不可侵犯，不管他是怎么获得的股权，既然他是股东，他的股权就不能因任何原因予以剥夺，包括不能以少数服从多数原则予以剥夺。所以如果分手，企业必然伤筋动骨，尤其是当今中国诚信缺失，一旦选择了错误的股东，不但难以合作，如果需要分手也会万般艰难。

中国公司的失败，至少有一半是因为股东出了问题。人们常常可以共患难却不可共富贵，企业一旦做起来，股东之间的矛盾也就随之出现。几乎每个民营企业在发展过程中都经历了股东之间的分分合合，不管是家族企业还是合伙企业。

股东之间没有出现问题的大概只有国有企业和外企，前者是因为没有主人，后者是因为主人已经明确且与你无关。

近年来，我看到很多企业的失败都是股东之间出现了问题，堡垒都是从内部攻破的，企业失败的原因有很多种，但好企业垮掉，一半以上是因为股东之间出现了问题。股东之间的关系更是直接影响企业的发展。

蓝色光标提供了一个创始股东之间，董事会与管理层之间如何取得互信，如何在利益和付出、进入和退出之间实现很好平衡的成功样板。1996 年，我和我的大学同学赵文权联合许志平、陈良华、吴铁共同创办了蓝色光标公关公司，许志平和陈良华与我和赵文权都是北大的，当时我们选择了平均股权。这其实并不是最合理的股权安排，却是一种均衡的股权安排，也恰恰因为这种均分股权以及我们五个人之间对诚信以及游戏规则的恪守，蓝色光标发展起来，经过 14 年的发展成了中国第一家上市的公关公司，时至今日，蓝色光标已经成为全球市值第六大传播集团。在传统制造业，你可能很难想象有企业拥有如蓝色光标这样高度分散的股权架构，它们大都是个别创始人一股独大。但在现代服务业和高科技产业，这些高度依赖智力资本的行业里，单打独斗越来越难成功，同时团队分裂各自创业的现象会越来越多，蓝色光标的股东是特别优秀的，大家志同道合，信守诚信，尤其是尊重游戏规则，这是蓝色光标之所以成功的重要原因。

创办企业要处理好三个圈子

和谁合作不和谁合作？这是创业的首要问题。

与企业相关的有三种角色：股东、员工和朋友。股东是企业的所有者，为企业注入资金以及提供资源支持；员工是企业经营的参与者，不论是经营层还是普通员工，大家的工作创造了企业的产品和服务；朋友是企业的支持者，对企业的发展至关重要，多一些朋友少一些敌人，企业的发展才会更顺畅。

记得20年前听柳传志先生说过，办企业一定要处理好企业的股东圈、员工圈和朋友圈的关系，三个圈子的人不能错位，否则后果很严重。

有些人能够给予企业发展至关重要的一些帮助，这是企业的朋友圈。朋友圈的人不应该变成股东或者员工，他只有在企业之外，在他拥有现有的位置、资源、身份时才能给你的企业提供帮助，一旦进入企业成了股东或者员工，很可能不但无法再帮到企业，还会带来各种管理难题。因为一旦进入了企业，他就成了你的下属，你要管理他、考评他，而当他只是你的朋友时，你要尊重他、维护他。

如果应该是员工的人成了股东，有可能造成股东会和董事会志不同道不合，最令人难受的是，企业越是重大的事情越可能需要全体股东同意，如果有股东意见不一致，就会出现多数股东被少数股东“绑架”的情况。所以古语说“门当户对”是非常有道理的，只有门当户对的股东才能志同道合，否则挣了钱有人要分红，有人认为应该再投入扩大规模，有人认为为利润可以不择手段，有人要求坚持企业的道德底线，仗还没有打，股东自己先乱套了。股东之间如果价值观不一致，企业很难走长久。

同理，如果应该成为股东的人没有成为股东，他也会与企业渐行渐远，不在其位不谋其政，不再继续为企业尽心尽力。

雷军曾经说，中国是一个人情社会，做企业要广交朋友。的确如此，企业经营是社会科学，一加一不一定等于二。对企业而言，创始人的情商甚至比智商还重要。那些人缘好、有很多朋友相助的企业都是发展比较顺利的。企业家要多交朋友、交“好的”朋友，简单的利益交换不是交朋友，交朋友的目的不是为了“走后门”、“占便宜”，而是为了获得朋友合理合法的支持和帮助。创始人平时要多花时间和朋友在一起，多开阔自己的眼界，了解最新的资讯，联络感情。

如何选择股东？

选择股东一定要非常慎重，如果没有合适的股东宁缺毋滥。一旦有错误的股东存在，企业就像先天不足的婴儿，发展起来会步履维艰。

我认为选择创业股东有四个标准：（1）志同道合，大家对公司发展的方向以及核心价值观一致，这是前提。（2）认同合作规则，股东之间必须按照游戏规则来合作，不诚信的股东是公司发展的“定时炸弹”。（3）对公司长期发展有价值的人。（4）自己真实出资，不要给干股。

股东必须志同道合，大家对于公司要做的事情，以及做事情应该遵循的方法和道德底线认知一致，一个想做百年老店的人和一个小富即安的人，一个想走正道经营的人和一个想捞偏门的人是无法合作的，更别谈合股了。

股东必须都是诚信的人，是认可和尊重游戏规则的人，否则在漫长的企业发展过程中面对各种波折坎坷必然会出现内部问题。

股东原则上必须是对企业长期发展有价值的，换言之，不需要成为股东的最好就不成为股东，股东不是越多越好，如果需要扩充股东，待企业壮大之后也不迟，初创企业需要的是能够帮助企业做起来的股东。

股东必须是自己出资的，屁股决定脑袋，没有出资的股东和实际出资的股东考虑的问题以及出发点是不一样的，对企业的归属感也是不一样的。

反倒是股东之间是否是朋友不重要，即便是朋友，也不能以哥们儿感情代替股东选择的标准。最典型的例子就是蓝色光标，我们五个创始人除了我和赵文权外，大家爱好迥异，性格完全不同，年龄差距也比较大，所以彼此并不是哥们儿类的朋友，大家可能想不到，在我们五个创始人十几年的合作中，除了工作，我们竟然从未在一起吃过一次正式的饭，但这并不妨碍我们非常精彩的合作。

另外，对创业公司而言，应该优先选择那些有资源和有创业经验的人做股东，他们带给公司的价值远远超过金钱。

创业者选股东的四个误区

1. 用股份来换低工资。

创业公司因为不想也付不起市场水平的工资，所以往往倾向于找人的时候许诺股权期权，希望对方降薪加盟。

这样做的结果，一方面是让股份极其分散，形成了很多小股东；另一方面，其实也起不到激励作用。试想一下，如果你认为公司的股份很值钱，你会大手笔地给出去吗？如果你都认为给出去的股份不很值钱，那拿到股份的员工会认为股份值钱吗？尤其是初创公司，员工根本不相信股份的价值，多半是你给了也白给，还是要一步步地给对方市场化的工资待遇。

但是一旦公司发展起来，这些股东可能就“来事儿”了，和我一起创办蓝色光标的吴铁有一个理念很值得践行，他认为能够用一次分配激励的不要用二次分配激励，能够用工资奖金激励的不要用期权股权激励，我非常认同。实际上也是，对于很多低层级员工而言，你允诺的 1 万股期权可能不如加薪 20% 对他的吸引力大。

实际工作中，很多创业者声称，因为他们支付不起一些所需人才的高薪，只能给股份来吸引人才，其实不然，他们真实的心理是心疼要支付的高薪而希望以他们不心疼的股份来支付，这是非常错误的。一方面如前所述，激励效果有限；另一方面得不偿失，看似短期节省了支出，其实你损失的股权是巨大的价值，而且往往随着时间的推移，你原本节省下来的薪酬也不得不涨上去。

2. 让企业的朋友成为股东。

很多创业者会因为需要某个人帮助公司而对其赠予股权，这也是大有问题的。一方面并非非得如此对方才会帮助你，换言之，不赠予股权对方也可能会帮助你，甚至其他方式的酬劳可能对方更喜欢，因为初创企业的股权别人并不一定当回事；另一方面，即便对方能帮上忙，给予其股权也未必合适，因为股权意味着长期的收益权以及同股同权的股东权利，所以不管对方的帮忙价值多么巨大，都只应该给予一次性回报。

3. 让亲朋好友当股东。

创业期很艰难，但是也会有亲朋好友出于看好或者是支持你的想法要求入股。原则上我不赞成创业初期接纳亲友或部属的投资，至少是在明确知道可以成功之前不要让亲朋好友参股。只有一个公司我创业初始就接纳过部属的投资，后来公司亏损时我原价回购了他们的股份。公司稳定后可以接纳亲朋好友的投资，比例以不超过20% 为好。

理由有两个，一方面亲朋好友的参股不可能是大资金，对你而言是杯水车薪。另一方面，亲朋好友不可能将投资人的角色和亲朋好友的角色完全分开。早期公司并未定型，风险很大，中国人承受风险的心理能力也并不高，如果发展不顺，很可能让自己良心不安，也会影响自己和亲友的关系。

4. 吸收不好的“战略投资者”。

最早看到百度以不给董事席位、不给投票权、不给报表为条件接纳谷歌的少数股权投资时我不理解为什么，后来自己有了切肤之痛后才明白，创业公司要非常非常慎重地引入战略投资人，尤其是其关联业务和你的主业相关的战略投资人。因为中国的战略投资人有一种将战略投资作为竞争手段的倾向，和他们打交道还是小心为妙。

最常见的情况是，引入了战略投资者，非但没有享受到对方的战略资源为自己服务，反而受到对方各种掣肘，让你为对方的战略服务，这样的战略投资者一旦引入后患无穷。

军规 13　事先要签股东协议

微语录

昆仑的仑 #：

股东之间的合作基础是对游戏规则的遵守，所以开始合作之前一定要先签署股东协议，对企业方向、股东义务、决策机制以及退出机制等问题做出约定，并且一定要制定实施时的具体办法，以确保公司的根基长治久安。

没有规矩不成方圆

多人一起共事离不开规则，几个股东一起创业，是一个长期的、艰苦的、充满变数的过程，有规则尤为重要。

欧洲人一贯遵守规则，美国人虽然天性崇尚自由，看似天马行空，实则最遵守规则，连开会他们都有一本厚厚的开会规则——《罗伯特议事规则》，由亨利·马丁·罗伯特撰写，1876 年出版，几经修改后于 2000 年出了第十版。《罗伯特议事规则》的内容非常详细，有专门讲主持会议的主席的规则，有针对会议秘书的规则，有针对不同意见的提出和表达的规则，有辩论的规则，还有不同情况下的表决规则等。其核心原则包括：平衡、对领袖权力的制约、多数原则、辩论原则、集体的意志自由等，既保障了民主，又保障了效率。另外一个案例是最早移民美国的清教徒在上岸之前，就签署了《五月花公约》并宣誓遵守，由此确立了美国建国的根本原则。

可对于中国的创业股东们而言，很多公司开始合作之前对于合作并未制定任何规则，绝大多数中国人设立公司的时候签署的都是工商部门统一印制的公司章程，无非一些泛泛而谈的正确的“废话”而已。很多股东甚至连这个章程都未曾仔细阅读，签字也只是走个形式，加上中国人的含蓄，导致很多事情事先没有说清楚，一旦发生就纠缠不清，对于公司股东而言这是非常危险的。

实际上，股东之间有很多非常核心的问题需要事先做出约定，否则公司一旦遇到这些问题就会陷入大麻烦。因为没有约定处理办法只能届时再谈判，而出现这些问题正是因为股东之间有了分歧，再谈判的难度和效果可想而知，只能祈祷大家的觉悟了，很多优秀公司就是因此而垮掉的。

认可规则和遵守规则是成为股东的前提

创业是一个漫长的过程，每个企业都会几起几落，股东将和公司一起经历发展道路上的所有事情，而且很多事情和股东的利益密切相关。

股东是伴随公司终生的人，股东之间的合作是贯穿公司终生的。不论公司蓬勃发展还是苦苦挣扎，很多事情和股东的利益密切相关，股东之间不发生意见分歧不发生问题是不可能的，关键是发生问题该如何解决，如果在股东开始合作之前就建立规则让大家确认、共同遵守，就没有解决不了的问题，反之，一定解决不了。

认可规则和遵守规则是成为股东的前提，股东之间的合作、一举一动，无不牵扯到每个人的切实利益。创业者必须学习西方的方式，事先确定明确的合作规则，认同这些规则，愿意遵守这些规则的人才能成为股东。

理论上，既然股东的利益是一致的，似乎就应该所有股东一条心。但其实不然，公司经营好了，该不该分红？该不该多元化？如何激励经营层？有人要并购卖还是不卖？公司经营不好，亏损了怎么办？如果不断需要股东往里面投钱怎么办……可以说企业发展过程中每一次需要股东决策，都可能产生股东之间的分歧和矛盾，每一次分歧和矛盾都是对股东人性和理念的一次大考验。

在企业发展过程中，股东对于企业发展方向甚至某些具体事情产生分歧是经常的，也是必然的。股东之间因为意见分歧导致朋友反目，甚至演化到人身攻击，宁愿鱼死网破也要置对方于死地，不惜置公司于死地的事情也屡见不鲜。

西方人习惯用契约来解决问题，先小人后君子。中国是一个喜欢将人情与商业、政治与经济混在一起的国家，中国人喜欢用情义来解决问题。事先你好我好大家好，而一旦出现分歧，这个不行那个不行怎么都不行。你和我讲契约，我和你讲感情，你和我讲承诺，我和你讲道理，纠缠不清。

股东是公司的根基，股东出问题公司根基将动摇，所以创业之前必须考虑到股东之间产生分歧的可能，这也是事先要签股东协议的原因所在，大家约定好规则、认同规则才能成为股东，如此才能为公司奠定一个长远、坚实的根基。

咱俩最好还是签个协议，万一……

股东协议至少应该约定四个问题

股东协议应该约定哪些事情呢？我认为至少应该包括四个问题：公司方向，股东义务、决策机制以及退出机制等原则问题，而且不但要制定规则还要制定执行细则。

磨刀不误砍柴工，这样公司才能走得长远，也是对公司及每个股东利益最好的保护。

首先，要约定公司的方向，即公司的愿景、使命、核心价值观，对此至少股东间要有共识，股东协议应该约定大家投资办这家公司的方向是什么，核心价值观是什么，这两个问题是公司的根本问题，股东之间如果对此没有共识，任何一个决策都可能出现分歧。如果事先已有约定，化解股东之间的分歧也就有了方向和依据。

其次，要约定股东义务。虽然从法律上讲股东的义务只是投入资金以及不损害公司利益，但实际上并非如此。尤其是创业期公司，他们在选择股东时，往往首先考虑的是股东的资源和经验对于公司的价值，所以创业公司的股东往往多了些义务。而这些义务不可能是每个股东平等的，基本上只能是能者多劳。所以合股之前最好所有的股东约定清楚每个人必须为公司做的事情，而且要明确一旦未做到要怎么办（例如，如果未做到，其他股东有权以原价回购他的股份等），尤其是对于那些握有对公司发展很重要的资源的股东。能者不能推脱、不要抱怨，不能者要常怀感恩之心。

很多人喜欢把业务对象发展为股东，这要非常慎重，因为一旦对方离职或调职，他对于公司的价值就归零甚至变为负数了。如果一定要发展这类股东，一定要事先说清楚，他的义务是什么，他必须为公司做到什么，如果做不到怎么办，然后各自按照约定执行。

再次，要约定公司的决策机制。股东协议中也必须要确定股东会以及董事会的表决机制，明确规定哪些问题由谁来决策，如果是集体决策，如何表决，一旦表决，所有人必须坚决执行等。企业决策上容易出现的问题有两个，要么是没有约定决策机制，一旦出现分歧就无法决策。要么是按照决策机制决策了，但是持不同意见者不认同决策的权威性，不遵守决策。这两种情况的危害都是非常大的。

最后，要约定股东退出机制。退出机制是必须事先约定的。我看到太多的公司因为股东分歧无法调和又没有退出机制，导致大家同归于尽、很好的公司解体的悲剧。股东退出有两种可能：一种是大家对于公司发展或者管理产生严重分歧，无法调和。公司发展过程中，股东产生分歧非常正常，尤其是股东都在经营层的时候。这些分歧一旦到了无法调和的地步，最好的方式就是有人退出有人留守，这也是大家能够接受的方式，这时候最大的难题往往也发生在如何退出、如何作价上。一种是有人做了严重危害其他股东或者公司利益的事情，让其退出是必然的，但问题是他是否同意退出，退出价格是多少，以什么程序让他退出？不论是哪种情况，届时股东之间都会是矛盾重重，甚至上升到人身攻击的程度而无法沟通。如果没有事先的退出机制，矛盾很难解决，在中国，绝大多数出现上述两种问题的公司都关门了，至少元气大伤。

对于明确退出机制，很多公司不喜欢，认为好比婚前协议很不吉利。其实退出也意味着一份君子契约，这对于股东、核心管理层、员工都是一份金子般的承诺。很多公司就是因为在退出的条件上大家谈不拢而导致公司无法经营的。

如果有事先的约定，而且是明确约定，包括退出方法，那就会简单很多。如果股东之间事先约定了退出机制，对退出的边界条件、方式、作价等做出规定，明确约定在什么情况下股东可以退出，什么情况下必须退出，如果退出如何办理，价格如何等，很多后续的退出纠纷就不会有，甚至因为有了这些规则，很多分歧根本就发展不到需要执行这些规则的地步。

近期的很多例子，都是大股东的家事影响到公司的生死存亡，现在看来，股东之间对于彼此家庭的事情也要有所约定。虽然公司无权干涉股东的私事，但是应该可以事先约定，任何股东的家庭如果出现变化，如何避免对公司产生影响，例如如果股东不可以自行分割股权，公司其他股东可以以某个原则计算的价格来回购等，然后要求每个股东的家庭成员都签署同意等。

2000 年时，恒基伟业董事会以 5 ∶ 2 否决了投资美国一个做数字电视芯片的公司的提案，大股东当时决定分红，然后他用个人的分红款以个人名义去投资。这件事对恒基伟业的联合创始人的打击是毁灭性的，不仅仅是因为大股东破坏了董事会规则，还揭示了这个公司是大股东自己的公司而非所有创始人的，这也是为什么我当年坚决辞去恒基伟业常务副总裁的根本原因，其后不到一年，另外四位创始人也纷纷挂印而去。

蓝色光标是另外一个极端，由于五个创始股东之间的股权基本一样，以及作为北大知识分子大家之间的谦让，事实上我们一直在执行创始股东一票否决权制，一件事情只要一个股东不同意我们就不做。固然这种机制保证了股东们的团结，但是确实也错失了一些发展机会，直到股改，蓝色光标董事会方才开始引进表决机制，但使用的次数也非常有限。

西方的很多管理都是制度化的，明确规定不能做什么，如果做了会有什么后果，结果导致事情处理起来很简单，也很难发生不可调和的冲突。东方的习惯是人情、关系、感觉，事先什么都是好好好，一旦出现问题就会纠缠不清，甚至鱼死网破地对抗。基于此，公司创立之初，股东之间一定要签署一个股东协议，对于企业的重要问题做出约定，确定股东之间的游戏规则，并大家承诺信守约定，这是公司长治久安的基础。

军规 14　建立现代企业制度

微语录

昆仑的仑 #：

创业公司建立良好的治理结构十分重要。治理结构的核心是处理好股东会、董事会与经营管理团队的关系。股东不宜过多，但也不能太少，不能一股独大，但也不能过于分散。以董事会而非股东会作为主要的权力机构，董事会不宜干预管理团队的日常经营。组建一个好的经营管理团队，尤其要选择一个好的总经理。

企业的治理结构至关重要

什么是公司的治理结构？吴敬琏先生认为，所谓公司治理结构，是指由股东、董事会和管理层三者组成的一种组织结构。在这种结构中，上述三者之间形成一定的制衡关系。通过这一结构，所有者将自己的资产交由公司董事会托管；公司董事会是公司的最高决策机构，拥有对管理层的聘用、奖惩以及解雇权；管理层受雇于董事会，组成在董事会领导下的执行机构，在董事会授权范围内经营企业。我认为这个定义是准确和清晰的。

创业一定要建立一个好的公司治理结构，治理结构有问题公司很难成功。公司由谁投资，股东之间的股份比例如何，以及股东会、董事会和管理层之间的分工直接决定了企业是否有动力，没有动力的企业必然没有活力。

我体会，公司治理结构不仅规定了股东、董事会和管理层的责任和权力分布，而且明确了决策公司事务时所应遵循的规则和程序。

我认为公司治理结构的核心是两个问题：

第一，公司的股东构成及其相互比例关系。

股东根据性质分为国有股、个人股及外资法人股。选择不同的股东，公司的运转需要遵循不同的规则。拉卡拉曾经想收购一个国资成分的公司，整个谈判过程非常累，基本上找不到谈判对象，先是股东们声称根据他们的规则，我们只需要和大股东谈就可以了，因为国资委委托大股东经营该公司，但是我们和大股东谈的时候，对方要么不表态，要么表示听政府的，政府怎么定他们怎么执行。而实际上政府一直希望我们去重组该公司，但是因为重组必然会涉及多方的利益，很难推进下去。

柳传志先生讲过惠普公司的例子，惠普公司经过多年发展，两个创始人在不断减持后持有的公司股份已经非常低了。惠普公司实际上处于没有主人的状态，公司的董事会里主要是一些独立董事，靠这些与公司没有“血缘”、没有“股权”关系的独立董事管理公司的结果就是，这些不是公司“主人”的主人，为了维护他们所谓的“价值观”或者为了自己能“免责”因为一个很小的过失解雇了业绩出色的CEO，直接的结果是导致公司业绩大滑坡。

股东之间的股份比例如何分配，里面的学问也非常多，直接决定了权力分配和股东之间的相互制衡，例外的是国有股。国资委一般是委托第一大股东经营，第二大股东不管股份与第一大股东如何接近，基本上都没有什么发言权。

第二，董事会和管理层之间的权力分配。

这个问题的核心其实是董事长和CEO之间的分工问题，在董事长和CEO由不同人担任的公司里，董事长和CEO之间的关系永远是对立统一的，有分歧是正常的，尤其在战略问题上必须相互妥协。CEO的想法如果董事会不同意肯定不能去做，所以对CEO而言，获取董事会的支持也是必须具备的能力；董事会的想法如果CEO不认同，基本上也不可能被执行，让CEO去执行一个他自己不认同的董事会的想法是不可能的，要么换CEO，要么董事会改想法。所以如果不想更换CEO，原则上应该多尊重CEO的想法。

实际经营中，对于绝大多数公司而言，要么是董事长要么是CEO在制定战略和执行战略，除非是董事长退休交班给CEO但仍以董事长身份在保驾护航，否则制定战略和执行战略很难分由两个人负责，换言之，实际情况是，除非是董事长交班给CEO的情况，否则，一个公司中，董事长和CEO只能有一个人强势，既负责战略也负责执行。

超大公司除外，超大公司可能有一个均衡的董事长和CEO的权力制衡机制，但那时，战略应由CEO提出报董事长（董事会）认可，董事长也应该尽量尊重CEO的战略设想，毕竟，CEO距离前线更近并且在承担经营指标。

治理结构有问题公司很难成功

国有企业搞不好的原因其实很简单，就是企业没有主人，企业的经营者在产权上和企业无关，上级对企业的考核也不完全和企业的业绩相关，这是一个本质问题。虽然我们可以通过各种制度，通过觉悟来解决一部分，但是本质上就是如此，所以在中国才会出现两个市场上打得不亦乐乎的国企突然董事长互换的“奇闻”。

我在大学选过一门课，每周老师会请来一位青年经济学者围绕自己的研究主题给我们上一堂课。有一次上课的一个青年学者讲，国企为什么没有活力？是因为它们没有动力。为什么没有动力？是因为产权不明，激励不清。这给我留下了非常深刻的印象，这些都是典型的治理结构问题。实际上国企有很多人才，但是体制让他们发挥不出来。

蓝色光标和恒基伟业都是我联合创办的公司，一个越来越辉煌，一个曾经辉煌无限至今市场上已不见其踪迹。我认为导致这种结局的根本原因，是公司治理结构上的差异。蓝色光标是完全均分股份，5 个创始人各占 1/5，恒基伟业是一股独大，7 个创始人，大股东持股比例达 70% 多。

其实两者都不是最佳架构，各自走了一个极端，相比之下蓝色光标的治理结构虽然不是最佳，但是绝对可以避免最坏，虽然蓝色光标上市时因为一个股东意见不一致差点导致公司的上市计划流产，但蓝色光标也因为这种均衡的治理架构历经风浪持续发展，终于发展成为世界级的传播集团；而恒基伟业因为一股独大导致董事会形同虚设，7 个创始人中的 5 位先后退出，虽然曾经以 75% 以上的市场占有率和 90% 以上的品牌知名度在市场上风光一时无两，但最终迅速由盛转衰。

企业必须有主人

企业必须要有主人有两个含义，一是在股东层面企业必须要有大股东当家做主，二是经营层必须有主人意识。

企业必须要有主人，把企业做成没有家族的家族企业，它才能成为百年老店，这是柳传志先生一直宣传的观点，也是他切身的体验。没有主人的企业就好比是无人驾驶的高速汽车，随时可能翻车。

一个普世的规律是，人人所有相当于无人所有，人人激励相当于没有激励。企业的股东同样忌讳搞大锅饭，如果股东很多且股份比例相差不大，不会有任何一个股东将企业当作自己的命根子来做，都想搭车不想负责，其结果必然是三个和尚没水喝。集体所有制的问题就在于谈权利时都觉得自己应该和别人一样，而谈义务和责任时都不把这里当回事。尤其有害的是，如果股权分散，越是重大的问题越难达成一致，实质上将导致企业瘫痪。

企业必须要有大股东，有大股东才有人担当，只有大股东才会将企业当作自己的命根子并为企业付出和承担责任。打造长期可持续发展的企业，一个能掌控大局、独具慧眼的大股东是必需的。企业的经营决策也需要大股东来掌舵，尤其是创业期企业找方向时更是如此，因为谁也不知道企业该向何处去，每个决策都可能影响企业的生死存亡，这时候只有大股东才会有足够的危机感来担负起责任。

经营层面，企业要想做好，经营层必须有主人意识。联想是这样，恒基伟业早期也是这样。我主政商务通时，常常晚上三四点钟从梦中惊醒，因为想到了一个新思路，要记录下来才能睡，我们称这是“商务通综合征”，大家睡觉时梦到的是商务通，坐下来聊的是商务通，饭桌上喝酒时谈的也是商务通。每个人都把自己所有的精力和热情放在了公司经营上，应该说这是商务通能够成功的重要原因。

如何能让管理层充满主人意识，把公司当作自己的命根子来做呢？除了要选择那些态度对的人之外，有两个有效的手段：一个是从治理结构入手，让管理层持股，而且最好是管理层实实在在地掏出真金白银来投资入股；另一个是从激励入手，设计好激励体系，刺激管理层日新月异，人都是需要激励的，物质激励和精神激励缺一不可。

理想的股东结构是怎样的？

股东是一辈子的合作伙伴，一个公司多少个股东合适？都应该选择什么样的人做股东？彼此的股份比例什么样合适？这是每个创业者必须关心的问题。

首先，股东人数上，初创公司股东三到五人最佳，不要做个体户或者夫妻店，股东也不要过多。股东太多会导致沟通困难，沟通成本太高，任何决议都很难达成，尤其是在融资并购等需要股东发表意见的事情上。股东太少也不好。如果只有两个股东，股东之间产生分歧将没有任何缓冲余地，一旦发展到彼此误会很深，就会严重影响公司的经营。实际上，两个人对公司问题产生分歧的可能性几乎是百分之百，一旦两个人对公司的发展方向认知不一致，公司分家就几乎是不可避免的。

其次，各股东之间的比例关系，一般以大股东持股不超过 45%，二股东不高于 30% 为佳。股份比例有两个原则要把握：一是大股东和小股东之间的股份差距不要太大；二是企业一定要有一个大股东。在处理股份比例上，不宜一股独大，这会使大股东的意志高于董事会的决策；也不宜过于平均，如果所有小股东加起来还没有大股东大，或者比大股东大很多，都会有问题。因为企业必须要有一个大股东，尤其对于创业期的企业，需要英雄主义，需要创始人敏锐的判断力和非常坚定的决心和狂热，需要有人在所有人都无法担当的时候以一种无限责任的心态来担当。如果没有一个股东把企业当成自己的事业来做，企业不可能做起来。

股东不应该都在经营层，如果股东都在经营层，必然会导致管理层与董事会甚至股东会不分，大家角色错乱，混在一处纠缠不清，如果有人在经营层之外，就会有另外一个视角。如果股东都是管理层人员，也说明股东的层次不够高，缺乏资源更为强大的股东。

关于团队持股和期权的一点提醒

创业公司至少要保留10%以上的期权给联合创始人以外的所有经营团队分享，而且这些期权应该后发放，等到企业基本稳定时根据团队的实际贡献以及对未来的价值来分配。

我倾向于即便经营团队有能力出资，除了极其核心的人之外也不要让其出资持股，以便未来调整，期权应该发放给对企业未来至关重要的以及对企业成功起到核心作用的人。我习惯的做法是告诉大家预留了一个比例的股份给大家，未来会根据大家的贡献来分配，请相信我一定会分配并且会论功行赏、公平分配。

这样做的好处是可以在赛马中识马，最终把期权分配给那些在实践中验证出来的有态度、有素质、有能力的核心人员。当然，期权本身的设计就是分四年分期授予的，我同样倾向于把准备授予股权的人也按照期权的理念来处理。因为如果早早设定很难分配科学，有些给了很多的人根本走不完“长征”，有些后加入的重要人员没有额度了等等；不要担心事后分配大家会不接受，如果所谓的核心和骨干，对于领军人物未来会奖惩分明都没有信任，这样的人不用也罢。

很多企业创始人都有一个“大气”倾向，这是中国文化的特点，似乎不“大碗吃肉大秤分金”就不是“好汉”，不够意思，所以很多创始人让很多员工分享企业股份，甚至白送股份，这是不对的。

员工的确应该分享公司成长的果实，但是原则上只有志同道合、能够为公司长期发展贡献力量的人才应该获得股份，其他的人应该用现金奖励方式予以回报。即便给予股权，也切忌不要给干股，否则接受股份的人永远会觉得矮你一头，而你也会有一种施舍的感觉，最后导致他所持有的股份无法和你同股同权。

现在也有一种做法，就是让公司尽可能多的员工持有期权，以激励员工，不过我对此持保留意见。如果说革命成功时让所有人分享胜利果实还可以理解，但是如果想以此作为创业期公司的核心激励方式，我表示怀疑，期权激励其实只对核心高层有作用，想以此来换取降低薪酬是不现实的，要么是既给了期权又没有降低薪酬，要么是给了期权降低了薪酬却没有效果。

在实践中我的体会是，早期公司的期权对于大多数基层员工的激励作用是极其有限的，甚至中后期的激励也有限，很可能给出1万股期权不如加薪10%来得直接和有限。所以，最好的做法是不要分散分配期权，对于大多数人员采取加薪奖金激励方式，把期权集中起来激励少数中高层，效果更佳。

多个企业的创业实践，让我意识到，过度扩散股权弊大于利，不但会造成股权稀释让应该持股者的股份降低，还会造成股东权力扩散了影响公司的决策，增加股东管理难度。不要滥发股权和期权，对于绝大多数员工而言，给予其优于市场水平的工资和奖金甚至超额奖金，已经是足够的激励；只是对于创业路上极少数必不可少的核心，才应该用股权和期权来激励，而且应该事先允诺按劳分配、事后分配。

军规 15　企业文化必须一开始就建立

微语录

#昆仑的仑#：

不要认为企业文化是大公司的专利，在我看来，建立企业文化是创建公司的一部分，创始人必须亲自建立企业的文化。越是艰难的时候越需要文化，越要搞清楚我们的愿景、使命以及核心价值观和方法论。

企业文化，就是企业共同认同和遵循的一些理念和原则

书本上对企业文化的定义有很多，各种高深词汇各种论述，我认为都对，但是基本上都属于正确的“废话”，我认为，所谓企业文化，就是企业共同认同和遵循的一些理念和原则，包括基本纪律、愿景使命、核心价值观、方法论以及管理原则等。对于创业者而言，需要知道的就是三点：第一，企业文化很重要，必须一开始就建立；第二，如何建立自己的企业文化；第三，如何才能贯彻企业文化。

我认为，企业文化是企业战斗力的源泉和倍增器，是让80%的

人在 80% 的情况下达到 80 分的唯一方法。

在拉卡拉，我把企业文化定义为五个板块，即十二条令、愿景使命价值观、方法论、执行力四部曲、管理三要素。

所有员工都必须掌握第一板块，越高级员工需要掌握的板块越多，最高层需要掌握到第五板块。

基本纪律，是让一支军队能够令行禁止的基础。愿景、使命、价值观，是一支军队的目标和方向以及最高是非标准。方法论，是我们思考问题和解决问题的方法。管理原则，是我们在实践中总结出来的如何管人、如果管事的方法。

企业文化是企业的软实力，是一支队伍战斗力的源泉。好的文化会让四方各界对你心向往之，倾心接纳；对内是一种最好的凝聚力，会让团队发自内心地热爱事业。一个没有文化的企业是走不长远的，企业文化不好也是走不长远的。

没有好的企业文化就没有好的企业，杰出而成功的企业都有强有力的企业文化，并有各种各样用来宣传、强化这些价值观念的仪式和习俗。

企业文化有三个特性：（1）企业文化是为愿景、使命服务的。（2）企业文化是品牌的重要组成部分。（3）企业文化也要与时俱进。对于企业文化，绝对不能有一劳永逸地解决所有问题的思想，更不能敝帚自珍，拒绝革新与变化。在激烈的市场竞争中，没有恒久不变的企业，也没有恒久不变的企业文化。企业文化必须随着企业经营情况和外部环境的变化而不断进行创新和变革，因时而变，因势而变，与时俱进，以变制变，在变化中推动企业不断发展壮大。

创建企业的两个层面

一说到企业文化，很多人马上想到这是大公司的高大上，认为只有大企业才需要文化。很多人认为创业公司生存压力大，要钱没钱、要人没人，每天关心的就是生存、销售、竞争，或者是省钱、加班、走人……哪里奢谈得起什么企业文化？哪有时间顾及玄而又玄的企业文化呢？等到公司走出困境或者成功之后再考虑企业文化吧。

恰恰相反，在我看来，越是小公司，越是创业公司，越需要企业文化，越是有生存压力，我们越要强化我们的文化，进而提升我们的战斗力，更好地解决我们的生存问题。

创业是什么？是带着一群人去未知的远方。那么，远方在哪里？我们为什么要去那里？我们的使命是什么？大家的价值观是什么？我们应该如何思考问题和解决问题？作为创始人你必须首先回答这些问题，你需要给出这些问题的答案，这就是你的企业文化。如果对于这些问题没有清晰的答案，你的创业不可能成功。

我认为，任何一个企业的创建都有两个层面，一个是物理层面，一个是精神层面。物理层面的创业大家都知道，注册、找人、租用办公场地等等；但是精神层面的创业往往被忽略，这是不对的。企业需要建立，企业文化同样不会自动产生，需要构建，而且只能由创始人亲自构建。

企业文化应该从企业诞生之初就由创始人提出，在企业发展过程中不断总结、沉淀、完善，这也是创办企业的一部分。只有把物理层面和精神层面的创业都完成了，一个企业才算真正建立起来，只在物理层面建立的公司是先天不足的瘸腿公司。

没有文化的企业不可能成功

没有文化的企业如同大海中没有方向的一叶扁舟，是没有希望的。现实中，越是成功的企业其文化越鲜明，这充分说明文化是一个企业凝聚力的源泉、战斗力的倍增器。

企业文化的核心是愿景、使命和核心价值观，它们定义了企业的方向以及是非标准，即我们为什么存在，我们向何处去，什么是对的什么是错的，对这些的认同是企业得以凝聚在一起面对各种艰难险阻的基础。

相同价值观的部队是最有战斗力的。冯仑给我讲过一个故事，辛亥革命期间河南省宝丰县爆发了白朗起义，起义军一度发展到数万人，三年间先后同北洋政府军队 20 多万人作战，攻破县城 40 多座，但最终却失败了，原因就是起义军虽然接受了资产阶级革命派反袁的口号，但没有明确的政治纲领，即没有建立相同的价值观和愿景，加上组织不严密，以及西征陕、甘的战略失策，以致重蹈中国历代农民战争长期流动作战的覆辙，最终难免失败。

君联投资是另外一个践行核心价值观的例子，君联投资的价值观之中有一条“富而有道”，这是朱立南先生提出的，君联也确实是照此执行的。为此，君联投资未投资一家游戏公司，虽然失去了前几年在游戏上面挣钱的机会，但是随着时间的推移，君联投资讲诚信、值得信赖、做事公道的品牌越来越深入人心，并最终成为中国 VC（风险投资）界的翘楚。作为旁观者，我体会最深的是两个，一个是他们的价值观，一个是他们的“复盘”文化，这两个可以说是君联投资能够成功的核心。

拉卡拉的企业文化

拉卡拉的企业文化包括五大模块，是迄今为止我本人对企业文化认知的最高水平，也是在拉卡拉发展过程中行之有效的。在这里阐述给大家，供大家借鉴和体会。

拉卡拉企业文化的第一板块：十二条令

这是拉卡拉企业文化的门槛，是所有拉卡拉人都必须认同和实践的，相当于军队中的“三大纪律八项注意”，是拉卡拉的基本纪律，是让这个企业能够令行禁止，成为一支队伍的基础。

十二条令规定分别是如何“看写想做”四个方面的思想和行为：

如何“看”

1. 确认指令：收到指令要确认，对于需要负责执行的指令要回复简要执行计划及预期时间和结果。

2. 及时通报：重要工作进展要及时告知上下左右。

3. 日清邮件：不论什么情况，24 小时之内必须处理一次邮件。

如何“听”

4. 会议记录：会议需要有记录，并明确需要落实的事项，按照重要性罗列，明确责任人、时间、目标。

5. 亲撰周报：每个人亲自撰写周工作回顾及下周工作设想，每周一中午 12:00 之前发出。

6. 写备忘录：工作中的重要注意事项要写出来，发送给所有相关人员以确保相互知晓。

如何“想”

7. 统计分析：用数字说话，用环比、同比、百分比说话。

8. 一页报告：所有报告用一页纸写完，佐证及材料附后。

9. 三条总结：所有问题，用三条说清楚。

如何“做”

10. 保持准时：不迟到。

11. 说到做到：想清楚再承诺，承诺了就要做到。

12. 解决问题：没有结果就是没做，没有任何理由。

这 12 条要求并不复杂，大多数都是任何人想做就一定能够做到的，但也是很多人日常工作中最做不到的，我们用此来要求每一个加入拉卡拉工作的人，可以想象一下，如果每个人都能做到这 12 条要求，这将是一支沟通多么简单，执行力多么强大的部队！

拉卡拉企业文化的第二板块：愿景、使命、价值观

这是拉卡拉企业文化的基础，是所有合格的拉卡拉人都应该认同和追求的。

拉卡拉愿景：成为数一数二的综合性互联网金融服务公司

拉卡拉使命：打造一个便利金融、便利生活的世界

拉卡拉核心价值观：求实、进取、创新、协同、分享

所谓求实，即追求甚解、说到做到

所谓进取，即解决问题、日新月异

所谓创新，即聪明工作、与众不同

所谓协同，即向上思考、防区延伸

所谓分享，即知识分享、收入分享

拉卡拉的核心价值观受联想影响很大，其本质是做一个好企业，做一个百年老店。

拉卡拉企业文化的第三板块：方法论

这是我们思考问题和解决问题的方法。在我看来，方法论是让 80% 的人在 80% 的情况下能够做到 80 分的唯一方法。如果我们要求每个干部严格按照方法论去思考问题和解决问题，我们队伍的战

斗力就可以倍增。

对于方法论的强化，可以有效地防止我们工作的随机性、随意性，保证我们在一个基础水准之上思考和解决问题，虽然不能保证可以做到最佳，但是可以保证及格。

企业之中总有很多聪明人，这些聪明人是最大的问题，因为他们会自以为是，自己去理解和想象他们要做的事情以及做事方法。我们当然也可以任其发挥，但对于组织来说，任其发挥的后果很可能是交学费。所以，公司里首先要强调的是方法论，并且要硬性规定。凡是方法论涉及的问题，要严格按照方法论来执行。

拉卡拉方法论是16个字：先问目的，再做推演，事先打样，及时复盘。

1. 先问目的：做任何事情之前都要先问目的，以此来确定是否该做此事。如果能够把“先问目的”贯彻好，我们会发现正在进行的事情至少有50%是不应该做的。“先问目的”包括三个问题：我们做此事希望解决什么问题？我们想要达成什么结果？如果达成该结果，对我们的主战场胜负有影响吗？如果答案是否定的就不应该做。

2. 再做推演：对于任何行动计划都要进行推演，以确定计划是否可行。推演是军事术语，源于沙盘推演，就是模拟自己的计划执行过程中的各个动作以及可能遇到的问题，并模拟如何解决，以推测行动结果会怎样，测试行动计划是否可行。请记住，凡是沙盘上推演不出来的胜利在实战中一定不可能实现。拉卡拉的“推演”有5个步骤：

（1）效果图。回答一个问题：目标是什么？对定量目标要进行准确的量化描述，对定性目标要精确描述达成目标后的效果是什么，目的有两个：一是确认这个目标确实是我们想要的，二是确保上下级对目标的理解是一致的。

（2）横分解。回答两个问题：为了达成目标，我们需要从几个方面着手展开工作？每个方面都怎么做？

（3）纵分步。回答两个问题：分为几个阶段实现目标？每个阶段要达成的目标是什么？

（4）里程碑。回答一个问题：分解到各月的指标各是多少？这是推演的关键，很多计划一旦细化到每月的指标是否可行就一目了然了。设定各月里程碑的目的有两个：一是看计划是否可行，二是便于执行和管理。

（5）配资源。回答三个问题：每个方面是否有合适的领军人物？预算是否足够？供应能力是否有足够？目的同样有两个：一是推算计划是否可行二是便于执行。

以上可见，推演的五个步骤的目的都是两个，一方面通过分解和细化来推敲计划是否靠谱是否可行，一方面分解和细化了之后便于执行。所有的计划都应该在上述推演中被推敲被修改和完善，只有经得住推演的计划才可能达成。

3. 亲手打样：在拉卡拉看来，所有的事情都要分为两步：打样和复制。任何需要规模实施的事情首先要打样，即小范围测试可行性。打样不是瞎猫碰上死耗子的瞎撞，而是测试经过深思熟虑分析出来的道路的可行性，打样的目的不是测试想法可行不可行，而是测试如何才能让想法可行，所以，必须由最高负责人亲自操盘这个测试过程。最高负责人意味着最高水平，只有最高水平的参与才能更好地解决测试过程中出现的问题并找到让测试成功的方法。所有的成功都是一个复制样板的过程，打样不成功的方案不可以投入推广，没有经过成功打样的计划投入推广可能是巨大的灾难。（详见军

规 26 先打样再复制）

4. 及时复盘：复盘是围棋术语，即对已经下过的棋进行研究，以分析当时棋招的对错得失，研讨更好的招式，以促进棋艺的提高。将复盘用于企业是联想的柳传志先生最早提出的，即要对已经发生的事情进行回顾、分析、总结规律，复盘的目的是总结经验教训，总结规律，以便提高我们的思考和执行能力。我非常推崇复盘，并将之提升到“向自己学习是学习的三大方法之一，复盘是向自我学习的唯一方法”的高度。

在拉卡拉，我们将“复盘”分解为 4 个步骤：

（1）目标结果：回顾出发前的目标是什么，对照实际达成的结果确定二者差异。

（2）情景再现：回顾过程，搞清楚是如何一步步走到实际的结果的，可以将过程划分为几个阶段以加深对过程的理解。

（3）得失分析：分析过程中的每个得失，对事也对人，找出过程中应该吸取的教训以及收获的经验。

（4）规律总结：总结出规律性的东西，如果要再次做同样的事情确保我们可以做得更好，如果有人要再次做同样的事情确保他会做。

拉卡拉企业文化的第四板块：执行四步法，设目标、控进度、抓考评、理规范

这是拉卡拉所有干部必须掌握的工作方法，主要用于管人。

第一步设目标：必须为每个下属设定SMART[①] 目标，事先设定，

① SMART 的 5 个字母分别代表 Specific（具体的）、Measureable（可测评的）、Achievable（通过努力可达到的）、Realistic（有现实意义的）、Time-bond（有时间限制的）。

沟通清楚，设目标的时候要向上思考，站到上一级的高度来审视如何制定目标对实现上一级的战略意图更有帮助。

第二步控进度：时刻关注下级是否在正确的方向上，进度是否正常，核心是管一层看一层，即必须关注 N–2 的人的工作内容，以确保 N–1 的人能够实现其认为的目标。

第三步抓考评：期末必须考评，而且必须认真考评，把考评当作复盘以及培训下属的工具，有目标没考评比没有目标还差。

第四步理规范：所有干部，对于辖区内重复性、规律性的工作都要形成规范，这是简化管理难度和提升下属战斗力的重要方法。规范就如同菜谱，一旦我们可以把菜谱写出来，任何人就都可以照着菜谱做出 80 分的菜了。

拉卡拉执行力四步法是一个循环的过程，以时间为轴周而复始循环。

拉卡拉企业文化的第五板块：管理三要素，建班子、定战略、带队伍

这是柳传志先生提出来的，也是迄今为止我认为对管理最精辟的描述，过去 20 多年，我进行了很多管理实践，也接触过不少管理理论，我认为对于管理阐述得最透彻最清晰的就是这管理三要素。虽然我 20 年前就知道管理三要素，但是我现在的体会与当年肯定有天壤之别，我认为所有从事管理的人都应该仔细体会这三要素，并将之运用到自己的工作之中，必有收获。我要求拉卡拉的高层干部，必须深入体会、积极践行管理三要素。

拉卡拉企业文化的五大板块是一个由浅入深的过程，从最基础的十二条令开始，到愿景、使命、价值观，再到方法论、执行力四步法，管理三要素，级别最高的层级需要达到第五板块，基本员工需要达到第二板块，干部需要掌握到第四板块。

企业文化需要大力宣贯

企业文化不是写出来的概念，也不是贴在墙上的装饰物，而应该是企业每个人时时刻刻都在践行的理念。企业文化必须大力进行宣贯，否则就会变成墙上的口号流于形式。

如何宣贯企业文化，我总结有四个要点：提出来、天天讲、融入业务、以身作则。

提出来：企业文化的各个方面必须要明确地提出来，并且表述为易于理解、易于记忆的文字，太复杂的东西没有人能够记得住，记不住何谈执行？这也是为什么解放军的纪律是“三大纪律八项注意”而且谱成了歌曲的原因。

天天讲：宣讲很重要，需要践行的东西一定要经常宣讲，大量张贴于公司之中，体现在企业的各种物件上，让其无处不在。组织内的沟通和传播其实很重要，不管你是采取“每周一讲”还是“总裁来信”，实现有效的沟通传播，提升组织效能是每个领导者必须要做的事情。

融入业务：这是最核心的一点，企业文化一定要用起来，只讲不用的概念是没有意义的，必须把企业文化作为一把尺子来使用，用于看待业务，用于业绩评估，用于战略思考，唯有如此才能建立起企业的文化。

以身作则：以身作则不是说服他人的重要方法，而是唯一方法。如果创始人都不把企业文化中的理念当回事，没有人会当回事。

文化之外，每个企业还必须建立自己的战术原则

除了上述五大企业文化之外，其实每个企业还应该总结出一些“经营原则”，即战术原则。

所谓战术原则，是军队在作战的时候必须遵循的准则，我把我们依据企业的核心价值观以及我们自身业务的特点确定的决策原则、执行原则等定义为企业的战术原则，即我们“做什么、不做什么以及怎么做”。

战术原则是指导我们工作的原则，也是战术纪律，越知道我们什么能做什么不能做，我们就越清楚该做什么。没有战术纪律，靠运气打仗，即使赢了也是偶然，输了是必然，而且如果输，可能会输得很惨。

在柳传志先生的倡导下，联想系的每个公司都不断总结提炼各自的战术原则。例如君联投资的战术原则是：不和项目谈恋爱，没有非投不可的项目。联想集团的战术原则是：瞄着打而不是蒙着打，不在改革中犯错误，不做环境的牺牲品，不长本事的钱不挣，南坡北坡论，吃着碗里的做着锅里的种着地里的。联想控股的战术原则是：没钱挣的事不能做，有钱挣没钱投的事不能做，有钱挣有钱投没人合适做的事也不能做。

大家手中的这本书，其实也是关于创业的一些战术原则，是根据我自己在投资或亲自经营公司的过程中获得的经验和教训总结出的一些创业原则。

军规 16　尽早验证你的商业模式

微语录

#昆仑的仑#：

企业经营的核心是商业模式，即你如何赚钱？你必须回答三个问题：你的产品是什么？你怎么获取收入？你如何把产品卖出去？同样的用户同样的产品可以设计完全不同的商业模式，商业模式的好坏直接决定成败以及成功难度。

商业模式就是你如何赚钱

什么是商业模式？很多教科书各有定义，在我看来，商业模式就是你如何赚钱，其核心是三个问题：你卖什么？怎么收费？怎么卖？我曾经定义过公司经营就是做买卖，即做出一种有人愿意花钱买的产品，并找到一种方法把产品源源不断地卖出去，你如何做买卖就是你的商业模式。

巴黎商学院关于企业经营管理的“黄金法则”中最重要的一条是：“经商最重要的不是资金，不是人才，而是模式。”商业模式非常重要，可以说，商业模式的好坏直接决定成败。

我经常收到创业者的商业计划书，我发现，绝大多数的商业计划书读起来让人一头雾水，几十页读下来都搞不清楚对方卖的是什么产品。我很奇怪，难道这些创业者都不关心自己怎么赚钱吗？如果不赚钱你们追逐的那些新概念新技术新名词又有何意义呢？

你卖什么？怎么收费？怎么卖？这是商业模式的核心，一份几十页的商业计划说不清楚这三个问题就说明创业者根本不知道这三个问题的重要性，根本不知道何为商业模式，让投资人怎么敢投资？

不要相信只要有用户没有商业模式也可以做起来的论调，很多企业确实成功时的产品和出发时已经大相径庭，我们也许确实不知道我们最终被用户接受的产品是什么，但是我们成功一定是因为我们找到并解决了用户的需求，同时找到了让源源不断的用户接受我们产品的方法。

找方向就是找商业模式

创业初期三件大事：找方向、找人、找钱，其中找方向，就是要找到自己的商业模式并验证其是成立的，是可以开始复制的。

同样的技术能够做出不同的产品，同样的产品可以设计出不同的商业模式，商业模式就是这么神奇，好的商业模式可以迅速发展起来，差的商业模式事倍功半。

传统意义上，饮料公司的商业模式就是通过卖饮料来赚钱，快递公司就是通过送快递来赚钱，现代商业模式甚至出现了羊毛出在狗身上由猪来埋单的商业模式，我认为这类商业模式是可能存在的，只要能够得到验证，即你真的让很多猪来埋单了，没有被验证的商业模式只是空想，一文不值，只有被验证的模式才是有意义和有价值的。

而且，商业模式的验证必须是通用型的验证，即是可以复制的，特例型的验证没有任何意义。

商业模式是企业能否成功的关键，现在有些创业者热衷于谈论战略、趋势、方向，却忽略了自己的商业模式，很多想要融资的创业者也往往是把大把时间花在跟投资人讲自己的愿景、技术、理念、优势等上面，其实投资人最想知道的就是你的商业模式——你卖什么？怎么收费？怎么卖？他们会据此来判断你的东西有没有人要买，市场有多大，竞争门槛有多高，这些是他们是否会投资的关键。

商业模式是否成立，关键取决于我们的产品抓没抓住用户的刚需，如果所有人在所有时候都需要你的产品或服务，你就是天底下最赚钱的公司。如果只有极少数人偶尔才需要你的产品，你就会破产关门。而且用户的需求和获得成本密切相关，所以我们不但要提供好的产品和服务，还要让我们的收费方式为用户所接受，商业模式才算成立。试想一下，在所有门户网站都将电子邮箱作为免费服务提供的时候，如果你设计的商业模式是收费的结果会如何？曾经一度市场占有率非常高的263邮箱开始收费后迅速退出了个人市场就是教训。

但也不要一味热衷于免费，我认为凡是用户不愿意付费的产品或服务，都是没有价值的。如果你的产品对用户有价值，用户应该愿意付费。如果只有免费才能获得用户使用的服务，其价值一定不大，只有能够创造收入的服务才能持久，这是一个简单的真理。

据说扎克伯格在被问到商业模式时笑了，说：我有5亿用户，你问我如何赚钱？这是他的潇洒，也许他有这个资本，我相信刚起步的时候也许Facebook（脸谱网）是这样的，但是出发后应该完全不是如此，他心里绝对清楚Facebook的商业模式，投资人也清楚，只是在面对媒体时故作潇洒而已。

没有商业模式，先发展用户，先烧钱做大规模再寻找商业模式，这种创业模式可以有吗？我认为基本上不可以，第一，如果你的产品不可替代性不高或者用户黏性不高，你烧钱发展来的用户很容易流失，你烧钱就没有意义；第二，烧钱的模式，取决于在你能够成功之前一直能够融到足够的钱，这是一个很大的挑战，风险很大，一旦融资不顺就会关门大吉。

好的商业模式应该是简单的、重复消费的、可以多角度挖掘用户价值的

商业模式当然是有好有坏的，在我看来，好的商业模式应该是简单的、重复消费的、可以多角度挖掘用户价值的。

有的商业模式做起来很顺畅，有的做起来很累，这就是好坏商业模式的差别。一般而言，越容易入手的商业模式门槛越低，做起来越容易的商业模式，倒下去的时间越快。

其实一个公司赚不赚钱应该从第一天就可以看出端倪。我认为只有两类公司是可能赚钱的，一类是从创立的第一天就赚钱的公司，公司卖出的每件产品都赚钱，而且有办法越卖越多，卖出规模。一类是需要累积到一定的用户规模才能爬过盈亏平衡点，但是产品的不可替代性很高而且用户黏性很高的公司。除此之外的模式，也许能够赚到钱，但无法赚到非常多的钱。

博彩其实堪称经典的好的商业模式：（1）两块钱起步，门槛低，谁都消费得起。（2）冷门赔率高热门风险低，让所有人充满期待。（3）每个人都自信自己的分析有理、选择成立，不断重复消费。

（4）赌场是抽水模式，靠赔率平衡注码，稳赚不赔。

一般来讲，好的商业模式有以下几个特点：

1. 简单：首先产品要简单，针对用户的一个强需求，将用户体验做到极致。商务通就是从记电话这个用户小小的强需求开始的，而当时惠普的掌上电脑包括日程、Word 等一系列的复杂功能，但商务通的销量是惠普的百倍；其次业务前提要简单，一项业务如果要以三个以上的条件为前提，那基本上是不可行的，一个商业模式如果环节非常复杂，更是不可执行的。分众的模式是谈楼宇、装电视、卖广告，非常简单，所以执行起来速度很快。拉卡拉的模式是谈商户、装 POS 机，也非常简单，所以执行起来也非常快；一次创意可以多次复制，好的商业模式都只需要一次创意，凡是需要不断创意的生意都是难度极高的，例如拍电影，你连拍 10 部赚钱的电影，也无法保证你下一部也是赚钱的，成败完全取决于你下一次的创意，这种生意风险很大。

2. 重复消费：好的商业模式用户都是重复消费的，需要巨额投入来拓展市场而用户并不重复消费的商业模式风险很大，例如做硬件。

3. 多维增值：拥有用户，能够多维度开发用户价值，让用户不断延展消费。

最后，最好要有一定门槛。没有门槛或者门槛很低的商业模式意味着率先尝试的人如同第一个吃螃蟹的人，倘若成功，大家便蜂拥而上，与你一起分享胜利的成果，反之，则是你一人承担失败的痛苦。

拉卡拉的商业模式就是比较好的模式，我称之为共生系统，拉卡拉提供各种互联网金融服务，形成各种用户群，然后让用户交叉消费拉卡拉的各种金融服务，形成一个共生的良性循环，既形成了用户黏性，又最大化了用户价值。

烧钱的发展模式只是极少数上帝“选民”的专利

先累积用户再寻找商业模式，或者靠烧钱来提升发展速度，都是高风险的发展模式，不适合普通创业者。虽然因为现代社会可以融资来支持公司烧钱。很多公司和基金采取了先烧钱赚眼球、先赚用户再考虑商业模式的做法，但这种模式的风险是非常大的，一旦没有新的埋单者加入，现金流会迅速枯竭，公司将陷入灭顶之灾。

创业是一场八年抗战，没有八年十年的时间不可能成就一家有影响力的企业，联想、华为、海尔等企业用了20年的时间发展成为中国的顶级企业，后来新浪、百度等企业用了10年的时间发展成为有国际影响力的中国顶级民企，而如今，很多企业却幻想着靠烧钱加速发展创立3年就上市，这是不现实的。我承认，资本与产业的结合大大加快了企业成长的速度，但是企业的成长有其自身的逻辑，无限制地提速可能吗？

尤其是近几年，资本和创业的结合度空前紧密，越来越贪婪的资本拼命烧钱，拼命提高公司的发展速度，玩着一个博傻的游戏，希望永远有更高价格的接盘者！

我越来越怀疑现在的很多公司都是一个“空前的陷阱”？ 一个很有创新的“小生意”，被资本选中作为载体，于是巨大的资本注入催肥公司，接着是更多的资本注入，先注入的资本部分套现，后注入的资本希望公司能够尽快上市……公司是好公司，故事是好故事，但是如果被压上了过高的预期结果会怎么样呢？

前些年火爆一时的团购就是一个例子，曾经在一个论坛上有人告诉我团购肯定有市场，例如很多小公司没有钱做推广一定会需要团购公司服务。我的回答是：没错，但是团购是多少企业的刚需呢？是多高频次的刚需呢？为这个刚需服务的企业应该值多少钱？也许只是目前投资人对团购公司所下赌注的几十分之一吧。这就是问题所在。

现代社会，因为可以融资来支持公司烧钱，很多公司和基金采取了先烧钱赚眼球、赚用户，再考虑商业模式的做法，其实并不是所有的模式都适合使用这种做法，也不是所有使用了这种做法的模式都会成功。

烧钱发展是有了资本支持之后才可以选择的发展模式，能否成功很大程度上取决于是否有不断的后续埋单者。如果没有，钱烧光了现金流断了，公司也就关门大吉了。

凡事都有其逻辑，商业尤其如此，不合逻辑必有问题，非常的行为必然有非常的结果。你要超常规发展必然要融巨资，融巨资必然要付出巨大的代价。某著名公司历史上融了很多资本，融来的钱甚至比自己从市场上挣回来的都多，虽然风光一时，但是后续带来的股权稀释等问题几乎致命。

即便是这种烧钱方式可以成立，也只能是极少数能够获得资本青睐、成为资本剧本的演员的创业者能够采用的，不是普通创业者可以走的模式。

商业模式越早验证越好

社会科学是一门实践科学，理论和实际差别很大，未经验证很难确定一个商业模式是否可行，因此经过验证的商业模式和未经过验证的价值差别非常大。

以我的经验，有两类商业模式风险很大。一类是综合性解决方案型商业模式，其特点是业务需要多个前提条件，而原则上需要3个以上前提的商业模型基本上是不成立的，因为即便每个前提我们都能够达成90%，3个前提你都达成的可能性也只有70%，这类商业模式赚钱只是理论上的可能。

还有一类风险很大的，就是超越逻辑的商业模式。逻辑是商业模式的基础，不符合逻辑的模式成功是极偶然的，而失败是必然。多年来我们看到过很多绚丽的商业泡沫冉冉升起随后轰然破灭，盖因如此。其实很多人对于团购的质疑也在于此，消费者来团购是因为团购便宜，一旦团购网站降低折扣或者商家完成推广后恢复正常价格，那用户还会来吗？如果不来那你现在烧钱累积起来的用户有价值吗？

对应创业者而言，尽早验证你的商业模式非常重要。一个商业计划无非是现在怎么挣钱和未来怎么挣更多的钱，现在主要看可执行性，未来主要看合理性。好的商业计划现在的服务就是挣钱的，如果现在的服务不挣钱未来的服务挣钱期间的台阶最好不要超过两级，否则基本上是空想。

很多创业者喜欢以未来的想象空间来忽略现在的可执行性，这种企业我是不会投资的，我们能做的就是做好现在的第一级，以验证了的第一级的价值和可执行性来评估未来的合理性。

相信很多人听过那个著名的Y氏理论：中国有13亿人，每个人买一根雪糕就是13亿根，从每个人身上挣1元钱就是13亿销售额。问题是，你如何让13亿中国人每人都消费你一次呢？

做客户端的创业者会告诉你，如果1 000万部手机都安装了我们的客户端，我们就可以推出某某服务，挣天文数字的钱，问题是，你如何让1 000万部手机安装你的客户端呢？做平台的创业者喜欢讲，如果大家都使用了我们的平台，都在我们的平台上开发，我们就可以拥有几千万的用户，问题是你如何让成千上万的人在你的平台上开发呢？

对于创业者而言，尽早验证自己的商业模式是创业的核心。

军规 17　先赚到钱再研究发展

微语录

昆仑的仑 #：

赚钱其实是很难的一件事，需要收入来源、能够控制成本、让收入大于成本，而且有办法源源不断获得收入，这是非常难的一个系统工程，大多数商业模式是无法做到这一点的，虽然很多创业者声称赚钱不是问题，只要他们如何如何就可以赚钱，这是创业公司最大的谎言，企业真正赚到钱和具备赚钱的能力是两码事，其间的距离不亚于从地球到月球，对创业公司而言最重要的是先找到一个能赚钱的商业模式再徐图发展。

很多商业模式一辈子都不可能赚钱

不管谈概念的还是谈理念的创业者都不会否认企业的本质是赚钱，只不过他们声称自己现在不赚钱是因为要先占市场先做规模云云，很多创业者最喜欢说的一句话就是：赢利不是问题，但是，我们要先跑马圈地，为了尽快跑马圈地，我们现在要放弃利润，把规模做大。

我认为这其实是创业者最大的谎言，很多商业模式是永远不可能赚钱的。例如免费，免费的商业模式永远不可能赚钱，除非你找到从用户身上赚其他钱的方式并且用户也接受，而且用户的黏性足够大不会流失，你的竞争对手也无法抢走你的用户等等。

很多时候，这种羊毛出在猪身上狗埋单的商业模式太脆弱，因为链条过长，一旦其中的某个链条不成立，最终的结论就不会成立，我还真没有怎么看到这类成功的案例。

绝大多数情况下创业者这种“如果我如何如何就可以赚钱”的说法只是一厢情愿的想法，很可能是不成立的。每次听到这种说法我总是回答说，“那好，请你先如何如何把钱赚给我看看，然后我可以答应你放弃赚钱去赚未来”，每当我这样说的时候，我发现很多创业者会找各种理由不去做。

很多企业会告诉你，我只要把广告费降下来，我只要发展了1 000万用户，我只要把优惠价格恢复正常我就能赚钱了……这是最不靠谱的事，最大的可能是你的前提不成立。如果一个企业的销售要靠广告支撑，你怎么保证广告费降下来你的销售量还可以维持甚至增长？你有1 000万用户当然可以赚钱，关键是你有何手段做到1 000万用户？需要多长时间？需要多少投入？你怎么可以确定价格不再优惠之后用户依然会继续购买？

我发现，凡是宣称现在无法赚钱但未来能够赚钱的商业模式至少有一半是永远也不可能赚钱的，除非改变商业模式。

理论上能赚钱和赚到钱是两码事

经营过企业的人都知道，企业理论上能够赚钱和实际上把钱赚到之间还有非常大的差距，而且很可能这个差距是不可逾越的，很多理论上能赚钱的公司其实只是理论上能而已，真正做起来并不能赚到钱。

赚到钱要百倍强于“具备赚钱的能力”，这就是模式“被验证”和“未被验证”的差别。

“赚到钱”就是商业模式验证的过程，再精确的测算和推演也不能替代验证，只有那些被验证成立的商业模式才有价值。如果你认为你能够赚到钱，你就去做出来，把钱赚到给自己看看。以运营型公司为例，低成本运营就是一种能力，必须具备低成本运营能力，但是公司能否实际做到预期的低成本运营还需要做出来才知道。

实际上，企业实现赚钱的过程就是一个企业全面体检和优化的过程，只有把假设的每个前提都做到了，把企业运营的每个环节都最大化优化了，才可能实现赢利，企业实现赢利了，哪怕只是一个季度的小规模赢利，也是一个巨大的经营突破。

要性感还是要赚钱?

很多做风险投资的人攻击一个企业经常用一个理由：你的商业模式不性感。他们声称喜欢性感的、充满想象力的商业模式，不喜欢那些虽然赢利但似乎没有多少可能大发展、大爆发的商业模式。在资本市场上也可以看到，一个“性感”的公司不赚钱但是却有2 000倍的市盈率，一个赚钱的公司很赚钱但是只有几十倍的市盈率。

我的看法则不同。一个是赚钱但不性感的模式，一个是性感但不赚钱的模式，你选哪个？我认为当然是前者，不仅仅是因为我认为企业先活下来最重要，更重要的是因为我认为企业赚钱是一件很难的事，能够赚到钱说明企业的效率是高的，成本是受控的，而很多企业直到关门都解决不了效率和成本的问题。

不愿意赚当下的小钱幻想着赚未来的大钱，这是创业者经常容易犯的一个错误，尤其是那些有经验的连续创业者，他们一心想做一个市值几百亿的公司，一心想设计一个没有天花板的舞台，不愿意挣不性感的“小钱”。可是，不积跬步何以至千里？企业经营是一个积小胜为大胜的过程，赢利是一个从小到大的过程，小规模地挣钱都做不到，如何大规模地挣钱？

我的朋友查立先生写道：创业的最大风险是创业者自己。总是有那么一些极度自信的创业者，成天希冀未来，而忘却了今天，自信将来要赚大钱，所以眼下的小钱爱赚不赚，这样的人大多数是熬不出山的。因为任何一家日进千金的公司，都有它苦苦赚进第一块钱的那一刻。衡量一家公司的价值，只看三点：产生销售的能力（销售额），产生利润的能力（毛利），究竟产生了多少利润（净利）。但对于早期的创业公司，还要加上“速度”二字：你多快产生销售？多快打平？多快产生利润？“速度”二字决定了你作为创业者的本领大小。现金流是创业之本，利润是创业之魂。

我认为企业只有先活下来才可能发展起来，而且企业只要一直活下去一定可以成为一家大企业，活着的赢利公司会有更多发展机会。

创业者要思路清晰，不要被资本所忽悠，不用担心“企业很赚钱但是模式不性感，价值有限”之类的说法，不要沉湎于“有了1 000万用户后如何如何”之类的梦想。我相信，也许有不赚钱但有价值的企业，但是一定没有赚钱但无价值的企业，先让企业赚到钱，这是创业的头等大事。

赢利公司的发展天花板问题是幸福的烦恼，不要担心我的公司足够赚钱但是模式不性感、未来发展空间没有想象力、资本不给予高的PE等愚蠢的问题，也不要郁闷资本所说的哪些利润值钱哪些利润不值钱的屁话，一个赚钱的公司要好过一个充满想象力但不赚钱的公司。企业的本质是赢利，能够赢利就是好公司，能够赢利且增长更是好公司，至于上升空间能够更大增长速度能够更快等问题，还是留给赚钱之后幸福地烦恼吧。

赚不赚钱是衡量公司好坏的第一标准

衡量公司好坏的标准是什么？本书我专门论述过好公司的标准，但若从经济角度论，衡量公司好坏的一个重要标准是现在公司赚不赚钱，未来能不能持续赚更多的钱。

我不认同用所谓公司估值来衡量公司好坏。所谓估值，即公司的股票价格 × 股数，其中股票价格是投资人根据自己预期未来可以卖出的价格认定的。公司估值更像是一个心理概念，尤其是对于上市公司而言，一场地震、一篇报道，甚至大洋彼岸某个人物的一句话，都可以让一家公司一夜之间市值蒸发几十亿！

公司估值和公司本身的价值并不是一回事，也不是公司可以变现的价值。如果你想把所有股票按照目前的价格卖出，是不可能的。即便卖出去也远远不是现在的价格。

估值不是衡量公司好坏的核心标准，公司估值只是一个资本游戏而已，不是衡量公司价值的核心标准（如果用PE来给公司估值，其实本质上也是以公司的赚钱能力在评估公司价值）。公司估值更像是一个击鼓传花的游戏，如果没有下一埋单者，市值也就不存在了。在泡沫时代，估值会被贪婪寻求回报的资本吹得很高很高，但是一旦泡沫破灭，企业一瞬间就会变得一文不值。还有一个更不好的现象，现在很多创业者被资本泡沫所迷惑，在融资时也盲目要价，很多刚刚创办一年还没有什么明显收入的都动辄要估值一亿美元、十亿人民币之类的。

企业的核心价值是满足用户需求，是否能够为用户创造价值，其标志就是用户是否愿意埋单，用户不愿意付费的服务基本上没有价值。为用户创造价值，这是根本，做企业就要奔着这个本质去做。

评价一个公司是否优秀应该更多地关注公司本身的价值，即公司为用户创造的价值，其衡量标准就是公司的收入和获利能力。做一个赚钱的项目是容易的，办一个赚钱的公司很难，办一个可以规模赚钱并且可持续成长的公司更难。

中国近 4 000 家上市公司，总市值几十万亿，年利润能够达到 5 000 万人民币的有多少家？能挣 5 亿人民币的又有几家？

剩者为王

做公司是长跑，在长跑中，那些烧钱的公司，那些高风险的公司，那些拔苗助长的公司，都可能会遇到问题，这就是稳健公司的机会。

曾经有人问我创业初期如何设定企业目标，如何制定战略，我回答，毫无疑问是先想办法在自己的主营业务上赚到钱，再研究如何赚更多的钱。很多成功者在宣讲自己的成功经验时往往有提炼和优化的倾向，凡是讲自己在创业的第一天就规划了如何做一个伟大公司的，基本上都是在骗你，企业初创时要有愿景，但是具体的伟大战略都是公司在市场上站稳脚跟，已经衣食无忧了之后才开始规划的。

我现在可以非常清晰地告诉你拉卡拉的中期战略，但 2006 年时绝对制定不出来这个战略，那时我们只是知道方向在哪里，至于具体走到哪里、怎么走，一定是在走的过程中逐步清晰起来的。我们一致谨记在心的是：公司要活着，而先赚到钱是活着的基础，活着，才有未来。

第四部分

经营有方法

创业的核心是走正道，任何投机取巧最终都会搬起石头砸自己的脚。在创业路上，要用创新来为自己寻找发展空间。一旦选择方向，就要放下身段死缠烂打，把每个机会都当作最后的救命稻草，要有撞破南墙冲过去的“狠劲儿”才能成功。

经营是有方法的，正确的方向、正确的打法、科学的执行方法都是经营成功的基础，任何时候任何事情都不要用战术上的勤奋去掩盖战略上的懒惰，公司经营更是如此。

成功需要坚持，但是维持是没有意义的，领军人物一个重要的使命就是区分清楚公司是在坚持还是在维持，若公司处于维持状态，果断转型或者放弃就是成功的开始。

军规 18　学先进傍大款走正道

微语录

昆仑的仑 #：

36条创业军规归根结底就是一条：走正道。如果说成功有捷径的话，从长期来看，走正道是捷径，而且是唯一的捷径。中国用户未被满足的需求很多，每一个未被满足的需求就是一个创业机会，走正道钱都赚不完。

要立志做一个好企业

做企业和做人是一个道理，我们可以选择做一个什么样的人，也可以选择做一个什么样的企业。

我曾经写给自己的孩子三句话，作为对她们人生的寄语，其中第一句便是To be a nice one（做个好人）。我们不能预见自己的人生将会怎样，会遇到什么人什么事，但我们可以要求自己做个好人，并以此作为自己的道德底线。多行不义必自毙，得道多助失道寡助，从一个较长的时间维度看，好人是有好报的，更大的收获是自己内心的安宁。

重要的是我们必须有是非标准，一个社会如果是非标准颠倒而公众都沉默或默认，这个世界就离毁灭不远了，涉及社会道德底线的时候，每个人都应该站对队。

在坚守道德底线这一点上，大企业有大企业的责任，小企业有小企业的义务。虽然中国现在有一种肆意放低道德底线的倾向，但我还是坚持企业必须有道德底线，这是创始人做人的问题，也是企业的长久发展问题。

我认为创业就要立志做一个好企业，而好公司中的标准是：（1）公司所提供的产品或服务对社会和人的作用是有正向价值的。（2）公司奉行善的、正义的价值观。（3）公司的治理结构符合现代企业制度。（4）公司运转健康，可持续发展。（5）员工对公司的认同度和满意度高。

如果我们每个企业都能够“敬天爱人”，我们的商业环境将变得非常美好，反过来每个企业的成长之路也会更加顺畅，在当今的中国尤其如此，太多的企业和企业家的道德底线越来越低甚至没有，这是非常危险的。记得有一次我去参加一个著名的媒体组织的企业论坛，竟然发现他们邀请了一个社会公认的“道德亏欠”的人做嘉宾！如果我们社会的精英阶层都是非不明，如果作为社会经济发展驱动力的企业界都是非不明，我们的未来是堪忧的。

别人不走正道不等于你也要不走正道

虽然市场竞争其实是争夺消费者的“心智”之战，但是很多企业还是习惯将焦点放到竞争对手身上，期望通过与竞争对手的“战斗”来获得营销的胜利。这就是市场的现实。

这其中最让领先者难受的战法就是“贴身肉搏”。后来者知道自己武功不行、人脉不行、资源不够、正面作战胜机不大，于是就寄望于乱拳打倒老师傅，通过死缠烂打乱中取胜。我当年操盘商务通时，虽然我们的市场占有率一度超过80%，但竞争对手采取的这些手法，还是一度让我非常难受，左右为难。

作为领先者，你应该有很高的道德底线，有三件事情你绝对不应该去做。第一，你不要自吹自擂、夸大其词；第二，你不要颠倒黑白、反话正说；第三，你不能无中生有、趋炎附势。而与此相反的三招儿正是最容易被攻击者所采纳的，一旦他们使用出来，你如果应对不当，就会陷入攻击者的步调，步步被动。当然，也有行业的领先者道德底线很低，他们经常主动使用这三招儿，虽为君子所不齿，确也屡屡占得便宜。

领先者在遇到后来者的“贴身肉搏”时该如何应对呢？

首先，要淡定，冷静应对，不要自乱阵脚。要看清对方此招儿的本质就是等你针锋相对地还击，只要自己阵脚不乱，攻击者几乎没有机会。你必须清楚，你的鲁莽应战本身就是攻击者的目的。

前一段微博上流传一个段子：与禽兽打仗的三种结果：赢了，比禽兽还禽兽；输了，禽兽不如；平手，也是禽兽。这个段子的反面是多年前的一个段子：和拳王阿里打一场拳赛本身就是目的，赢了，成新拳王；输了，是仅次于拳王的人。这就是“死缠烂打”这招儿的本质，后来者一定会想尽一切办法挑起和行业老大的战争，就是让你左右为难，等着你自乱阵脚而获益。

其次，领先者的应战是有原则可循的，走正道是核心。

第一，只做不说，反击战是在市场上而非舆论上打赢的。针对后来者的攻击，应该立刻采取市场上的反应，而不是开口去打嘴仗。

高下成败是做出来的不是说出来的，攻击者的资源有限，而且一个巴掌拍不响。如果你不加入口水仗，对方的声势很难起来。其实很多时候你感受到的对手的舆论影响力是被高估了，那是因为你身处局中，对手的每一句话你都非常敏感，因而自我放大了实情。实际上，你们之间的争斗只是行业内的焦点，社会和广大消费者并不关心。

第二，必须说的时候，尽可能少说，并且一定要说自己想说的话，不理会攻击者，更不要试图去和攻击者辩论。如果领先者不回应，攻击者就失去了攻击的目标，所以一定会加大力度继续攻击。如果事态发展到必须出来表态了，领先者也必须正面应对，开口讲话。但是切记言多必失，发表个声明，表明态度足矣，说完就闭口，把精力放到市场竞争上去。表态的时候，直接表述自己的观点，对攻击者的蔑视是最好的反击，切记不要去争论和回应对方的具体问题。

第三，说话的时候，处处高举用户利益大旗，重复正确的话，不回应攻击者，不反击攻击者。遇到攻击后，唱高调是必要的，没有人关心你的话是不是回答了对手的攻击，是不是反击了，对手的注意力都在抓你的话柄呢。所以，占据道义的最高点，高举用户利益的大旗，反复重复吧。

第四，坚持桌面上出牌。这时候，你就如同处在聚光灯下，越是紧张、情况越是危急，越要使用桌面上的招数，不要去搞歪门邪道。能够化解旁门左道武功的一定不是旁门左道的招数，坚持桌面上出牌，坚持你的道德底线是正道。

总之，作为市场领先者，承受各种攻击和考验是必然的。不要抱怨，不要烦躁，淡定应对，市场上决战，最终获胜的还是领先者。要知道，国际上的统计数字是：向市场领先者发起进攻，只有花费领先者历史上投入的三到五倍才有取胜机会，而取胜概率不足三分之一，你有什么可担心的？

恪守道德底线

如同做人恪守道德底线很重要一样，做企业也必须恪守道德底线。

创业不能走歪门邪道，出来混迟早是要还的，走歪门邪道一定会付出代价。虽说做企业是成败论英雄，但企业家必须要有道德底线。大家都知道贩毒贩军火挣钱但不能做，而诲淫诲盗的事情又如何能做呢？对社会无正向意义的事情做了又何益呢？盗亦有道，何况企业家。

柳传志先生的联想一直以实业报国为企业之道，朱立南在主管联想投资时以“富而有道”为其价值观之首，要求坚决不投资游戏，因为他认为游戏对于孩子的成长有诸多的负面价值。虽然为此联想投资错失了很多在游戏公司投资赚钱的机会，但是赢得了更多创业者的尊重，联想投资也最终发展为中国风险投资行业令人尊重的龙头企业，这就是对道德底线的坚持。

我曾经受邀为稻盛和夫的书《敬天爱人》写导读。我写道，我个人非常认同“敬天爱人”的经营理念。所谓“敬天”，我的理解是企业的经营必须遵循“天理”、“天道”。我们得相信，这个世界上存在普遍的公理，存在公认的道德底线。一个企业不管所处哪个行业，出何种产品，都应该遵循这些公理和道德底线。对于某些涉及最广泛公众利益的公司尤其如此，例如谷歌公司，其经营理念“不作恶”就非常有道理。试想一个提供搜索服务的公司如果“作恶”，这个世界岂不是是非颠倒、乾坤混乱了？

企业必须有道德底线，而且必须要坚守。餐饮行业，食品安全就是道德底线，金融服务行业，资金安全、诚信无欺就是道德底线。如果我们不遵守商业道德底线，对破坏商业道德底线的行为予以容忍、默认，甚至褒奖，总有人会自食其果。每个企业都有自己的经营理念，不同的经营理念会形成不同的企业文化，进而形成不同的企业战略与行为，并最终决定一个企业的成败与境界。

按照客观规律去经营

凡事都有其逻辑，企业也有其发展速度和规律，高买低卖可以为继吗？用欺诈方式圈来的用户可以持续吗？企业的经营内容应该是对社会的进步有积极意义的，应该是对人类的生活有正向价值的。

对于企业而言，同样的人力物力和时间，应该投放到正向的方向上，生产和提供正向的产品。如果一个企业把其技术和财力用在生产物质或者精神“鸦片”上，那就是“倒行逆施”了。著名管理学家彼得·德鲁克说过，优秀的管理者最重要的特征是正直感。正直感不是一种单独的美德，而是所有美德的综合，美德决定了商业上的成功，使人们从商务行为本身获得自由与幸福。

企业按照客观规律去经营，就是要货真价实、真诚服务、按部就班地发展。

履行社会责任

每个企业都要履行社会责任，对于小企业而言，经营好自己就是履行社会责任，但一旦你有幸成为老大，就要担负起老大的社会责任和义务。

如果你有幸成为行业的龙头企业，你就必须担负起老大的责任。作为行业的老大，你尤其要树立一些标杆，不能只为自己企业考虑，你必须为整个行业、整个产业链的健康考虑，你必须意识到你的一言一行不仅仅代表你自己，还代表整个行业，有时候你需要牺牲一些本企业的小我利益来为这个行业做些事情。记住，作为行业龙头企业，你的价值观会影响整个行业甚至整个社会。

中国文化讲“达则兼济天下，穷则独善其身”，我们在不是老大的时候，要学习好的榜样让自己不断进步，而在成为行业老大的时候，就应该感觉到身上有更重的责任了，就应该主动用更高的标准要求自己，让自己的言行作为能够代表这个行业的顶级水平。如果你有幸进入精英阶层，你就必须关注自己的使命，对自己提出比一般人更高的要求。

学先进和傍大款

我的朋友冯仑先生认为做企业要“学先进，傍大款，走正道”，我非常认同。

我体会，“学先进”就是要保持一个学习心态。

“傍大款”，就是要努力寻求与强者合作，不论是资本层面还是业务层面，都要争取与比自己强大的人合作，只有与强者的合作才能带动自己的发展。

“走正道”就是要恪守道德底线去经营，要按照客观规律去经营，要履行社会责任。

学先进和傍大款是手段，最终的目的是为了走正道。

学先进最差的方法是有选择地学习，号称只学习人家好的一面。试问，人家是先进你是后进，你如何可以知道人家的东西哪些是好的哪些是坏的呢？如果以此思维方式，你学到的注定都是和你一样的东西，那些你没有的、你现在不理解的先进东西你一点都学不到。

每当我们想拒绝学习的时候，就会抛出一个理由“国情不同”：我们是特殊的，所以您那些做法和思路是我们无法学习的。这其实是一个陷阱，世间绝大多数事情并不存在“特殊性”问题。我们失败就是因为我们认为自己是特殊的。我念高中的时候就悟到一个真理，最高深的物理学原理和最高深的哲学原理是一致的，万事万物的原理相通，“世事洞明皆学问，人情练达即文章”。不管你从事哪个行业，你需要遵从的规律很多都是相同的。进步的捷径就是善于学习，学习有三种方式：向前人学、向先进学、向自己学，直接学习那些已经成功的企业和人，学习他们已经被验证了的行之有效的方法。与学习理论相比，学先进更加清晰明了。

任正非先生在华为引入 IBM 的流程时要求公司削足适履，要求部下“先僵化，再固化，再优化”，我非常认同。既然我们要学先进，就说明我们是落后的，落后的组织尤其是落后组织中的个别人员，怎么有水平判断先进的方法是对是错？所以必须先僵化地学习，教条地照做。等做得很熟练了，再坐下来复盘，研究是否有优化之处。

中国在国际上闯出来的运动员李娜以及刘翔都是耐克的签约球员，因为耐克是体育界最强的势力，它对李娜和刘翔能够夺冠有所帮助。土耳其横跨亚欧两大洲，其足球水平虽然在欧洲居二三流却足以横扫亚洲，但他们的足协坚决要求加入欧足联，因为他们认为只有和足球强国同场竞技才能提高自己的水平。无独有偶，从明治维新开始，日本一直在寻求脱亚入欧，也是同样的思路。

做企业也一样，不论选股东还是融资或者是合作，只有和强者合作，成长才最快，才能强大。在股东层面，如果能够选择有实力的股东，自然会大大增强公司的实力。业务上，如果能够和大企业合作，则更容易获得相对比较稳定的生产经营环境，并且能够随着大型企业集团的发展而发展。和大公司合作的好处不仅是能赚钱，也能大大提升自身的市场形象，而良好的市场形象又能吸引大批人才和大批客户，形成良性循环。微软之所以有今天这样的成就，就得益于当初傍住 IBM 这条大鲸鱼。这也是拉卡拉为什么会选择加入联想控股大家庭，成为联想控股成员企业的原因。在金融服务这片广阔的市场，联想控股的股东背景以及资金支持，是拉卡拉长期发展的坚实保障。

必须注意的是，傍大款要注意区分好大款和坏大款。要去傍好大款，如果傍上了不走正道的大款，会把自己也带入歧途。

宁做英雄死，不做枭雄生

英雄和枭雄有何区别？在我看来，所谓英雄就是为了坚持一些原则宁愿接受失败的结果；所谓枭雄就是为达目的不择手段。做企业要做英雄不能做枭雄，不能坚持原则的企业不可能成为一个伟大的企业。

走正道的结果可能是让你成为悲情的英雄，出师未捷身先死，但我认为，有所为，有所不为，是为有为；无所不为，为所欲为，即便能风光一时，也绝不可能风光一世，这是一个亘古不变的真理，可惜近些年被我国的很多企业忽略了。他们认为“强势即真理”，他们认为依靠资本的支持，依靠不计成本的市场投入，依靠对善良消费者的“忽悠”就可以获得巨大的销量和利润，认为有了市场占有率，市场和监管部门就得“迎合”他们。这种观点和做法曾一度甚嚣尘上，也一度占据上风，但是问题终究是问题，假的终究成不了真的。随着近期媒体不断揭露出“添加剂事件”、“信用欺诈事件”、

“流氓软件事件”等，很多曾经一度在聚光灯下风光无限的企业纷纷“受伤”，其企业经营过程之中的不当作法纷纷暴露出来，这是必然的。

企业经营理念的不正必然会让企业的发展受到伤害，做企业的核心，还是要走正道。

军规 19　创新是最好的创业武器

微语录

昆仑的仑 #：

没有一个伟大的公司是靠模仿和抄袭成功的，创新才是最好的生存之道，因为只有创新你才能获得生存的时间和空间。企业的创新应该是全方位的，产品、股东、治理结构、渠道政策、推广方式等方方面面皆可创新、皆需创新。每一个创新都会提升你的战斗力。

模仿不是创业捷径

没有一个伟大的企业是通过抄袭或复制别人成功的，即便是初创企业也很难，创新才是成功捷径。

前几年确实有一种舆论，认为只要能够快速地跟踪和模仿美国的创新模式就可以在中国成功，甚至创业者公然喊出来，对别人好的产品就是要“连 bug（漏洞）都一起复制”，以及创业“拼的就是融资能力”，要晒一晒融资的到账单来比一比实力。

说实话，抄袭别人抄袭到连 bug 一起抄袭的做法，我是绝对不屑于去做的，即便是为了生存也不会去做；公司之间的竞争到了竞争融资能力和比赛烧钱的层面，这种商业模式我是看不懂的，我只是坚信，需求是创业的基础，没有需求就没有市场，没有市场就没有创业。我只是坚信，世界上没有一个伟大的公司可以依靠模仿别人成功。

韩国曾经是一个公然走模仿之路的国家，但是模仿宝马、奔驰车并没有让现代或者大宇成为伟大的汽车公司，倒是不那么复制同行的三星后来成了世界消费电子领域的排头兵。

苹果公司的 iPod、iPhone、iPad 创新出来后，全世界都开始研究和模仿，结果却是苹果产品的销售量逐月上升，截至 2011 年 6 月，苹果公司的现金储备竟然达到了 762 亿美元之巨！

很多人误以为模仿是一种最简单的成功方式，其实不然，也许模仿是领先者可以有的权利，作为后来者是没有机会靠模仿成功的。

也许模仿确实有一定的价值甚至有一定的市场，但这更是大公司的“菜”，他们可以对很多新兴事物不去做第一个吃螃蟹的人，可以先观察别人吃螃蟹的情况，一旦发现好吃自己再跟进，这时候大公司的品牌、用户、资金等优势可以让他们迅速后来居上，某种程度上可以说模仿是大公司的市场地位“红利”，小公司是没有资格享受这种红利的。

很多创业者有一个误解，认为要等到公司大了再创新，小公司生存压力很大，要先通过模仿或者抄袭活下来再说。其实错了。模仿或者抄袭并不能帮助你生存下来，除非你去做假冒伪劣产品，那另当别论，否则只有创新才是你的生存之道，创新是上天留给小公司的“撒手锏”，创新是上天留给小公司的生存机会。

公司有用户基础、有品牌知名度、有资金实力，你作为后来者去抄袭和模仿人家怎么可能有胜算？但大公司规模大、层级多、计划性强、规章制度烦琐、求稳求规范、对市场的反应速度必然会慢，小公司只有反其道而行才有机会，只有差异化才有市场空间。

踢足球要找到空当才能传球，没有空当的时候要通过自己的跑动甚至是整支球队的跑动来拉开空当。创业也一样，要找到市场的空当才有机会，没有空当就要通过创新来制造出空当，只有创新才能找到企业的生存空间，为企业的发展赢得时间，只有创新才能打造出企业的战斗力。

所有的成功产品都是创新的结果，很多人不理解为什么山寨手机会有人买，那是因为人家虽然本质上是“山寨”，但是增加了很多创新，例如针对老人的大字体、大声音，针对特殊人群的防水防震、超长待机等功能。虽然这些创新在手机大佬看来也许算不得什么，但是对于具体的消费者还是非常有价值的，所以有人买。

每个成功企业的成功都源于一系列的创新

作为后来者，只有靠创新才能生存、超越别人。只有创新才有机会，所有大成功都是创新的结果，只有不断创新才能不断发展。

企业的创新不仅仅是产品创新，价格、渠道、推广方式、企业的组织结构甚至股东结构方方面面皆可创新，方方面面皆需创新。

只有创新才能创业，所谓成功就是把别人认为的不可能变成可能的创新过程，所谓创业就是发现消费者的新需求，并找到一种方法满足他们需求的创新过程。

每个成功企业都是一系列成功创新的结果，正是这些创新使企业的战斗力倍增，在竞争中脱颖而出。我们熟知的 iPhone、拉卡拉、

《电脑时代周刊》等都是前无古人的创新。

在我看来，创新可以分为两类，一类是从 0 到 1 的创新，例如发现了新的市场或者用户新的需求；一类是从 1 到 n 的创新，例如我们用新的产品或者新的方法满足了已有的需求。不论哪种创新，都会为企业打开一片蓝海。企业的每一个角落都需要不断创新。创新越多，企业的竞争力越强，为用户创造的价值就越高。

拉卡拉的系列创新

今天的拉卡拉已经发展成为中国第二大的综合性互联网金融集团，在银行和 BAT（指百度、阿里巴巴和腾讯三大巨头）的市场中能够生存并且持续成长确实不是一件容易的事，拉卡拉所倚仗的就是两个字“创新”，可以说，拉卡拉的发展史就是一部创新的历史，每一次创新都为拉卡拉打开了市场空间，提升了市场地位。

拉卡拉的第一个创新是把 POS 机变成远程多点支付终端，传统上，POS 机只能为安装所在地的商户收款，但是 2006 年拉卡拉创造性地开发出了中国第一个电子账单平台，将 POS 和电子账单平台连接，形成了一种全新的“电子账单 + 智能终端刷卡”的支付方式，开创了远程刷卡支付，只要有一台拉卡拉，你就可以刷卡支付给任何一家银行、任何一个电子商务网站，让电子支付也像传统支付一样安全、简单、方便、灵活，是中国世界级的首创，从而打开了一个巨大的市场，这也是拉卡拉支付得以与银联、支付宝等并存的基础。

拉卡拉的第二个创新是放弃了这套系统的销售，而是免费安装给全国便利店，并且将用户使用时拉卡拉获得的收益分一大部分给便利店，这是商业模式的一个巨大创新，一举将全国 280 多个城市的几十万家便利店变成了拉卡拉的便利支付网点，让数千万消费者百步之内就可以完成缴费、还款、转账、充值等业务，时至今日，中国所有品牌的连锁便利店和商超都将拉卡拉自助终端作为了每个店内的标配，这些遍布在全国社区周边的拉卡拉自助终端不但为拉卡拉累计了近亿的个人用户及交易数据，而且成为拉卡拉独特的线下存在，在宣传和获取客户方面为拉卡拉带来独有的不可替代的价值。

拉卡拉的第三个创新是云 POS，2012 年拉卡拉获得收单牌照开始进入收单这一传统市场，拉卡拉没有直接推广已经几十年不变的传统 POS，而是创造性地把 POS 机和手机、云计算、ERP（企业资源计划系统）、CRM（客户关系管理系统）等结合起来，推出了拉卡拉的云 POS，带动收单市场进入移动化、智能化、综合信息服务化的时代，这一创新让拉卡拉在竞争激烈的收单市场上只用三年就进入行业前三名。

拉卡拉的第四个创新是智能支付硬件。2013 年，美国有一家公司推出了音频的手机刷卡器，拉卡拉随后也推出了自己的音频手机刷卡器，后来又推出了拉卡拉蓝牙刷卡器。虽然大家都是连接手机音频使用，但是拉卡拉与美国公司的产品完全不同，它们是给小商户收款使用的，拉卡拉是给个人付款使用的，它们只有一个收款功能，拉卡拉提供的是包括跨行转账、缴费、信贷、理财等一系列个人手机银行功能。可以说，中国所有模仿美国公司的产品基本上都死掉了，而拉卡拉独创的针对个人的智能支付硬件从一款音频刷卡器，发展到蓝牙刷卡器、智能支付手表、硬件钱包系列产品，累计出货超过 500 万台，成为中国市场遥遥领先的智能支付硬件，系统交易量已经超过美国同行。而后，拉卡拉又创新了硬件钱包、支付手环等多种可穿戴智能支付硬件，深受市场欢迎。

拉卡拉的第五个创新是考拉征信公司，2015 年，人民银行开始发放征信牌照，拉卡拉第一批取得了 8 张个人征信牌照中的一张以及十余张企业征信牌照中的一张，是中国两家拥有全征信牌照的公司之一。拉卡拉在征信上的创举首先是设计了开放式股东结构，要求核心的大数据拥有或大数据运营企业共同成为公司的股东，把公司打造成一个征信行业的“银联”，其次是产品上首创了中国第一商户信用分、世界第一个个人职业诚信分、世界第一个企业诚信分，这些创新让考拉征信成为中国征信行业一颗冉冉升起的新星。

拉卡拉的第六个创新是信贷和理财，拉卡拉首创的“替你还”是中国第一款针对信用卡用户还款日还款的短期贷款，用户可以申请拉卡拉替还信用卡，贷款时间从一周到四周不等；拉卡拉金融公司推出的“易分期”、“商户贷”、“挣点钱”等产品，每一个都是市场上原来没有的，但又结合了用户的需求，借助互联网技术，实现了高效率、低成本、大渗透率的信贷和理财服务。

拉卡拉的电商也是一个巨大的创新，阿里和京东等电商公司解决了一个需求：帮助商家通过互联网把产品卖到全世界，拉卡拉的社区电商是一个线下电商体系，解决了线下零售店铺的一个需求：借助互联网把全世界的产品拿来卖给周边社区，可以说拉卡拉电商开创了电商的线下时代，在打造一个地面电子商务网。

不难看出，拉卡拉前进的每一步都是源于一个创新，每一个创新都为拉卡拉打开了一个市场生存空间。最终在 BAT 的领地里成就自己，可以说拉卡拉就是靠创新在众多同行看不见、看不懂、追不上的疑惑之中，迅速成长起来。

创新光荣，抄袭可耻

中国目前有一种只论成败不论是非的倾向，这是非常危险的，尤其是在所谓的“精英阶层”之中，拉帮结派，不论是非，令人担忧。

一个社会要进步，必须坚守价值观，必须惩恶扬善。我们必须大声疾呼，创新光荣，抄袭可耻！

对知识产权的尊重和保护，是一个社会创新的动力源泉，一个没有知识产权保护的国度是没有前途的，一个不创新的民族是没有希望的。如果可以卖A货赚到钱并且不被谴责，很多意志薄弱、不知廉耻的企业就会去卖A货而不是去创品牌，踏踏实实创品牌的企业在这种环境中也无法生存。如果抄袭不被惩罚并且不被谴责，大家就不会去原创；如果造假不被惩戒到倾家荡产，很多人就会铤而走险造假。多年来我们以为A外国品牌抄外国技术是占了人家便宜，其实是占小便宜吃大亏，后果是扼杀了本土的创新土壤，业界整体的创新力在丧失。

在硅谷，如果你模仿和剽窃，不但有法律风险，而且不可能有人投资于你，甚至员工都会耻于为你工作。这种土壤自然会激发大家创新。在中国，连大佬都卖假货，创新环境可想而知。

我非常赞赏陈寅恪先生的人格，他说过有“四不讲”：前人讲过的不讲，近人讲过的不讲，外国人讲过的不讲，自己过去讲过的也不讲，只讲未曾有人讲过的。

十几年来，我参与了多家公司的创建，每家公司均独辟蹊径，做到了各自领域的龙头，我和团队一直坚持“三不做”：再好的想法如果发现别人已经做成了不做，机械重复自己已经会做的不做，对社会进步没有正面价值的不做。

首先，我绝对不能忍受自己和别人雷同。抄袭，即便是赢了又如何？况且世界上没有哪个伟大的企业或者普通人是靠抄袭扬名立万的。其实抄袭的人也知道抄袭不对，抄袭不好，但是抱着成王败寇的侥幸心理，认为靠剑走偏锋可以成功，成功后可以漂白。其实事情的结果必然是没吃到鱼却粘了一嘴腥，抄袭不成功还成了笑柄。

其次，我认为人应该不断进取，一件事情一旦自己已经做成了，就失去了继续重复的兴趣。我的连环创业，都是源于这个想法。

最后，凡是自己创办企业的人都想赚大钱，但我认为不是每件可以赚大钱的事都应该做。企业固然要以赢利为目的，但不加选择地朝这个目的前进，反而可能使你离目标越来越远，甚至将企业的前途葬送。企业是社会的一部分，对社会进步没有正面价值的事情不能做，否则，你作用于社会的副作用也会反过来作用于你，让你轻则身败，重则名裂。

这种信念支撑了我 20 年的创业经历，所有自己操盘的以及投资参与的公司没有一个是模仿和抄袭别人，全都是创新的领域、创新的方法，并且都做到了本行业的一流。

创新企业的领导者多半具有争强好胜、不甘人后的性格和自视清高、不屑于模仿的特点，前者是不断突破的动力，后者是产生创新的基因。

为创新营造一个环境很重要

借鉴与抄袭是两回事，别人好的模式、好的产品当然可以借鉴，但是如果全盘照抄甚至连 bug 都抄回来那就有问题了。如果我们对此不但不予以谴责，还大加赞赏，那就更加危险了，只有尊重创新保护创新，才能有创新。

有一本写以色列的书《创新的国度》，深刻地阐述了这个弹丸小国，因为充盈着创新的氛围，而造就了一个伟大的创新国度，以色列的活力正是源于其创新的基因，那些不保护知识产权的国家最终害人害己。

我曾听到一个颇有见地的官员讲，过去我们以为“山寨”一下国外的成果是占了人家的便宜，因为省掉了大量的开发费、品牌费用，但过了很多年才发现，这种小聪明其实是深深伤害了自己。如果就想走捷径，没有人愿意去创新，没有人能够去创新，我们的国家就会失去创新能力，最终与国外的差距越来越难以追赶。

创新环境需要领导者有意识地去构建，企业的创新会自上而下还是自下而上？我们的情况是，越往后走，企业规模越大，越会自下而上，所以广开言路非常重要。广开言路需要一个宽松的氛围，这个氛围需要一把手亲自去营造，不仅不能打压建言者，还要非常认真倾听每一个建议，及时肯定和鼓励每一个可取建议。

KPI（关键绩效指标）的设置也是一个非常重要的因素，KPI是指挥棒，如果设定得过于强调眼前目标，或指标定得过高，都会让员工无暇顾及创新。

现在我越来越质疑KPI的效果，尤其是公司越来越大之后，我经常发现我制定的KPI被下属过于尊重，以至于他们为了完成这些KPI会做很多在我看来是“短视”的事情，他们会放弃对未来的投资，会拒绝新的增长机会，一切都是为了完成那几个会影响我对他们评价以及他们收入的数字，让我哭笑不得。

我经常在想，也许我们应该取消KPI，至少对于最高层的管理者应该取消KPI，代之以定性的目标。例如，对一个独立的公司或者业务而言，最重要的目标是什么？不应该是当年的收入、利润或者用户，而应该是未来你的市场份额，是你未来能不能在该领域数一数二，其领军人物应该奔着这个目标去，如果需要为此放弃短期的收入那就放弃，如果需要现在加大投入那就加大。反之，如果你给他定了今年的 KPI，他想考虑未来也没法考虑，因为这些做法是与完成 KPI 相矛盾的。

创新者一定是少数派，会遭到绝大多数普通人的质疑；创新必然会经过艰难的探索，甚至不断失败；创新会触犯很多既得利益者或市场领先者。这些都决定了创新是很艰难的，而这也正是创新的意义所在。

军规 20　放下身段死缠烂打

伟大是熬出来的，粥也是。

微语录

#昆仑的仑#：

所有的成功都是死缠烂打出来的，对于创业者而言首先得放下身段，把每一个机会都当作最后一根救命稻草去争取，咬紧牙关死扛，就算倒下也要比别人多坚持五分钟，做到这两点你未必会成功，但是做不到你一定不会成功。

没有人能随随便便成功

虽然成功没有诀窍，但成败是有规律的。这个世界的核心是逻辑，没有没来由的成功，也没有没原因的失败，套用托尔斯泰的话，成功的企业各个相似，失败的企业各有不同。

所有的成功者都是“备受屈辱”做了很多自己不愿意做的事情一路摸爬滚打过来的。

我观察那些成功和失败的案例，可以发现成败其实是有一定规律可循的，不管你是创业还是打工，不管你所在的是哪个行业，走正道、创新和死缠烂打是所有成功者的共性，做不到这三点基本上不可能成功，做到这三点基本上不会失败。

创新不是想做就能做到的，也不是任何人都能做到的，但走正道和死缠烂打是任何人如果想做一定可以做到的。决定成败的三条中有两条是任何人如果想做都能做到的，这就是这个世界的逻辑，上天是公平的，每个人都可能成功，因为成功的条件有三分之二是你自己能够把握的，就看你自己是否去把握了。换言之，为只要努力，你就已经具备了三分之二的成功条件。

人人都喜欢有“脸面”，都喜欢被人尊重，但别人尊重你只能是因为你的人品好以及你的成就，尤其是你得有超出别人的成就。而要做到有超人的成绩，你必须先“不要脸”、“不把自己当人”，你必须放下身段，忍别人所不能忍，做别人所不愿做，你才可能克服千千万万艰难险阻有所成就。

创业者不能太把自己当回事儿，创业是从零开始的一次全新旅程，你过去的身份、过去的业绩都已经成为过去，如果你不能忘记过去，还躺在过去的辉煌上流连忘返，那么过去越辉煌，你的创业就越不顺。

我离开商务通后再次创业的时候就深刻地体会了这一点。主持商务通时，我每次签字支配的是几百万上千万的资金；再次创业后，我每天签的都是几千几万的单。主持商务通时，一个省代来京想见我还得看我的心情；再次创业时，一个地级代理来京我都得请人吃饭。这种落差是很难受的，原来是别人“求你”现在变成你“求人”，而且对方可能就是同一个人！但是如果你不能接受这种落差并且适应你的新角色，你就不可能成功创业。

创业者必须能够放下身段，亲力亲为地去做那些别人不愿意做的小事，去做那些你原来的身份不需要去做的小事，不管是端茶倒水还是三顾茅庐。

放下身段，就是不要把自己当作管理者而是亲自去盯着公司最紧要的事情，而对于创业公司而言，做出产品打开市场是最迫切的业务，所以创始人就应该是产品经理，亲自参与到设计产品之中去。我认识很多成功公司的创始人他们自己就是最大的产品经理，以及最大的销售员。请记住，对于创业公司而言，创始人不会的事就是公司不会的事，创始人不懂的问题公司也难以解决。

对于连续创业者而言放下身段是很难的，因为在原来的领域他是非常成功的，处于万人瞩目的舞台中央，站在别人可望而不可即的高度，现在开始新的创业要转为一个新兵，一下子从可望不可即的高度降到地面甚至地下，对任何人而言都是一个巨大的挑战。

没有结果等于没做

拉卡拉企业文化的十二条令中有一条：解决问题，没有结果等于没做。拉卡拉不相信借口，你可以找，但是找了也没有用，因为我们认为只要没有结果，不管任何理由，都等同于没做，都是零分。

我发现，找借口是一种思维方式，也是一种工作方式，而且是loser（失败者）的典型特点之一，有这种思维方式和工作方式的人很难改变，我越来越觉得，如果你面对的是一个喜欢找借口的人，你基本上不应该和他合作，和他合作就是浪费时间，甚至和他争辩都是在浪费时间，他们不成功是大概率事件，成功是小概率事件。

winner（成功者）从来不找借口，他们要么告诉你目标已经达成，要么告诉你他正在解决问题，只有那些loser才会喋喋不休地和你讨论他们多么努力，条件多么不利，别人的运气多么好，他们的运气多么不佳等等。

在 winner 看来，任何目标的达成都是一个解决问题的过程，他们的存在就是为了解决问题。在 loser 看来，除非你把成功放到他面前，否则任何事情都会影响他的成功而且不是他的责任。

区分 winner 和 loser 很简单，你询问一件事情时，如果直接告诉你结果，“yes or no”，是 winner 的工作方式；如果从过程、原因讲起“因为……所以……”的，是 loser 的工作方式。

据说乔布斯提拔副总时会让其明白一个简单道理：你与保洁员的区别在哪儿？“当你是保洁员时，借口有用，而副总与保洁员的区别是，借口不再管用了！”

领袖与群众的最大区别在于群众是执行指令的人，领袖是解决问题的人。解决问题就是拿出结果，如果你不断解释理由、找借口，说明你已经失败了。

伟大都是熬出来的

冯仑说“伟大都是熬出来的”，据说胡志明当年向林彪请教如何打赢战争，林彪说“熬”。说得太对了，所有的成功，都是一个漫长的坚持的过程，一个战胜所有困难、所有对手的过程，一个死缠烂打的过程。

金庸先生的武侠小说是我的最爱，大学时代每年寒暑假我都会把“飞雪连天射白鹿，笑书神侠倚碧鸳”看一遍，《射雕英雄传》中周伯通的一段话让我印象深刻，他说，谁的武功最高？活得最久的人武功最高，所以只要熬着，熬到和你同样的高手都死了，你就是天下第一了。

这是真理，做企业也是如此，一个企业只要活到竞争对手都死了你自然就是老大了。在漫长的竞争中，谁能活下来谁就是最后的胜利者。互联网时代更是如此，从当年的三大门户，到现在的遍地互联网金融，无不重复着一个真理，谁能扛过金融海啸，谁能扛过经济泡沫，谁能比竞争对手活得更久一点，谁就是赢家。

任何成功都不是按照一条设计好的道路一路前进的结果，所有到达目的地的成功者都是把所有的错试过了，把所有的弯路走了，把所有的壁碰了之后才找到正确的那条路，这个过程就是一个"熬"的过程，"熬"不下来何谈到达目的地?

所以，我们必须善于调整自己的心态，在漫长的征程中，只有那些能够自我调整心态的人才能成为赢家。俗话说，人生八十年，三贫三富过到老，经历不顺和挫折是必然的，看到别人发展得更快或者被别人挤兑欺负，都难免让人心态失衡，关键是你能不能迅速把自己的心态调整到正常。

绝大多数人创业失败都是因为心态问题，他们放不下身段羞于死缠烂打，他们往往缺乏过程感急躁冒进，他们总是幻想着一战成功，恨不得一口吃个胖子，他们往往容易把小公司当作大公司来做，过分关注战略、规划、制度、流程等大公司的东西，把公司的事情复杂化，抬高了公司成本，降低了效率。

过去十几年，我参与创办了 6 家公司，作为投资人和顾问参与的公司就更多了。我看到的是，每一个成功的创业者都是九死一生拼杀出来的。他们在最后成功之前，都经历过现金流断裂、发不出工资、市场推广束手无策、合作伙伴反目等数不清的波折。我们看到的都是成功者台前的风光，看不见的是他们背后独自品味的辛酸。这个世界，你想享受特殊的政策和待遇就必然需要付出特殊的代价，想拿基金的钱就得按投资人规划的模板去跳舞，想当人家的名片就得染上人家喜欢的色调，想当人家的样板就得随时随地替人家去站台、去唱戏。

所以，创业者们不要自怨自艾，不要认为只有自己命途多舛，请相信，没有人能随随便便成功，那些成功者风风光光的背后是和你一样的坎坷，只是你没有见到而已，还有更多的失败者你更没有机会看到了。

成功就是把每一个机会都当作最后一根救命稻草

条件好的还是条件差的人更容易成功？机会多的还是机会少的人更容易成功？答案也许和大家的常识相反，实际生活中，恰恰是那些条件差的、机会少的人更容易成功。

机会太多的人往往不容易成功，因为他们很容易放弃，一旦啃不下目标即放弃，遇阻则退，不愿坚持。而那些机会少的人遇到一个机会便格外珍惜，把每个机会都当作最后一根稻草去死缠烂打，使出浑身解数，最终往往修成正果。

我有一个同学非常聪明，思维非常敏锐，过去20年里发现了很多机会，也尝试了很多机会，有一次他问我："为什么几个机会都是我先开始做的，我没做成，别人接过去却挣了大钱？"我的回答是："因为你的机会太多。"我同学的选择机会太多了，他经常会遇到新机会，每当这个时候，他就会放弃手中的事情转投其他机会。

上天是公平的，给大家的机会基本上是均等的，所以必须珍惜机会，当机会降临到你头上时你必须去把握，全力以赴行动起来，成功者都是那些善于把5%的希望变成100%的现实的人，尤其是那些千载难逢的机会，否则不但会遗憾终生，上天也不会再继续眷顾你！

什么是进取？进取就是不断将今天的高点变成明天的起点；什么是成功？成功就是把大家认为的不可能变成可能的过程。

创业者必须是行动派，只想不行动不可能成功，行动起来基本上就离成功不远了。据我观察，创业失败的人中：50% 想了没去做，15% 没有坚持，10% 没竭尽全力，10% 运气不佳，5% 时机不对，5% 资源不够，5% 能力不够，可见，只要你行动起来，你就已经超越了 90% 的人。

抓住一个机会就足以成就一家企业，成功并不需要你百战百胜，大多数公司的成功都是因为做成了一个产品，QQ 之于腾讯，免费杀毒之于 360，便利店网点之于拉卡拉等莫不如此。

机会是拼出来的！有些机会，一旦错失，就不会再来。联想把握机会收购了 IBM PC 业务，使得联想一举成为国际品牌，跻身世界 500 强。如果没有把握住这个机会，今天的联想集团也许就流于平庸了。

成功就在于多坚持 5 分钟

很多时候能否成功往往就在于最后能否多坚持“5 分钟”，成功之路如同登山，你只能自己爬，一个坡都少不了，一里路都短不了，没有人能替你，没有办法可以躲，所以抱怨是没有用的。你只有调匀呼吸，调好心态，一步一个脚印前进，不怕慢就怕站，只要坚持走，你终将登顶。登顶时如果别人都放弃了或者牺牲了，你就是唯一的赢家。

商场上也一样，所有的竞争者之间的差异往往就在于谁能多坚持 5 分钟，你筋疲力尽之时也是对手强弩之末之时，很多事情成败就在一念之间，多坚持 5 分钟换来的可能就是成功，少坚持 5 分钟的结果可能就是失败。越是高手之间的较量，越是差距在毫厘之间，也许只要多坚持一秒钟就可以分出胜负。

所谓希望，就是再坚持三五里；所谓成功，就是坚持了三五里。老天总是考验你的耐心及耐力，到最后一秒钟才让你赢。成功总是在你已经准备放弃时到来，坚持走，当你筋疲力尽不再抱希望时你就成功了。

2010 年我和几个朋友去三亚骑行五指山。第三天的时候要顶着火辣辣的太阳骑 70 多公里，很多人都坚持不住上车了，只有我和另外两个人在坚持。其中一个哥们儿和我一样在坚持，另外一个体能好比我俩快，远远地骑在前面，其他人都放弃了上了收容车，主办者也在建议时间不早了后面还有安排，我当时就一个信念：坚持，不能放弃，坚持！不能让第一那个哥们儿以后有资本吹嘘他到了终点我没有到。又过了一会儿，渐渐地我的体力到了极限，和我一起的哥们儿说为了不影响后面的安排还是上车吧，我说我再坚持一下上了 100 米外那个山坡就上车，结果上了坡之后我发现后面是一个很长很长的大下坡，一路下坡 5 公里就到了终点了，而之前上车的一个哥们儿见此情况也下车重新骑行至终点，可是他很后悔，因为他当时如果再多坚持 500 米，就和我一样完成了全程。同样骑了 70 多公里，就因为没有坚持这最后的500米，结果有人成功有人失败！

我看过黄永胜大将之子写的《军人永胜》，其中谈到黄永胜在东北作战时，有一次战斗打得非常艰难，部队渐渐坚持不住了。他正准备命令撤退时，突然发现敌人开始炮击，这是敌人要撤退的征兆，他马上把准备下达的撤退命令改为下令再坚持 5 分钟，果然敌人撤退，黄永胜迅速追击，结果大胜。

这最后的坚持，与体力无关，与资源无关，考验的是你的信念、你的意志品质。

商场也是如此，越是大的竞争，越是大的战斗，越是要到最后关头才能分出胜负，谁多坚持5分钟谁就是赢家，所以，创业，请放下身段、死缠烂打。

军规 21　集中兵力解决主要矛盾

微语录

#昆仑的仑#：

任何事情只有解决主要矛盾才能向前进，创业也一样，四处撒网不如突破重点，时刻抓住创业期公司的主要矛盾，打赢决定命运的关键之战，突破“突破点”，这是创业期公司最重要的战略。

解决主要矛盾才能解决问题

所有的成功，都不是因为做成了许许多多的事，而是因为做成了关键的那件事。对每个人而言，哪件是“关键之事”都各不相同，而对“关键之事”的判断能力以及解决能力是能否成功的关键。

即便是军事天才拿破仑也不可能获得全部战斗的胜利，其实你也不需要获得全部战斗的胜利，决定战局胜负的只是那几场关键战役而已，你的任务就是打赢这几场战役。

“垓下之战”是楚汉相争中决定性的战役，此前项羽获得了数百次战斗的胜利，刘邦百战百败，但是垓下一战，项羽乌江自刎，刘邦乘胜而定天下。垓下之战，就是关键战役。决定辽沈战役胜负的，是塔山阻击战。决定淮海战役胜负的，是陈官庄歼灭战。“斯大林格勒保卫战”，是“二战”中苏联卫国战争的主要转折点，是第二次世界大战的转折点。

企业经营也一样，决定目标能否达成的一定是一两个关键项目，攻克了关键项目，企业的发展也就迈上了新的台阶。公司经营过程中会遇到太多的商机，每一个看起来都很美，重要的是要抵御住这些诱惑，紧盯自己的目标，与目标不直接相关的事做再多也与胜负无关，所有的成功都是因为啃下了必须啃的骨头而不是捏到了捏得动的软柿子。

领军人物要时刻提醒自己，决定战争胜负的是关键战役的输赢，集中精力拿下关键战役。

创业者要学会舍得，舍得是一种勇气，更是一种能力。有几个创始人能做到不被各种可能和美景所诱惑？有几个创始人敢于舍弃全部无关战局胜负的战斗，集中全部兵力于主战场？

创业者必须时刻保持清醒的头脑，时刻牢记你的主战场是什么，不能因为一些主营业务以外的诱惑而分散精力最终因小失大。比如某生产洗衣机的厂商看到中国近年来的地产热，也横插一手，终会因为自身经验不足、准备不充分、对市场了解不够而投资失败。更有甚者，还会因为财力人力的分散而失去了在主战场上的主动权，完全得不偿失。

集中兵力才能打胜仗

一位将军说，不管我们选择在哪里战斗，我们要做的一切就是打得再狠一点，这样任何事情都能解决。

对创业期公司而言，重要的不是制定什么高瞻远瞩、面面俱到的战略，而是要找一个“突破点”，然后集中优势兵力突破“突破点”。这固然是为了打开局面，也是因为创业期公司资源有限，只有集中兵力于一点才能有足够的力量达成目标。

我曾经给《创业家》杂志的黑马成长营推荐过《自下而上的战略》这本书。对于处在创业头两年的公司，你不要去考虑什么宏伟的战略规划，那东西对你来讲只有害处没有益处，你的战略就应该是“集中全部资源，围绕着你找到的那个撕开市场的点，撕开一个口子并最大化地扩大战果”，你的班子和队伍的任务就是去找到那个“突破点”，使之成为“突破口”，然后扩大战果。这就是你的战略。

以拉卡拉为例，我们进入第三方支付市场的时候，已经有支付宝、网银等多种支付方式，拉卡拉应该如何进入市场？突破点是什么？我们最后发现突破点是线下，是在便利店里安装自助终端解决银行信用卡还款问题！这是个突破点，于是拉卡拉用三年时间做了这一件事：集中所有的资源进入全国290个城市所有的品牌连锁便利店，这就是我们的战略，我们成功了，今天的拉卡拉已经成为综合性的互联网金融公司！

创业期公司的主要矛盾是业务问题

公司发展的不同阶段主要矛盾各不相同，创业期公司的主要矛盾是业务问题：找方向，即找到自己的商业模式，只有找到了商业模式公司才能前进，创始人必须集中兵力来解决这个主要矛盾。

我接触过很多现代的创业者，他们满口都是时髦词儿，非常热衷于讨论战略、现金流、商业模式等新名词，唯独很少谈市场需求和产品，很少谈产品的推广，我觉得非常奇怪，对于创业公司而言，要解决的主要矛盾就是要做出有人愿意买的产品并源源不断地卖出去，不解决这个问题，公司无法生存，更别谈发展了。一把手与其把时间花在谈论这些华丽的词汇上，不如亲自去一线找答案，甚至亲自去见个客户都比谈论这些概念有用。

很多创业初期的公司往往花很多精力去省钱和抓管理规范化，这也是错误的。初创公司重要的是开源而非节流，没有收入的方向，就是一分钱也不花又如何？初创公司重要的是业务而非管理，如果业务没有进展，管理抓得再好又如何？

创业期公司一切并未定型，管理上人性化一些、随机一些，出不了大问题。反过来，如果解决了开源的问题，再去解决如何节流问题那是轻而易举的。

军规22　维持是没有意义的

微语录

昆仑的仑 #：

创业路上，坚持是必须的，但维持是没有意义的，所以对创业者而言，最重要的是分清楚自己是在坚持还是在维持，如果是在坚持，就要坚持不懈，如果是在维持，就要坚决转型或者放弃。

只有坚持才可能成功

创业是艰苦的长跑，没有一个企业是随随便便就成功的，成功的企业都是历经磨难九死一生的幸运儿。

任何一个企业要想数一数二没有十年的时间是不可能的，对于金融、平台型等复杂企业可能需要的时间更久。在漫长的企业成长过程中，最重要的就是要坚持，坚持，再坚持。

伟大的企业都是坚持的结果。乔布斯说："成功的创业和失败的创业间的差距就在于坚持。"在创业的过程中，遇到挫折、痛苦是再正常不过的事情了，如果每一次经历大风大浪都退缩或是放弃，就不会成功。

我曾经对孩子们说，人生最关键的是两件事：想清楚和坚持住。想清楚两点：(1)你想过什么样的生活（根本目标）。(2)你想成为一个什么样的人（最高准则）。坚持住两点：(1)上进心——自己当然应该是同类之中的佼佼者。(2)执着劲儿——坚持自己的追求，遇到任何苦难都不放弃。

但是坚持不是傻傻地一根筋走到底，而是要审时度势，分清楚是在坚持还是在维持，该坚持就坚持，如果是在维持就果断转型或者放弃。

创始人必须退出画面看画面

创业路上有三种可能，一种是欣欣向荣，一种是倒闭关门，一种是不死不活。欣欣向荣固然好，这意味着你的努力都得到了回报，你一手经营的企业正朝着你所期待的方向发展。但你要时时保持警惕，有时候，上升与下降就在一念之间。倒闭关门也并非是坏事，及时收手关门大吉而已，即便是失败，你也可以从中获得很多经验，有一天还可以东山再起，在现实生活中这种例子比比皆是。

最可怕的是陷入泥潭，不死不活，苦苦挣扎，每天都有新希望但又没有结果。每天拼命干，一年下来只是维持温饱而已，经历了一年又一年，看不到变化的可能性在哪里。

创始人不能低头拉车必须时刻抬头看路，必须退出画面看画；创始人就如同瞭望台上的船长，必须高瞻远瞩地看到自己企业的处境。从海图上看企业之船的未来，不但要规避明礁，还必须找出哪些地方是暗礁，该转向时必须转向。

重要的是搞清楚是在坚持还是在维持

创业路上的最常态是长时间的苦苦挣扎，在盈亏平衡线上下晃荡，时而看到希望，时而又没有希望，好像知道方向在哪里又好像不知道，产品好像被需求可是就是卖不上量，每天都在努力，但是每天都前进不了几米。

这是最常见的创业状态，到底应该坚持还是放弃？

分清楚是在坚持还是在维持，是创始人不可推卸的责任，也是考验创始人智商和情商的重要方面，能不能认知清楚，敢不敢于做出放弃的决策？是做一个“躲进小楼成一统”的李后主还是做一个“不肯过江东”的项羽？还是做一个敢于放弃的“曹孟德”？

我的回答是，坚持是必要的，要想成功必须坚持。维持是没有意义的，维持不可能带来转机，尤其是如果企业一直处于苦苦挣扎的境地时维持更没有意义，因为那很可能是企业的商业模式有问题，或者是产品有问题，如果不果断进行调整，努力多久也不会有所改观。

那如何区分坚持还是维持呢？二者之间的区别是什么？

简单说，坚持如果不在正确的方向上，就是无意义的维持；如果坚持了太久还没有办法解决需要解决的问题，只能祈祷奇迹发生，就是维持。

具体说，如果没有方向，就是在维持；如果有方向没有打法，就是在坚持，但是如果长时间都找不到打法或者靠目前的人没有能力找到打法，就是在维持；如果有方向有打法，就是坚持，如果有方向有打法但没有资源也不可能有办法解决资源问题，就是在维持。

记住，创业是长跑，学会坚持才可能成功，但是一定要搞清楚自己是在坚持还是在维持，维持是没有任何意义的。一旦发现自己是在维持，就要果断断臂求生，该放弃时就放弃，该转型就转型，越维持死得越惨，机会成本越大。

放弃维持是成功的开始

创业路上，日新月异自然好，关门大吉也不坏，最坏的情况是陷入死胡同了却不断投入资源苦苦维持。如果发现事情不可为，一定要敢于转型或者放弃。

转型不是失败，放弃也不等于失败，因为转型之后可以有新的机会，放弃之后可以从新的方向开始，为了维持的维持才是最大的失败。

今天我们看到的很多伟大企业都是由转型而来。几乎没有一个企业最后成功时的业态和刚开始创业时是一回事的：诺基亚，成名于手机，起步于造纸和橡胶鞋；三星，出发时卖杂面和面条，成功于电器；任天堂，最初的产品是纸牌；夏普，最初的产品是机械铅笔；Skype，起步时做的是文件共享软件 KaZaA；惠普，第一个产品是阻抗式声频振荡器；推特，创始人本来想做的是播客平台……

能够审时度势顺势而为的人才是真正的智者，没有人能保证在出发上路之前就全都想清楚了。即便你想清楚计划好了，市场和竞争对手的情况也是随时变化的，你的方向也必须随之调整，这就是创业的本质，如果你不去调整，就无异于“等死”。

军规 23　不要搞大跃进

微语录

#昆仑的仑#：

做企业不能大跃进，做企业是一个积小胜为大胜的过程，没有10年不可能打造一家优秀企业。创业不能企望大跃进，不要企望有捷径，掠夺式经营必然会自食其果，按部就班循序渐进是正道。

大跃进很可能是大倒退

古往今来，几乎所有做企业的人都喜欢追求超常规的发展，希望一天建成罗马。但是他们忽略了，超常规的发展基本上是不可能的，即便以超常规的投入撑起超常规的发展，企业的管理、人才等也无法跟上，更何况超常规的投入本身就是不可持续的，一旦崩盘后果不堪设想。

公司的成长有其自然规律，企业的发展速度并非越快越好，一旦发展速度过快，你的管理能力、新员工的扩充，以及扩充进来的人跟你的文化融合等问题都会暴露出来。

如今在中国，浮躁的现象很普遍，也包括企业界，大家的心态和逻辑都有问题。从心态上看，大家对钱、对上市，有一种特别强的冲动，大家都渴望以超常规的方式获得超常规的发展，直接导致催生了一些没有道德底线的东西。在西方，大家的心态要淡定很多，更加关注的是价值成长，企业随着你为用户、为市场创造价值的提高而发展起来，实现收益增长。

现在有很多企业，设定的目标是今年400人明年4 000人，今年三个分公司明年30个分公司，这是典型的掠夺式增长，企业的管理能力能不能跟得上？人才能不能跟得上？资金能不能跟得上？资源能不能跟得上？

如果能跟得上，非常好，恭喜你获得了超常规的发展；如果跟不上，那就危险了。实际上，没有哪个企业能全方位跟上，所以，我的建议是，不要搞大跃进，要循序渐进地发展企业，大跃进的结果必然是大倒退，不管你的初衷多么美好。

循序渐进足以成功

做企业是跑马拉松，只要你没有退休甚至只要你生命没有终止，你的创业就不会结束，所以，不要急于求成，给下属点儿时间也给自己点儿时间，多点儿耐心，效果会更好。

创业者都渴望成功，但成功没有捷径可走，只能按部就班循序渐进，火候到了成功就不远了，火候没到急也没用。也许有些成功是容易的，但成功越容易，失败也越容易。

冲动的领导人往往满怀雄心壮志，他们不明白革命目标需要分阶段实现，一心要一口吃个胖子，拼足全力往上攻，结果必然是摔了下来。其实，越是心急越吃不了热豆腐，事缓则圆。很多时候，如果我们愿意把准备一步到位的事情分成两步走，往往速度会更快。走路的时候不怕慢就怕站，速度慢点儿没有关系，只要坚持，一直不停地往前走，就会一步步接近终点。

成功的核心在于两条：做对的事情，并把事情做对。首先是方向要对，战略要对，剩下的就是一步一个脚印地往前挪动，没有捷径可走，也没什么复杂，只要方向正确并一直向前，距离成功就会越来越近。

企业也和人一样有生命周期，如同一个孩子从孕育到成长再到结婚生子的过程，这些环节只能一步步走，不能跨越，试想一下，你会让一个十几岁的孩子去结婚生子养家糊口吗？那你为什么期望一个才建立几年的企业成为一个巨无霸呢？

经营公司如同跑长跑，虽然要快速启动迅速行动，但是过程要一步一步来，设立了远大目标后要分成几个阶段，一个阶段一个阶段地跑。

我们很多时候的挫折是源于过程感的缺失，尤其是成功之后再次起程时，认为自己能力强资源多可以跨越式发展，幻想着一步到位明天革命就成功了。

企业的生命周期如同一双无形的巨手，始终左右着企业发展的轨迹。企业发展的每个阶段，都有一些需要重点处理好的问题以及要规避的陷阱，哪一个处理不好都可能让企业陷入困境。

企业的孕育期，要选好合伙人，设计好股东结构，定好股东协议。

创建企业时，要从实体上和文化上把企业创建起来，不能只在实体上创建企业而不创建企业文化。

企业创建后，要找方向、找人和找钱，做出有人愿意买的产品。

做产品，要抓住用户的刚需做深做透，互联网时代做成品还要小步快跑，迅速上线，不要求大求全。

产品投入市场，要找到可复制的销售方法，把产品源源不断地卖出去。

随着企业做大，管理问题也会凸显出来，创始人必须要学会管理，过管理关。

企业进入高速成长期，每天都有更多的新订单，交易量也不断创新高，企业的日常士气都很高昂，这时候创业者的心态会发生极大的变化，容易陷入多元化的误区，以及陷入请专家搞战略、请空降兵等多种折腾怪圈。

企业做到一定规模，就会有 VC、PE（私募股权投资）找上门来希望投资你，建议你加速扩张，融资上市。这些驾驭好了，会成为企业发展的推动力；驾驭不好，也是陷阱。

企业发展到成熟阶段，需要上市，上市是一个巨大的挑战过程。

这里只罗列了一部分，企业的成长是一个非常复杂的过程，如同人的成长一样，会有很多发展阶段，每个阶段会遇到各种各样的问题，每个阶段都有要解决的核心矛盾，必须要一个一个阶段地走，不能跨越，不能停滞，就如同一个人从童年到少年到青年、中年、老年，必须一年一年过一样，不能搞大跃进。

从管理数十人到管理数百人，从一地经营到 N 地经营，这些管理上的跨越都需要整个管理团队的适应，找到方法，磨合出流程，这不是一朝一夕之功。可持续发展靠的不是“爆发”和“突变”，不是靠“冲刺”，而是积小胜为大胜，逐步增长起来的。

每年 20%，连续 5 年，是多少？每年 30%，连续 5 年是多少？

巴菲特过去十几年的投资回报率只有18%，但是十几年下来，其公司就成了世界上最赚钱的。所以，经营一个公司，如果每年都能够保持一个适当的增长率，那就是一个非常了不起的成就。避免弯路，避免犯错，稳步增长，你一定会是最后的赢家。

革命晚成功半年又如何？

任何时候做事的关键都是控制，让一切在你的控制之下比速度、力度都重要。对于速度和力度的追求如果超出了你的控制，就变成了一个随时可能翻车的危险游戏。做企业必须尊重规律，尊重过程，一步一步来，关键是要一切尽在掌握，防止出现你控制不了的风险是第一位的，速度是其次的，如果革命一定会胜利，革命晚胜利半年又如何？

我的一个朋友在公司上市之后制订了一个特别快的发展计划，希望加速发展。我跟他讲，如果你知道革命一定会成功，那么革命早成功6个月和晚成功6个月其实不是那么关键，每个企业都有其承受的发展速度，并不是速度越快越好。革命晚成功半年又如何？

做企业应该是开观光车而非开赛车。赛车唯一追求的就是速度，没有速度就意味着失败，所以驾驶员一定要把速度开到最快。而观光车不同，对观光车而言，不到终点是失败，所以驾驶员的首要任务一定是把车开到终点，其次是沿途尽可能多到好的景点，最后是尽可能少消耗油料、路上少用时间。

军规 24　成功后不折腾

微语录

昆仑的仑 #：

企业成功后，创始人有两种倾向，一种是头脑发热盲目自信，认为自己无所不能开始盲目扩张；一种是妄自菲薄，认为自己成功是运气，现在有了条件为了未来的成功一定要搞正规化要定战略要引入专家等等。这两种都是折腾，企业成功很不容易，要珍惜革命成果，不要折腾。

成功后不要头脑发热

据我观察，很少有人成功后能不折腾的，要么是开始高估自己的能力，认为自己无所不能，开始多元化、大跃进等等；要么是妄自菲薄，认为自己是“土八路”不是“正规军”，开始上 EMBA、请专家搞战略、请职业经理人搞正规化等等。

成功很容易让人自负，让人以为自己无所不能，加之成功后有了更多的资本，有了一定的品牌，所以很容易开始盲目扩张。

很多公司上市后都陷入了盲目扩张的陷阱。前一段我参加活动遇到一个南方的企业家，人非常朴实，也很实干，但是见面没聊多久就告诉我他有两家上市公司，上市募集了很多钱，有好项目相互通报一声大家一起投。他们目前已经从原来的主业进入了地产、银行等领域，如果高科技领域有机会他也非常想进入，这是中国上市公司非常普遍的现象。上市让他们募集到了从来没有过的钱，诱发了老板的高度自我膨胀，加上地方政府的推波助澜，跨界扩张似乎是必然结果。

很多企业成功后成为政府重点关注的明星企业，领导视察、政策扶持等接踵而至，政府给土地、牵线重组企业不一而足。面对政府的热情以及推过来的资源、看似唾手可得的利润，绝大多数创业者都很难把持住，很容易被过程带着走，一步步陷入多元化扩张的怪圈。

实际上，多元化是企业最危险的一种行为，首先是隔行如隔山。我们在一个行业做成功了不等于在其他行业也能成功，甚至比一般人成功的机会还要低。其次是多元化会导致资源分散，管理能力不足，几乎所有的多元化都会以失败告终。

近两年互联网金融开始热起来，总理视察、政府鼓励、资本热捧，于是很多“资本明星”公司纷纷宣布自己要做金融要做征信，不管是卖烟花爆竹的还是编草鞋织竹席的，都号称要互联网金融。

彼得原理说，“人最终一定会被提高到他能力所不能胜任的位置上”。企业发展也是如此，领军人物如果不能保持清醒，不能有意识地控制企业的跨界扩张以及发展速度，企业最终一定会走到失控的境地，一定会走到自己的资源无法支撑的境地。

做企业是一个长期经营的过程，重要的是可持续增长。不要被投资人忽悠，不要被政府忽悠，不要被自己忽悠去追求百分之百甚至百分之几百的增长速度，对于一个企业而言，每年30%的增长速度就是非常好的业绩了，关键是可持续发展，早一年达到十亿、百亿规模又如何？早一年还是晚一年上市又如何？相反，如果希望跨越式发展，一旦失手后果不堪设想，多少企业就是死在这种加速度上了。

不要生搬硬套“正规化”

正规化几乎是所有成功了的企业必然会折腾的事。

创业时忙于生存、忙于大市场无暇管理，更无暇正规化，靠土枪土炮成功后总会觉得自己的企业不够规范、制度不够好，希望能走正规化道路。

这种想法很自然，我自己经营公司时也有过这样的经历。

但到底什么是正规化？像500强一样管理就是正规化吗？正规化就是建立各种制度和规范吗？如果是这样，往往是规范建立起来了，效率却降低了，机构也臃肿了，于是又会再折腾回去，费时费力。我曾经和一位知名企业家探讨过这个问题，他从500强企业专门引进了一个高管来搞公司的规范，结果却事与愿违，为规范而规范不仅消耗了企业的成本，还严重影响了员工的心态。

企业进入高速成长期后的确需要规范化，规避一些不必要的风险，但这不是靠生搬硬套别人的规范来达到的，实际上，没有任何现成的绝对适合你的管理方法可以让你直接拿来用，所有别人成功的方法只能被借鉴而不能被直接引用，别人的管理经验若是有效，也只是在与你的企业的实际情况结合后才可能发挥作用。

一个聪明的管理者，要善于揣摩、借鉴别人的管理经验，但绝不能生搬硬套。每个企业的文化都不同，遇到的问题也不同，管理方法自然也不同，适合自己的，才是最好的。

经过多年经营企业和投资企业，我越来越感觉，所谓的正规化，本质上应该是建立起企业的文化（这里所指的企业文化是广义的），符合文化就是正规化，在此框架内，各个部门凡是能够达成目标的管理制度就是对的，不能达成目标的就是错的。

传统公司，市场部天天在策划，广告部天天在投广告，商务合作部天天在天上飞地上吃，即便每个环节都是正规化的如果达不成目标又如何？现在的互联网公司基本上都已经发展到以项目小组为工作单位，不再是传统的横向切割的各个部门，而是以项目组为单位，让产品、研发、推广、售后一体化，以达成市场目标为目标，这是最高效率的一种组织形态。在这种形态之下，制度是第二位的，在企业文化的理念之下达成目标是第一位的。

世界上没有战略专家

企业成功后，创始人的另外一个倾向就是认为自己总算有条件搞战略了，于是开始请专家，投入人力，制定庞大的长期发展战略。

重视战略当然是应该的，但战略是一门实践科学，尤其是与企业所处的行业以及企业自身情况紧密相关，绝非所谓的专家能够帮助你制定的。

战略只能由你自己来制定，而且只能由领军人物自己提出来，因为战略是和企业的特性、团队的基因等个性化因素密切相关的。专家最多查些资料了解你的行业，但不可能深入了解你的企业，更不可能了解你的团队，闭门造车出来的战略必然是坑爹的。

只有亲自领导执行战略的人主持制定的战略才有意义，专家尤其是外请的专家或者顾问，他们并不对结果负责，也并非专注于你的企业，他们的意见只能是泛泛而谈或者照别人的葫芦画你的瓢，我从来不相信所谓的专家和顾问。

十几年前，中国南方曾经有一家著名的 IT 公司，上市后花重金请来国际上著名的咨询公司帮助制定战略，结果只实施了 5 个星期就被迫全面终止，随后带来的是该公司业绩的全面大滑坡和组织涣散，教训不可谓不深刻。

要改良不要革命

管理上的变革到底应该改良还是革命？这是一个复杂问题，我的体会是，除非到了需要企业彻底转型彻底改弦更张的地步，否则应该改良而非革命。所谓改良，是循序渐进的变革，去掉事物的某些缺点，使之更适合要求或者改善，是在现有的基础上修改。

每个组织都是一个生态系统，有其长期以来形成的规律和逻辑，不要轻易打破其平衡，一旦用外力强行破坏其平衡，就会带来整个组织的运转混乱，重新恢复生态是一个艰巨而漫长的工程。

如果你没有计划要重建，就不要轻易打破现有的平衡，要采取改良的方式而非革命的方式。一个组织对新规则的接受需要时间，需要一个过程，再好的新管理方法，也会存在很多你不了解的地方，你更加不知道它运用在你的公司上是否能起到应有的效果。

给一个组织变革管理方法，一定要慢慢来，逐步引入，最好是潜移默化水到渠成式的变革，温水煮青蛙，最好的方式是在现有管理方法上进行改良，循序渐进地导入新的管理方法，而不能急于求成。

一般而言，管理上的改变要改革而不革命，一方面要在原来的基础上，缺啥补啥，哪儿弱补哪儿。尤其重要的是，要先试点再推广，在局部地方先测试新的管理，测试成功，再逐步推广，不可以以强制命令方式一夜之间严厉推行。

曾经有人比喻国家和企业的改革都如同在高速行进中给汽车换轮胎，因为运行不能停下来，所以必须找到合理的方法在行进中换轮胎。如何换？ 循序渐进，逐步改进，积小改为大改，积局部为整体。

要敢于坚守自己的成功之道

我相信一个逻辑：存在即合理，你自己的成功是源于你的做法，你的做法既然造就了你今日的成功，也必然是你明日继续辉煌的基础，不要轻易否定自己，企业当然必须与时俱进，但是绝大多数时候需要的是在现有做法基础上的改良而非革命。

在中国尤其如此，在绝大多数组织里，且不说制度的变革动静太大，即便是调整了一个人，也往往是新人会把手下所有的核心人员调整一遍，很少有能够“旧瓶装新酒”在既有人员基础上施政的高手，大多数人都是从换人开始做起，没有半年根本不可能上路，对业务的影响非常巨大，很多时候一动不如一静。

但这不等于我们要保守不变革，如果人不行该换必须换，而且要当机立断。我的经验是一个人行不行其实半年足够验证了，一个新人加入，如果三个月做不到让你眼前一亮，基本上可以下结论此人不行，最多再给三个月的机会试试，但多半结果还是不行。所以不要给新人太久的时间，不行的人给再久的时间也不会行，只会越搞越乱，所以发现人不行就要果断换人。

中国人本性是谦恭的，尤其是草根成功者，不管取得了多大的成绩，骨子里总是感觉自己不是科班出身，于是就莫名其妙地时不时涌出一种“自卑感”，至少是对科班出身的“大师”的一种膜拜感，其实完全没有必要。俗话说，黑猫白猫捉到耗子就是好猫，经营和管理固然有一定之规，但并无必需之法，有效的就是好的。这个世界上没有什么绝对的专家，不要妄自菲薄，最懂你的企业的一定是你，最会管理你的企业的多半是你。

每个企业的情况千差万别，行业也千差万别，必须要有适合自己的管理方法。制造业行之有效的金科玉律在研发型企业可能完全行不通，前一段大卖的《海底捞你学不会》，且不说其中的内容到底如何，其中的方法确实你学不会，因为他们的很多做法针对火锅店是可以的，针对餐馆也许就未必可以，针对 IT 更是完全不是那么回事。

经营和管理是科学，但是是一门实践科学而非理论科学，所以没有科班不科班、规范不规范之分，只有有效无效的差别，任何时候都不要妄自菲薄自己的管理水平，管理本身无定式，有效的就是好的。你可以自己独创，也可以在他人的基础上进行创新，不需要在意是否一定要沿着某个套路走，更不需要遵循某本书上传授的经验，支撑你发展到今天的管理一定有其可取之处。

不要被各种理论所迷惑，不要被各种专家所忽悠。专家和顾问的话要听但是一定要慎重地听，不在其位不谋其政，不担其责不知其重，他们的逻辑、知识和经验是强于你的，但是他们对你企业的了解是弱于你的，他们给你的建议是不承担结果责任的，所以，听专家和顾问的话要听其逻辑，而不要盲从于其具体建议。

我也给很多创业者做顾问，自己也天使投资了一些企业，我就非常注意不要给对方具体的业务建议，因为自己只是与创业者开会的时候在琢磨他的事，即便自己再天资聪慧、经验丰富，也不可能比创业者本人了解他的企业。

尽管高手确实见多识广并且站得高，是很可能发现局中人发现不了的问题以及方向的，这也是天使投资人以及顾问对创业者的价值，作为顾问也应该知无不言言无不尽，但另一方面，创业者必须有一个清晰的认识，你自己且只有你自己是为企业负责的人，一切的建议都是建议，最终的判断和决策要你来做，最终的执行要你来做，最终的结果你要负责达成。

军规 25　做减法

参加减肥训练营，吃猫食，钱都白花了。

微语录

昆仑的仑 #：

战争的胜利是打赢了关键战役而非打赢了很多战役，成功是因为把一件事做到了极致，而非因为做了很多事。创业公司必须做减法，果断砍掉那些可有可无的鸡肋项目，集中力量于一个点专注地去做，满足了用户一个简单的需求并做到极致，你就成功了。

专注于一件事更容易成功

我注意到一个非常有意思的现象，在餐厅吃饭的时候，如果你一次跟服务员交代两件事，基本上哪件事他都做不成，所以我的做法从来都是每次跟服务员提一个要求，等他解决了再提另一个要求，这样就可以达到目的了，屡试不爽。

在公司里面也一样，你经常会发现很多下属是“串联”思维和工作模式，如果同时负责一件以上的事情他们一定是哪一件也做不成，只有少数的人能够同时做好一件以上的事情。

这是现实情况，对很多人而言，不是不想同时做好几件事，是他们能力有限，资源有限，时间有限，“臣妾做不到”。

所以，要想成功，必须做减法，做好关键的一件事已然足够。

俗话说，伤其十指不如断其一指，创业者时刻应该提醒自己的三个字是“做减法”，不断摒弃路边各种野花的诱惑，组织团队直奔目的地。纵观历史，所有的企业成功都是源于把一个产品做火了，而非做了很多半火不火的产品，对于创业公司而言，只要抓住用户的一个需求将其满足到极致就可以成功，也唯有如此才能成功。

如果我们因为目标设定太多而精力分散，因为不专注，没有投入全力去打关键之战而失败，何其冤也？因此，要坚决砍掉那些无关主战场胜负的项目。

创业期企业要做到四个“最小”：（1）战略就是集中力量突破一点。（2）只设最低限度的指标，指标多重点必然分散，核心指标达成了其他指标自然合格。（3）只用最不得不用的人，不胜任要换人而不是加人，逼迫组织的每个人都优胜劣汰到适者生存。（4）只管不得不管的事，创业公司绝对不能把精力放到管理上，要把精力放到业务上，身先士卒去抓业务。

蓝色光标成立于1996年，从创立之初就确定了“只做公关”的战略，很多本土公关公司发展几年之后都忍不住横向扩张，多元化经营广告、市场调查甚至印刷等，蓝色光标一直坚持专注于公共关系服务，而专注保证了公司的高速发展。2010年2月，蓝色光标成功在创业板上市，成为中国公关第一股。

百度的成功，是因为搜索。新浪的成功，是因为门户。携程的成功，是因为卖机票。我自己所建立的公司也一样，恒基伟业的成功是因为卖商务通，蓝色光标的成功是因为公关，拉卡拉的成功是因为便利店信用卡还款。

很多技术型企业都希望把产品的功能做到极致和全面，但能不能打开市场的关键在于有没有抓住用户的一个强需求并把它很好地满足。1999 年时，手机里存储的电话号码只有 50 个，不能满足商务人士的需求，商务通就是抓住了这一点，依靠“查电话只点一下”把记电话做到了极致，成功地赢得了市场。互联网时代的创业更是如此，抓住一个刚需，快速推出产品，快速上线，边运营边完善，小步快跑迭代开发，这是互联网企业创业的不二法门。如果还是像从前一样，寄希望花几年时间闭门造车做出大而全的产品再推向市场，当你进入市场之时就是产品落伍之日，黄花菜都凉了。

做人做事都一样，没有结果就是没做，做成一件事，比开始十件事重要百倍。

成功是因为做好的一件事而非做了多少事

什么是成功？成功就是做成了事情，做成了一件小事是小成功，做成了一件大事是大成功，没做成，做了再多的事情也不是成功。当然，做成的必须是关键事情才是成功。

做事有两种做法，一种是抓住一个点做到极致，一种是针对一个面，散弹打鸟，哪个打到算哪个，打到哪个算哪个。做企业必须是第一种做法，将力量集中到一个点上钻开一个洞，面自然就裂开了。而第二种做法，将力量分散到一个面上，往往只会留下一堆浅浅的弹痕，没有任何结果。

任何一个领域，只要进去都会发现机会遍地，但这只是表象，能否吃到肉要看你能不能找到切入点，打开局面并延展开去形成用户规模，否则哪个机会都只能是理论上的机会，形不成你的市场。所以与其遍地开花，不如退而结网，抓住一个突破点，深深地扎进去做深做透，形成大规模的用户后，再延展到相关领域就轻而易举了。

决定战局的是关键战斗的胜负，实际上没有人可以，也没有必要赢得所有战斗。企业经营也一样，你能够并行的项目是有限的，要果断砍掉那些已经开始但可有可无的鸡肋项目，时刻牢记你的主战场，集中优势兵力拿下事关战局的重大项目。我认为，如果按照“先问目的”的方法论来思考，我们每个人手头的事至少有一半是应该被做减法的，因为这些事都不是影响战局胜负的事。

创业初期，商业模式越专注越好，比如微软开始时只是做一个DOS操作系统，新东方起家就是教托福，它们都创造了发展的奇迹。

绝大多数成功的商业模式都是非常简单的，第一是起点简单，就是为了解决用户的一个强需求而已。第二是解决方案简单，创业者的智慧在于找到了简单而巧妙的方法解决了用户的难题。第三是业务简单，专注而不求全、不求大、不求规范，集中全部资源将最核心的事情做到极致。

中国几乎所有企业的“发家史”都是三部曲。第一部，企业推出了一个好的产品或者服务占领了市场。第二部，企业开始借助资本的力量进行布局、扩张。第三部，逐步成为行业领军企业，形成自己的生态链，依靠综合竞争力参与竞争。这三部曲的核心都是找到突破点然后突破这个突破点，创业期就是要紧盯用户的需求，选择一个突破点，然后集中全部资源和力量撕开这个突破点。

很多创业者刚刚起步就想多元化，就喜欢布局，其实布局和多元化是成功企业的专利，而且对成功企业而言也是高难度的战略。就初创企业而言，你还没有资格布局，没有资格搞多元化，你最应该做的是做减法，不要担心因为做减法而错失机会，什么也不想放弃的结果只会是什么也得不到，创业企业各种资源都匮乏，集中全部兵力于一点尚不能保证有所突破，更何况分兵作战?

资源永远是稀缺的，必须做减法

经济学的一个基础假设就是资源永远是稀缺的，不是所有的企业都可以获得发展所需的资源，不是所有项目都可以获得发展所需的资源。你永远无法获得发展所需的充足资源。这也是为什么必须做减法的理由。

每个公司都有一些项目，以布局、跟进的名义幻想着用不多的投入没准会有意外之喜。然而，往往是这些项目没有什么结果。道理很简单，天上不会掉馅儿饼，天下也没有免费的午餐，不投入足够的人力物力财力，不可能有关乎战局胜负的产出，最终只是添枝节、徒增费用、分散精力而已。

作为领导，不要相信哪个项目可以顺手做下来，如果顺手可以做下来的项目一定也没有多大价值；不要相信下属不需要资源的承诺，新增项目之前，一定要准确估计自身的经济实力和员工的办事能力，合理分配自己手中的资源，不要因为头脑一时发热而高估员工能力。

对于创业期的企业而言资源尤其稀缺，缺人、缺钱、缺资源、缺管理能力，所有的资源都无法跟上公司发展的需求，这时候更需要我们做减法，聚焦、聚焦、再聚焦，集中力量在一个点上，形成突破，打开局面，什么也不想放弃的结果只能是什么都做不到。

在拉卡拉，我们要求事有专岗，岗有专人，人有专才，才有KPI，大量事实告诉我们，在KPI面前一切美好的设想都是烟云，凡是没有进入KPI的事一定做不起来，也基本上不可能有结果。

军规 26　先打样再复制

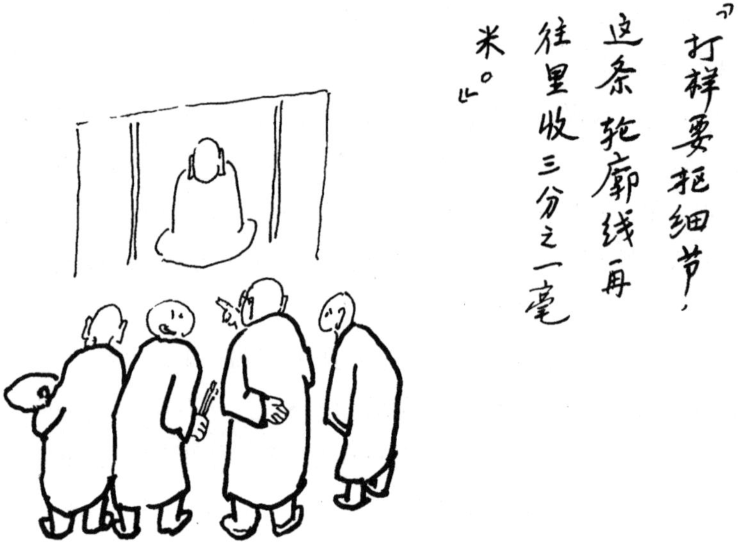

微语录

#昆仑的仑#：

先打样再复制是一种有效的方法论，是做事情的步骤和唯一正确的方法，没有打样成功就大规模推广如同盲人骑瞎马，非常危险。企业经营就是两件事，做出一款有人愿意买的产品，找到一种源源不断把产品卖出去的方法，这两个方面都要先打样，打样成功再复制。

打样就是先做个样子以便别人照着做

以前手工做布鞋的时候要照着脚的形状剪出一个样子，然后照这个样子做。电视剧《人间正道是沧桑》中董建昌给杨立青讲如何练兵，第一，我做，你看；第二，你做，我看；第三，我再做，你再看。这个“我做”的过程，就是打样。

打样就是试点，打样成功就是试点成功，获得了一个正确的样本、一套成功的做法，以便照此复制。

打样，就是把产品或者是计划在一个有代表性的小样本之中进行测试，看是否和我们设想的一样，并在测试中不断修改，以期做到和我们设想的一样。

可见，打样不是漫无目的地乱打乱撞，也不是想一出是一出想出来一个点子就去试，打样是测试我们经过缜密分析认为可行的产品或者计划，并在验证过程中想方设法找到让方案可行的做法。

打样的目的是找到可以复制的解决方案，如果不可复制的方案，就不要浪费时间和精力去试点。

试点要试什么？在做试点时，一定要搞清楚我们试点的是什么，一般而言，试点的目的有 3 个：(1) 验证方法是否可行。(2) 总结出最佳的执行方法。(3) 形成手册，让所有的人可以据此复制。

很多创始人困惑，企业经营的事情千头万绪，到底应该如何着手？其实企业经营的本质很简单，就是两件事：做出有人愿意买的产品，找到一种把产品源源不断卖出去的方法，这两件事做起来也很简单，先仔细研究认真分析设计出我们认为最可行的方案，然后亲自去试点，在试点中修改，如果试点不成功，重来此过程；如果试点成功，快速复制。企业经营就是如此而已。

做产品是一个不断揣摩、测试用户需求和用户体验的过程。试点是验证我们产品的最佳手段，不要认为你自己是产品的用户，当你研发产品的时候你已经不是用户了，因为你每天沉醉在产品里边，对产品的熟悉程度已经远远超过普通用户，你已经不可能理解普通用户的使用体验了。互联网产品有一个优势，就是可以把试点放到用户中进行，快速上线，一边让用户使用一边根据用户反馈随时调整，大大缩短了产品研发周期，非常不错。

营销是一个不断选择不断测试 4P（产品、价格、渠道、推广）

组合的过程。好的营销应该是从产品设计时就开始并贯穿于产品的整个生命周期，从产品设计之初我们就必须知道用户是谁、产品用来解决用户的什么问题、他们为此需要付出多少成本，只有知道了这些，我们做出来的产品才有价值。如果设计时不考虑这些问题，等到产品做出来再找广告公司和公关公司策划如何卖产品，那是非常错误的。营销是否成功取决于能否找到一种推广方法，一种能够算得过来账的可复制的推广方法。这种方法必须具备 3 个特点：（1）能够产生规模销量。（2）简单且可复制。（3）投入产出比合适。

理论上，如果能找到目标用户并由创始人亲自给他讲解和演示，这是最有效的推广方法，但这种方法无法规模复制，所以我们必须借助媒体把产品推广给用户。在推广时我们必须回答 3 个关键问题：对谁说？在哪儿说？说什么？

因此，营销的核心工作就变成了，在产品和价格既定的前提下，我们通过什么渠道，用什么方法去推广，如果无解，反过来去修订我们的产品和价格，这就是传统的 4P 理论：产品、价格、渠道、推广，我认为这是营销的经典也是精髓，后来延伸出来的 6C、6P 之类的都是狗尾续貂而已。

大规模推广之前必须先打样

我的经验，先打样再复制是一种最有效的方法论，是做事情的步骤和唯一正确的方法，照此行动事半功倍，不照此行动，不出问题是偶然出问题是必然，而且一出问题就是大灾难。

任何事情大规模推广之前必须先打样，即经过试点且试点成功，这是一种工作方法，也是最科学的工作方法。打样时要慢要精雕细琢，复制时要快要坚决。

推广之前必须经过试点，否则你无法知道是否应该坚决地推广，尤其是推广遇到阻碍时，是坚持还是调整。你根本无法决策，如果是经过了试点，答案就很清楚了。如果试点是成功的，那必须坚持；如果试点没有成功，那根本不应该推广。

试点是一种非常好的工作方法，现实工作之中，不管我们对一个方案如何有信心，都要先进行试点，把方案先做一遍，看能不能达成预期目标。如果能够达成，就要深入总结是如何达成预期目标的，总结出规律进行复制。如果不能达成预期目标，就要放弃预案。

打样的另外一个目的是树立榜样，榜样的力量是无穷的，聪明的领导者都擅长树立典范，塑造出成功的典型号召大家学习。

打样就是寻找榜样的过程，领导先有了一个大胆假设，然后去试点求证，一旦试点成立，大家就有了方向和学习的榜样。

以商务通为例，1998 年我们用了半年的时间策划商务通的市场营销方案，从产品功能如何完善，到如何定价，再到选择什么渠道销售，以及用何种方式推广，我们做了大量的设想和推演工作，最后我们安排在郑州以及张家港同时进行试点，按照我们的市场推广模式进行广告投放，测试是否能够达成目标销量，结果都达成了，我们将其命名为“张家港模式”，并整理成一个“启动包”，一个操作手册，任何人照着“启动包”的步骤操作都可以复制。之所以命名为“张家港模式”而非“郑州模式”是因为 1998 年张家港只有 10 万人口，那个地方不通飞机不通火车只通汽车，是个很小的地方，历史上最好的掌上电脑品牌一年的销量也就是七八百台，但我们的代理商按照我们的模式在一个半月里就卖了 768 台，充分证明，我们关于掌上电脑市场要进入井喷时代的判断是正确的，我们的产品是符合市场需求的，我们的营销模式是可以达成巨大销量的，代理商是可以挣到钱的。

打样成功后，我们把已经成为代理商的和我们想让他们成为代理商的都请到张家港，开现场会议，然后要求大家去贯彻和落实，我告诉全国潜在的合作伙伴，张家港这样一个不起眼的小城市，按照商务通总部规划的规定动作做了都可以获得巨大的成功，其他城市当然可以成功。我们甚至还提了一个口号："总部的指示，理解的要执行，不理解的更要执行，在执行中加深理解。"此后一年，全国代理商对此进行的坚决复制令商务通"全国山河一片红"。

拉卡拉试点四原则

一般情况下，试点要找一个有代表性的，但又不是主要战场的地方展开，核心是验证想法是否可行，拿出有说服力的数据来。

拉卡拉的方法论是"先问目的、再做推演、亲手打样、及时复盘"，这是拉卡拉人思考问题和解决问题的方法，其中的"亲手打样"讲的就是要求最高负责人亲自抓试点，任何事情推广之前必须经过试点验证可行并总结出模式才可以推广。

如何做试点？在拉卡拉，我们总结了四个原则：

第一是亲自抓。拉卡拉的方法论之中有一条"亲手打样"，一把手必须亲自部署，亲自抓，以确保试点的方案是最高水平及确保执行中调整的效率。在中国做企业，自己不会做的事不要指望下属会做，试点这种确定方向和模式的"高精尖"工作如果一把手不亲自做，是最大的渎职。

第二是可复制。试点的目的是找到可以复制的方案，所以试点必须是可以复制的方案，即你试点的必须是有共性的、可复制的做法。如果试点成功了，但是成功的这个方案是一个不可复制的方案，这个试点就不该做。

第三是要抓数据。试点是一个验证的过程，过程之中必须抠细节，抓数据，仔细确认，因为一旦由于试点过程的不严谨得出错误的结论而去推广，将是致命的。一切要以数据说话，量化指标才能对复制起到指导作用。

第四是要写手册。试点的目的是整理出可以复制的做法，所以输出结果是写出操作手册，以便任何人均可按照手册操作，重复你的过程和结果。

我们的经验是，试点开始要快，过程要细要慢，精雕细琢反复验证，一旦试点成功形成模式，要迅速复制，坚决复制，不接受特例。

第五部分 管理是门科学

管理是一门科学，没有人天生就会管理，即便是最有天赋的人也需要一定的后天借鉴和学习才能掌握管理技能。但同时管理也是一门艺术，因为管理的对象是人，所以必然需要考虑人性，不考虑人性的管理不可能有好效果。

对于领军人物而言，不断提高自己的修养，不断学习，让自己成为一个高明的管理者是不可推卸的责任。

管理说复杂很复杂，说简单也很简单，万变不离其宗，核心就是柳传志先生提炼的管理三要素“建班子、定战略、带队伍”。

军规 27　管理是一门专业

微语录

昆仑的仑 #：

管理是一门专门的科学，没有人生来就懂如何管理，需要专门学习才能掌握，领军人物不能死记硬背管理教条或生搬硬套别人的管理经验，要去构建自己的经营思维模型，设计自己的管理工具，进而建立起自己公司的管理系统。

创始人必须退出画面看画面

管理是门专门的科学，而且是一门实践科学，国际大公司在更换 CEO 时有时候会跨行业选择，IBM 历史上非常出色的 CEO 郭士纳就并非出身于 IT 行业。CEO 的跨界说明，管理是一门科学，有规律可循，有原则需要遵守，是可以学习掌握的。当然，我认为管理和天赋也很有关系，很多人天赋中就没有管理因子怎么学习也掌握不了，但那些天赋中有管理因子的也必须经过后天系统思考和学习才能掌握管理。

我认为公司的管理至少与以下三项有关:（1）行业，不同的行业管理方法肯定不同，制造业实行的是计件工资，要求打造的是一种工兵文化，要求每个人都严格执行流程。互联网行业需要的是创新，要求打造的是一个创新的环境。（2）公司发展阶段，不同发展阶段的公司管理差异也非常之大。（3）企业文化，不同企业文化的公司管理方法肯定是不同的。

创业最大的难题是创始人不懂管理，创始人对管理没有概念，甚至不知道该如何去思考管理问题。

我刚开始工作就发现在学校里学习的那些管理理论和实际工作完全是脱节的，作为北大学经济管理的学生，我根本不知道管理该如何着手。幸亏我有一个同学被分配到联想公司的管理部，他们当时正在抓管理，她参与了起草联想管理大纲，我就请同学帮我把这些管理文件偷偷复制了一套，自己每天研究、琢磨什么叫“接口”，什么叫“流程”。此后十几年我从部门经理到公司总经理再到创办不同类型的公司，这本复印件给了我很多启示，被我批注得满是圈圈点点，2004 年我再次见到柳总时，还特意把这本复印件送还给他以示感谢。

那么问题来了，既然管理是一门科学，那是不是可以请专业人士或者职业经理人来管理公司呢？答案是，理论上是可以的，至少对于大公司是可以的，对于初创的公司则不可以。初创公司最需要的不是管理，而是找方向、找人和找钱，这些不是靠按部就班的规律可以做到的，需要的是创新和主人心态，这一切不是一个职业经理人可以做到的，需要创始人全身心地投入。我几乎没有见过不懂管理的创始人成功的案例，不论自己是否做总经理，创始人都需要学明白基础的管理原理。

或者准确地说，管理首先是一门科学，其次是一门艺术。不掌握科学达不到 80 分，不掌握艺术达不到 100 分。

企业发展阶段不同管理要点不同

创始人在研究管理方法时要注意，不同阶段的企业运用的管理要点不同、方法不同，大公司和小公司的管理差别也很大，有些原则甚至是截然相反的。简单说，初创企业不需要管理，以业务额为核心，大企业必须以管理为核心，通过文化管人，通过管人来管事。

小公司的管理者应该注意力放在业务上，亲自抓业务。创业期的小公司，管理的核心是重业务轻管理。小公司业务突破了才能生存下来，才知道力量向哪个方向使。

大公司的管理者必须从具体业务和事务之中抽身出来，把时间放在人和战略上，让每个直接下属都由称职的人担任，通过解决人来解决事。大公司管理的核心是通过管人来管事，管理者必须从根本上克制住亲自出手的冲动，把注意力放到用人上，必须从分管的人是否胜任的角度来看待和处理各项事务。总经理的职责变成了找到合适的人，让每个部门都有胜任的人。

我认为宏观上看，创业公司的发展可以分为三个阶段，第一阶段需要创始人亲力亲为，第二阶段需要创始人身先士卒，第三阶段需要创始人保驾护航，不同阶段的管理重点不同，方法也不同。

创业初期公司关键是找方向、寻求业务突破，这个时期，创始人必须事事亲力亲为。这一期间其实不需要管理，即便是有几十人需要任命个头头脑脑来管理，也要注意任何一级领导都不能只管人不管事，尤其是核心高管，必须亲自管业务顺便管人。拉卡拉的企业文化中有一条是要求团长必须兼主力营营长，营长必须兼主力连连长，不允许有只管人不管事的领导层级，实践中我也发现，那些事不管具体事情只发号施令的领导没有一个能够成功。

创业期最忌讳小公司大做，一定要大公司小做，你尽可以把自己想象成一个大公司，也可以追求做一个大公司，但是你一定要按照一个小公司去做。我曾经写过一条微博，论述小公司的6个管理天条：

1. 点式战略，撞了南墙也不回头。不制订大而全的N年规划以及所谓的中长期战略，而是找到一个市场的突破点，然后集中全部资源围绕这个点展开经营，最大限度地突破该点并向四周扩大战果。而且执行要坚决坚决再坚决，不要因为些许挫折或者发现路上的美景就变化，要按既定方针办直至不能办。古语说，不撞南墙不回头，在我看来，很多时候是撞了南墙也不回头，要有把南墙撞破杀出一条路的信念才能成功。

2. 跟我冲。不设只管人不管事的领导，总裁应该直接兼任前方总指挥，副总必须兼任下属关键部门的经理。虽说群众的创造力是无穷的，但是创造历史的还是领导而非群众，尤其对创业公司而言，不能指望你自己不参与而下属会自己创造奇迹。

3. 只做最低限度的管理。我们都喜欢规范和有序，但其实是公司越大规范的价值才越大，对于小公司，花精力去关注管理的规范，直接后果就是效率的降低和成本的快速提高，而且会扼杀创新。小公司，只要目标明确奖惩分明就够了，对业务也只该做最低限度的规范。

4. 做减法。成功，需要的是做好一件事，做再多的事如果做不好也不可能成功。对于小公司而言，要集中资源专注在主业上，甚至专注在对于本年度目标有贡献的事上。做事的时候必须控制人员规模，给一个人发一个半人的钱让他做两个人的事。其实对任何阶段的公司都一样：冗员是管理的万恶之源。人多，成本就高；人多，管理就容易乱；重要的是，人多，就会无事生非。在我几十年的管理实践中，我发现从来没有什么事是因为缺人而失败了的，最多是因为缺人导致进度延缓了，而只要是机构臃肿，没有不出问题的。

5. 新人做新事。公司拓展新业务很正常，最容易出的问题是让老人去做新事，导致老事新事一起混乱。正确的做法应该是：老事定指标精细化管理，新事设目标鼓励试错，以项目小组的方式工作，新事新人做，不要增加老事的工作量。绝大多数人不具备并行处理能力，尤其是不具备同时负责两类不同事情的能力，将新事加给老事的第一个后果就是老事开始增加人手以及变得混乱和低效。

6. 先打样再推广。不论是市场还是管理，甚至是新产品，都要先在小范围内试点，试点成功再推广，切记一上来就大规模推广。不要担心试点丧失市场时机，做好试点可以避免犯错，磨刀不误砍柴工。而且，试点不怕慢，但必须细致，一把手亲自参与，关注每个环节，找到可以复制的模式，试点成功了推广必须快。

管理的核心是“管理三要素”

企业管理的理论和著作成千上万，原则千条万条，而我看过很多管理的书，自己也有20年的管理经验，我认为对于管理最精辟的总结还是柳传志先生提出的管理三要素：建班子、定战略、带队伍。虽然只有9个字，但直达管理的核心精髓，又有非常强的实战性，越是仔细品味越感觉含义深远，20年来随着自己阅历的增长、经验的增多，我对这9个字的体会也越来越深刻。一把手的全部工作都应该围绕这三要素展开。用核心价值观来建班子，用行业认知来定战略，用企业文化来带队伍。

管理是一个千头万绪的工作，越有经验的管理者越有可能陷入一种混乱：因为有太多要管理的事务让自己抓不住重点，以及太多的管理经验让自己的管理方法顾此失彼。在对管理反反复复螺旋式认知之后，我的体会是，公司规模越大业务越复杂，越要围绕管理三要素来展开工作。

创业者在管理公司时，随时会遇到各种各样的管理问题，很自然会找各种书看、听各种建议。我认为，具体的管理方法固然重要，但是对于一个企业尤其是创业企业而言，这三要素是创始人最要把握的，把握好这三要素，即便其他的东西什么都不搞，企业也错不到哪儿去。不管具体的管理如何精细、如何科学，如果这三要素没有搞好，企业的问题会层出不穷。

正确授权

之所以需要管理，是因为需要领导一群人做事，因此，解决好授权问题就成了管理中很重要的一个问题。

我认为，战术上应该授权，战略上必须集权。

制定战略是领军人物责无旁贷的使命，不能假手于人，也不能让下属各个部门自行其是，必须统一在一个公司战略上分头实施。

实际工作中，往往是越强的领导越有一种求完美的倾向，尤其喜欢钻到自己最擅长的领域亲自动手，这很危险。企业发展到一定阶段，创始人必须让企业进入“保驾护航”阶段，即把公司打造成一个或者几个平台，给每个平台配备好领军人物，让该平台成为他们的事业舞台，自己给他们保驾护航，作为他们的教练引导他们做好领军人物，帮助他们制定战略、争取资源、解决他们解决不了的问题等等。

只有如此，企业才能发展壮大。

柳传志先生有一个著名的“退出画面看画”理论，你自己只有退出企业的具体事务，才能站到足够高的高度来看待企业，如同退出画面看画以及站到山顶上看路，才能更好地规划企业未来的战略并把握航向。

一个企业的天花板就是其领军人物的境界，作为领军人物，必须不断提高自己的境界以提升企业的天花板，才能帮助企业从一个高度走向另一个高度。

领军人物提升自己境界有两种方法：学习和授权，善于学习能够不断提高自己的水平从而提高自己的境界，善于授权可以让自己不断站到更高的高度，自然能提升自己的境界。

一个伟大的领军人物必须学会授权，善于授权。杰克·韦尔奇有一句经典名言：“管得少就是管得好。”其前提是有效地授权。做老大是最难的，不但自己不会做的事情不能授权，而且对于自己会做的事授权时也必须考虑班子成员的承担能力，授权了之后还必须时刻关注被授权者的工作状况。

我体会，授权的核心是：（1）授对人：授权给赵括、马谡，结果必然是悲剧。下属谁是将才谁是帅才要分清楚。（2）授对事：不是所有事都可以授权，战术问题必须授权，战略问题不能授权。（3）授对法：不能击鼓传花，自己不懂的授权出去结果是更不懂。毛泽东在东北对林彪、淮海战役时对粟裕的授权堪称典范。

授权的时候，要注意不要跨度太大，理论上最好一横一纵分工。每个班子成员应该负责一件横向的事和一件纵向的事。这样才可以保证一方面有自己的专业——垂直线；一方面又保持自己的全面性——横向线，这种兼顾方式的分工最好。但现实生活中很难做到这一点，因为同时做好两件不同性质的事需要极高的水平，如同左右互搏一样难。我发现再强大的人，一旦让他同时负责截然不同的两件事，其结果也很可能是只做了其中的一件，而且是他会做、熟悉做的那件，往往也是相对不重要的那件。所以，让每个班子成员一横一纵负责两类事是一个很大的挑战，甚至弱一些的班子成员让其同时负责超过两件截然不同的事都很难做好。

授权不是要向下转移困难，如果你自己不知道怎么做，下属更不可能知道怎么做，转移问题的结果只能是制造出更多的困难，并且让困难不可控。领导者不能把自己不会做的事授权给下属，也不能把下属不会做的事授权给下属，这是非常危险的，也是逃避责任和不负责任。

授权前要和下属一起推演，必须让下属清晰地知道他的目标，授权后要经常和下属甚至下属的下属一起头脑风暴，研究如何达成目标。

授权后要管一层看两层，只有了解了你下属的下属如何工作，目标是如何设定的，你才清楚你的下属能否完成目标。但对下属工作的参与要非常注意分寸，尤其不能给予具体的执行建议，否则要么养成下属事事请示的恶习，要么会打断下属连贯的执行思路，哪一种都是授权的大忌。

授权后适时的考核奖惩以及复盘也非常重要。

给领导者的授权建议：(1) 设定目标同时又设定具体做法不叫授权。(2) 授权后当下属出现问题时，不要着急出手，重要的是引导，让下属自己去解决。(3) 授权以后不要闭着眼睛相信下属的报告，要管一层看两层，只有看到下属的下属的工作状况，才可以确保下属达成结果。(4)只要授权就应充分信任，尽量避免干预。

被上级授权时的行动指南:(1)想清楚再承诺：说到就要做到，扛不动不要乱接。(2)问清楚再开始：先问目的，搞清楚领导意图再干。(3)有问题及时反馈：不要等到交结果时才告诉上级没有达到目标。(4)担起责任：一旦被授权，你就是天塌时的那个高个子，虽可求援但你是最后负责的那个人。

军规 28　建班子是管理的首要问题

微语录

#昆仑的仑#：

柳传志先生总结的管理三要素：建班子、定战略、带队伍，是对管理最精辟的表述，管理的首要问题是建班子，有了一个合适的班子，自然可以制定战略，带领队伍达成目标。建班子是一个长期的过程，从选人、形成核心、塑造对企业文化的认同感到建立班子的工作机制，这是一个循环往复的过程。如何在企业发展中保持班子的称职性和战斗力，是一把手管理工作的核心。

何谓班子？

班子，即领导班子，是和一把手一起承担最高领导职责的人。从这个意义上说，班子是团队的一部分，是团队中那些能够站到全局高度与一把手一起工作的人。团队是N–1，即对一把手汇报的人，一把手从这些人中选出几个具备全局观点、能够承担某几个领域分工负责的人组成自己的班子。

一个好的一把手，必须有领导班子意识，必须能够组建起自己的班子，并且管理好自己的班子，主动接受班子对自己的制约，用班子领导组织。

班子成员需要什么素质？

2011 年 1 月 21 日，在联想大家庭的春节联欢会上，柳总说他对实现联想控股的中期目标充满信心，是因为联想控股以及子公司已经拥有了强有力的班子，其具备三个特点：（1）把公司当命根子做。（2）身经百战，有把聪明转化为智慧的能力。（3）互补和团结。

在我看来，不论从事哪个行业，都应该选择那些具备领军人物素质的人加入班子。

干部标准和领军人物标准是不同的，干部需要将才，班子需要帅才。

拉卡拉的干部标准是“三有人才”，即有态度、有素质、有能力。符合“三有人才”标准的好干部会是好的班子成员吗？仔细想想你会发现，似乎是又似乎不是，我更倾向于不是。

班子，是和领军人物一起经营公司的人，更需要的是领军人物的三大素质两大能力，换言之，更需要战略的高度而非战术的能力。

显然，“三有人才”可以成为一个很好的团队成员，但是要成为班子成员，需要具备的是领军人物的全部或者部分素质，这也是班子和团队之间的差别所在。

一把手和班子之间的关系

对此柳传志先生有过非常深刻的描述，他认为一把手要听大多数人意见，和少数人商量，一个人说了算。

首先，关于决策，应该是一把手提出战略，班子成员参与决策，一把手拍板，班子成员分工执行。企业经营绝对不能搞成投票决策少数服从多数什么的，只能一个人说了算，一把手尤其要注意，不能以集体意志、多数人意见等借口放弃自己的思考责任，放弃自己的决策义务。

其次，一旦做出了决策，班子成员必须坚决贯彻，落实到位。班子成员是有分工的，在整体决策做出之后，各个班子成员作为自己分管领域的最高负责人，要依据整体决策做出自己负责领域的决策，并负责达成结果。

最后，班子成员要有大局观，不能本位主义，不能只盯着自己分管领域的目标，要和相关领域主动协调和配合，要主动把自己的防区向相关防区延伸一公里，要相互补台，因为全局达不成目标，局部再优秀也是失败。

大公司的业务非常复杂，远非一个人能够想清楚和把握的，必须依靠一个班子来管理。公司越大，每个决策对于公司的影响就越大，对于市场的影响也越大，对于很多行业巨无霸公司而言，甚至会影响成千上万消费者的得失。这时候，一个人的智慧已经不足以决策，需要班子的集体智慧，来保证决策时尽可能兼听则明。

班子领导可以有效避免个人决策的偏差，个人对信息的掌握、个人的知识面、个人的风格和情绪都会影响决策。如果是班子领导，班子成员的参与可以有效地降低一把手上述方面对决策的影响。

班子对一把手也是一种制约，尤其是从成功中走来的一把手，因其成功历史在团队之中拥有绝对威信，如果没有一个班子来制约，身处一把手职位的人难免走向刚愎自用。

班子领导是一种理想状态，但是如果没有合适的班子成员，也不宜“凑数”，“凑数”的班子没有意义。

需要提醒的是，公司小的时候也不宜盲目追求班子领导，初创公司需要的是创始人亲力亲为，需要的是决策效率和执行力。

班子分工三原则

必须注意，班子领导不是表决制，没有任何一个公司可以用投票表决的方式来经营。

班子的核心是一把手，班子能否建立起来，建立起来之后能否健康运转，与一把手的素质有非常大的关系。

如何选择班子的其他成员，如果其他成员不符合标准怎么办？班子的成员如何发挥作用，对班子的成员应如何进行考核？这些都是一把手应该考虑的问题，也是一把手不可逃避的责任。好的一把手都会主动去组建自己的班子，主动放弃自己独断专行的权力。

理论上，一把手的工作方式有三种：指令式方式、指导式方式与保驾护航式方式。在班子成员的素质比较低或者能力不是很强、企业规模比较小的情况下，可以采用指令式的方式工作，由总裁说了算。等发展到一定阶段，总裁就像教练，只提出大方向，指导班子成员或者团队成员去设计路径和达成目标，指导式的方式会不断提高团队素质让团队成长起来。企业进入到最高发展阶段，一把手的工作就变成了保驾护航式，因为公司已经成为平台，每个班子成员都有一个舞台并带着自己的团队成为自己舞台的主角，这时候，一把手的工作就只是规划集团战略方向，为集团组织资源，并为每个舞台保驾护航了。

一般而言，班子分工的三个原则是：

1. 一把手管战略。

2. 合并同类项，同类事务由一个班子成员分管，要求每个班子成员把自己放到自己分管领域最高负责人高度，自己出题自己答题。

3. 一把手不要兼垂直线，以免一把手亲自管的部门喧宾夺主、掠夺资源。（这与我们强调初创公司的领导不要只管人不管事不矛盾，大公司的管理方法与小公司就是不同的。）

建班子是管理三要素第一位的事情

所有伟大企业的发端，都源于创始人一个伟大的梦想。但所有伟大的企业之所以能够成功，一定是源于创始人背后有一个有战斗力的、团结的领导班子。没有一个好班子，定战略和带队伍都是一句空话，更谈不上企业的成功了。

很多人奇怪为什么柳传志先生说“建班子、定战略、带队伍”而不是说“定战略、建班子、带队伍”，不是不可以因人设事吗？

这正是柳总管理思想的深邃之处，学院派与实战派，理论与实际的差别也就在于此。在纯理论的逻辑之中，“定战略”似乎应该摆在“建班子”之前，因为应该先有事，先有战略目标，才能找人去做。但做过企业的实战派都知道，企业的经营不是一个静态的推导过程，没有任何一个企业的成功是像公式一样一步一步推导出来的。市场在变，消费者的需求在变，任何一个公司都不可能制定一个永远正确的战略，然后找一个职业经理来执行。不论是长期战略还是中期战略，都必须根据市场、竞争、技术进步等情况随时进行调整和重建。再完美的计划一旦开始执行就立刻需要调整，正如战场上你永远无法决定敌人从哪个方向用何种方式反击，你能做的只是根据敌人的反应兵来将挡、水来土掩而已。企业经营完全要依靠经营者审时度势、随机应变。

我曾经专门就此话题与柳总探讨过，柳总非常明确地表示建班子一定是管理三要素第一位的事情，先建班子再谈其他，没有一个有战斗力的班子，定战略和带队伍都是一句空话。不论在什么情况下，班子的团结永远是企业发展的首要条件。

建班子是一个系统工程，不仅仅是最高层建班子，而是层层建班子。创始人在自身成长的过程中，还要把经验和能力传递给班子成员，再层层传递，带出更多中层管理干部。

建班子四要点

建班子是一个长期的过程，选拔适合的班子成员组建班子只是第一步，建立起有效的班子工作机制并展开工作是第二步，与时俱进调整班子也是必要的。

我总结了一个建班子四要点：定核心、选对人、塑文化、建机制。

第一是要定核心。

定核心就是选领军人物，选一把手，这是班子的核心，一个没有领军人物的班子是一盘散沙，一定会出问题。虽然理想状态是上级选定班子所有成员，但是实际情况是，如果不是由一把手自己选择的班子成员工作起来很难协同，真正能够把不是自己选定的班子成员调动好运用好的一把手太少了，所以，从实战角度，我倾向于只选一把手，让一把手自己去组班子，最多给班子多派一人，剩下的一定让一把手自己选。

第二是要选对人。

选好班子的成员非常关键，在我的印象里，至少有一半以上的企业出问题是因为内部出问题——股东之间的问题，班子之间的问题。如果班子成员之间出现问题，不但会产生很多内耗，也会让下属不服气，而且如果班子成员的能力和品格有问题，带给公司的损失就更大了。

选择班子成员要非常慎重，而且一定要选德才兼备的，即态度和能力兼备的，所谓态度就是文化，班子成员必须是高度符合企业文化的，不论是价值观还是方法论，不符合企业文化的绝对不可以成为班子成员；所谓能力，指既要有执行力，也要有战略高度，不能站到公司高度思考问题和开展工作的人也不能成为班子成员。

所谓不是一家人不进一家门，班子是一个密切配合、共同作战的集体，如果成员志不同道不合或者脾气严重不对路，是没法子共事的。班子成员宁缺毋滥，班子是公司的领导核心，每个班子成员既是自己分管方向的最高负责人，也是公司每个决策的参与者，必须德才兼备。如果水平不够的人进了班子，不仅发挥不出作用，还会有非常大的副作用，甚至干扰班子和一把手的决策。

切忌没有合格班子成员的时候硬性推行班子领导。初创企业一把手必须独断专行，逐渐提高班子素质、更新班子成员，一步一步实现由班子指挥。

第三是要塑文化。

企业必须建立企业文化，班子作为企业成员中的顶级成员更是必须认同企业文化，一群没有共同核心价值观的狼，再凶狠也脱离不了有奶便是娘的境界，只能共苦不能同甘，最终是走不远的。

拉卡拉强调企业文化要提出来、天天讲、融入业务和以身作则，班子成员间对于这四点的践行尤为重要。

第四是要建机制。

现代企业越来越复杂，任何一个人都不可能对企业的各项业务全面了解，任何人的考虑都会有思维盲点，如何发挥班子的作用做出最佳决策？这需要班子有一个好的工作机制。

一把手是班子的核心，如何与班子的成员配合，如何发挥班子成员的积极性和工作能力？如何避免一言堂？如何避免对一把手的过分依赖？都需要建立一个工作机制。

班子的工作机制的核心是沟通机制和决策机制，这直接决定了班子的工作效率和效果。一把手要亲自去建立适合本人风格的班子工作机制，能不能建立一种机制让你的班子把每个成员的长处发挥出来，形成 1+1>2 的结果，考验的是一把手的能力。

柳传志先生在管理上非常强调班子内部必须所有的话都要摆在桌面上，坚决不允许宗派的出现，发现宗派，不惜经济利益一定要把毒瘤砍掉。

一个企业的班子里面不可能什么事情意见都一致，在意见不一致的时候，一把手要敢于决策，班子成员也要有执行意识；班子成员之间意见不一致的时候，要有换位思考意识，要学会妥协。

一把手在班子工作机制建设上要注意以下三个问题：

1. 避免一言堂

越是优秀企业其领军人物的威望越高，这时候期望领军人物自我约束往往是不现实的。领军人物必须主动去鼓励班子成员的自我意识，鼓励班子成员表达自己的思考和意见，在联想柳总就规定，公司的大事必须经过讨论，执委会的每一个人都要知道。

班子对于重大问题有不同意见是常见的，一把手要善于与班子成员沟通而不是一言堂。沟通要讲究方法，要有艺术，要以企业文化作为沟通的基础，沟通不清，按“方法论”来，这是我们思考问题和解决问题的方法；有重大分歧，按“核心价值观”定，这是我们最高的是非标准。把大原则定下来以后，再一步步定小原则，再谈具体问题，就好解决了。

一把手用权要谨慎，当和下属意见不一致时，如果自己对这个事也没把握，而下属却言之有理就应该尊重下属意见决策，事后再复盘。

曾经有一位企业家讲过，他的工作方法是：我没想清楚你想清楚了，按照你的想法去做，责任我承担；我想清楚了你没想清楚，按照我说的去做，责任我承担；我没想清楚你也没想清楚，按照你的想法去做，责任还是我承担。这是非常好的一把手工作方式。

但是也必须注意，不要把公司搞成投票表决式的集体领导，集体负责就是没人负责，承担责任必须是一把手，只能是一把手。

2. 充分调动班子成员的积极性

柳传志先生认为，只有充分调动领导班子成员的积极性，才能促进企业的发展。这方面工作做得好坏完全取决于一把手，一把手必须像呵护孩子的好奇心一样呵护自己班子成员的工作积极性。

首先必须让班子成员明白他和整个战局的关系，树立起班子成员的领导使命感和自豪感。班子成员要有分工，要授权每个成员负责某个或者某几个业务，不要把班子成员当作一把手的秘书和助理使用，只有授权才能激发起班子的责任感。

其次要让每个班子成员都参与到决策中来，让他们成为决策的参与者而非执行者。对于自己参与做出的决策，执行起来才会更加投入，这是人之常情。我的经验是，决策会是验证一把手决策预案的会而非寻求决策的会，这很关键。一把手不能放弃自己决策的责任，任何情况下都不能用别人的思考代替自己的思考，自己必须把每个决策想清楚，但是在形成决策时，应该有意识地引导班子成员得出自己的决策预案，这是很重要的领导技巧，这样得出的决策会得到班子成员积极的拥护和坚决的执行。

最后要允许班子成员犯错误，提建议就可能犯错误，独立决策自己分管的领域也可能犯错误，这是正常和必然的。一把手任何时候都不要因为班子成员的错误而指责他们，要鼓励他们创新并为他们承担责任。

3. 班子的调整机制

班子成员的胜任是非常重要的，一个不胜任的班子成员不仅误事，还会影响班子的整个氛围。

虽然班子的稳定性很重要，但如果班子成员不称职则必须调整，调整班子是非常大的难题。解决这个难题要注意两点，一是班子里进来的所有人要德才兼备，以德为主。这个极其重要，否则你就很难理直气壮地把不称职的人请出去。高层领导的德，就是要以企业利益为最高利益。二是有话放在桌面上讲。一把手对于班子成员有意见，一定要提出来，但要注意方式方法，最好是两个人关起门来谈，把话说出来并且放到桌面上说，这是一个班子团结和保持正气的关键。很多一把手习惯把对班子成员的意见憋在心里，或者是对其他班子成员说，这是非常错误的工作方法，不但解决不了问题，还会影响班子的团结，最好的方式就是有意见直接和当事人谈，当面指出来，这是解决问题的最好办法。

军规 29　坚持战略和定战略同样重要

微语录

#昆仑的仑#：

战略决定成败，领军人物不仅要善于定战略还必须善于坚持战略。制定战略时要认真和慎重，三思而后定，但一旦确定了战略就要坚持，不管遇到多大的困难都不要动摇，很多的失败不是因为战略错误，而是因为没有坚持战略。

实战中的战略就是四件事

教科书上关于战略的定义诸位可以自己去查询，我认为实战中战略就是四件事，目标、打法、资源和激励，战略决定的是我们向哪里去，怎么去，如何保障我们可以按照设想实施。

很多企业容易犯的错误是把目标当作战略，例如成为第一，N年N倍等等，目标是战略的一部分，但绝不是全部，战略的核心是打法，即如何实现目标。

定战略的目的是保证企业的目标正确，打法正确，并且有足够的资源保障，有足够的激励保证。

定战略就是瞄着打的过程，不但要确定我们做什么，也在确定我们不做什么。我曾经提出公司有“四个不做”:（1）没有合适领军人物的项目不做。（2）没有下决心死磕的项目不做。（3）不掌控主动权的项目不做。（4）无法复制的项目不做。

我的习惯是在没有想清楚整体战略的情况下不会对任何具体项目做决策，在没有想清楚一个项目的整体思路的情况下不会对任何具体事务做决策，因为我不知道该如何决策。

我的体会是，成功一定都是瞄着打的结果，目标很清楚，打法很清楚，执行很到位，必然会成功。反之，误打误撞也许可能成功，但那是极小的小概率事件。

一个正确的战略，哪怕只执行到80分也会取得辉煌的胜利；而一个错误的战略，注定要失败，执行得越完美败得就越惨。

战略是需要资源保障的，而领军人物是资源中的核心。战略的核心是确定打法和领军人物，一个没有可行打法的目标是不可能实现的，一个没有合适领军人物的打法更是不可能实现的。

如何定战略？

如何才能制定出正确的战略呢？我的体会是，首先，领军人物要有战略意识，要清楚地认识到战略的重要性。其次，领军人物要自己提出战略规划。最后，要让班子参与到战略的讨论工作中来。

战略只能由领军人物来提出，想依靠班子讨论出一个战略是不可能的，一方面，战略必须是一个系统思路，靠七嘴八舌是不可能系统思考的，而且只能是领军人物自己的系统思路。另一方面，班子成员虽然有参与最高决策之责，但是毕竟不在其位不谋其政，不可能站到最高的高度去考虑最长远的事情，所以很难提出战略性思路，只能是针对领军人物提出的战略参与推敲。

定战略是有方法可循的，不论是惠普的战略十步法，还是联想的战略七步法，或者拉卡拉的战略四步法，都是有效制定战略的方法，可以帮助战略规划的完善，但这些方法不能帮你形成战略内容。

定战略一般都要经过几个自下而上、自上而下的过程，先是领军人物提出，然后是班子成员 PK，再回到领军人物修订，再交到班子成员中质疑、补充。这是一个艰难而漫长的拨云见日的过程，其间会有很多诱惑，很多质疑，很多取舍，很多可能，领军人物保持清醒的思路和坚定的信念对定战略至关重要。

很多公司制定战略之前都会开务虚会，我也认为应该召开，而且务虚要务透，不论是对过去的复盘还是对未来的推演都要谈透彻。复盘的时候不要走过场，只有总结出规律和教训才能避免重蹈覆辙。推演时要仔细，要把执行充分考虑进去，沙盘上推演不出来的结果实战中一定不可能达成。

但是不要期望务虚会能够形成战略思路，战略是不可能自下而上产生的，也不可能靠务虚会产生，只能由领军人物提出来，战略会应该是论证一把手拟定的战略的会，而非大家一起云山雾罩找方向的会。

提出战略是领军人物责无旁贷的责任，拍板确定战略也是领军人物责无旁贷的责任。我认为，任何时候领军人物都不可以放弃思考，集体的意志、多数人的建议都不能成为领军人物放弃自己独立思考、放弃全盘思考的理由。

定战略时切忌好高骛远，谁都想做产业链的更高端，但先得看自己有没有竞争优势，如果没有独特竞争力，进入一个市场的成功率是很低的，还不如降低心态在产业链中选择一个自己有优势的环节，集中全部兵力成为该市场的领先者，扩展的机会总是有的，徐图之。

联想的战略七步法

战略包括哪些内容？如何一步步制定出一个战略呢？联想的战略七步法是一个非常实用的定战略工具，按照其步骤一步步讨论得出结论，即可制定出战略。

第一步：设定愿景。

不论是一个人还是一个企业都必须有愿景，一个没有愿景的企业是没有前途的，一个没有愿景的人是不可能有成就的。愿景一旦确定，即便是困难无其数，也要坚持不动摇。愿景必须是我们自己真正信的，不是写在墙上的口号，而是我们真的准备付出长时间甚至几代人的努力去达成的目标。

每次制定中长期战略，都要首先审视我们的愿景。战略目标必须与愿景相符。

第二步：设定战略目标。

中长期目标，是一个具体的可量化的指标，包括未来三到五年企业的营业额、利润、市场占有率、行业地位、投资回报等若干财务指标。

定目标要合理，是让大家去摘树上的桃子而不是够天上的月亮，但是也不能让大家去捡地上的苹果。目标要设得让大家跳起来努努力够得着，而目标会逼着你朝着那个方向去走。

第三步：制定战略路线。

所谓战略路线，就是我们的打法。打法是定战略的关键之一，一个没有打法的目标是不可能实现的，瞄着打的核心是有打法。

以拉卡拉为例，成为数一数二的综合性互联网金融服务公司是我们的愿景，到2017年，我们在涉足的每个主要领域——支付、征信、信贷、理财等都要数一数二，这是我们的中期目标。

但是最为关键的是我们如何达成这个目标？必须有清晰的打法，即实现这个战略目标的战略路径，否则目标就是一句空话。

第四步：确定领军人物。

战略路线是和人密切相关的，再好的打法如果没有合适的指挥官来实施也是没有意义的。所以我们在考虑战略路线的时候必须考虑是否有合适的领军人物，否则就要重新审视该路线是否应该采纳。

在这一点上，创业者经常容易犯的错误是有畏难情绪，认为自己找不到合适的人所以只能用手头的人来“凑合”，这是非常危险的。以我多年的经验，人对了事才能对，人不对事一定不可能对。每一级管理者都必须把寻找合适的下属当作头等大事，放任不合格的下属继续工作的后果只能是更多的“延误”和更多的“失败”。

第五步：战术分解。

领军人物要对打法进行分解，划分出几个阶段分阶段实现目标。大的打法下面又分为几种小的打法来保证大打法的实施，每个打法分为几个阶段，每个阶段要达成的里程碑是什么。这些都要先做推演，看是否可行，需要哪些资源前提。如果推演不出结果就说明这条战略路线是错误的，就要返回上一层重新思考，请相信沙盘上推演不出来的结果，实战中根本不可能达成。

第六步：确定组织结构及预算。

战略的实施需要组织结构来保障，战略调整了组织结构就必须调整。一个不合理的组织结构会导致组织的运转低效，充满内耗，拿不出结果。

拟定预算不是总裁的事更不是财务部门的事，而是所有部门的事，尤其是前台收入部门，必须参与进来，仔细测算，这样拟定的预算才是可行的。

第七步：考核激励和调整。

考核激励是定战略的重要组成部分，打了胜仗要激励，不管是物质的还是精神的，而激励对不对，是要靠考核来决定的。一个没有配套激励措施的战略是纸上谈兵。一个战略目标必须配合一套打法，一套打法必须配合一批领军人物，一个战略必须配套一个激励计划。必须要重视物质激励，不建立在物质激励基础上的精神激励是天方夜谭。

最后，定战略不仅要考虑执行中的因素，还必须及时复盘，在动态中进行战术调整，避免刻舟求剑。

这是联想的战略七步法，在拉卡拉我把定战略概括为四步法：目标、打法、资源、激励，即第一步确定战略目标，第二步设计路径打法，第三步检查资源，包括领军人物、资金、关键资源等，第四步设定激励体系。

企业的发展是波浪式的，每一次上台阶之前都应该进行战略的梳理和组织结构的重构，根据战略规划来考虑部门设置、岗位设置，以及人员安排。

执行战略要撞了南墙也不回头

很多人认为战略制定了之后，在执行中要不断复盘并根据情况变化不断调整，我的看法有些不同，我认为既然是战略就必须要坚持，执行中需要调整，但是调整的应该是如何更好地执行战略打法，如何让打法可行，战略目标和打法是绝对不应该轻易调整的，大多数的战略失败都是因为执行中没有坚持、轻易放弃所致。

我认为，坚持战略和定战略同样重要，战略在执行过程中执行不动遇到挑战是正常的，遇到诱惑是不可避免的，在漫长的持久战中，能够在面对前进道路上的一个又一个诱惑以及挫折时依然坚持战略，是一个企业能否成功的关键。

战略执行过程之中必须及时复盘，但复盘的目的不是修正战略，而是检查我们的执行有没有偏离战略，以及怎么样才能更好地让打法更可行？一个好的管理者，要经常进行复盘，通过复盘来总结经验总结规律，提高自己和下属的工作能力。

任何战略在执行过程之中都不可能是一帆风顺的，最常见的是两种情况，一种情况是前进路上发现了很多新的诱惑，而且是看起来很美的诱惑。这时候我们很可能会自觉不自觉地忘记我们的既定战略，进入对新的诱惑、新的方向的追逐过程之中。另一种情况是遇到了沟壑，过不去了，我们也会自觉不自觉地怀疑战略是否正确，疑惑战略是否应该调整或者放弃。这两种做法都是极其错误的，也是很多企业失败的主要原因，执行战略必须坚决，要不撞南墙不回头，撞了南墙也不回头，要有用头撞破南墙穿过去闯出一条路来的信念才能成功。

很多人认为最终决定成败的是技术，是节奏，是把握好先后、快慢、主次和轻重，其实不然，在漫长的持久战中，能够坚持战略才是胜利的关键，战略执行的过程本身就应该是坚持战略的过程，一个被彻底贯彻了的差战略好过一个朝令夕改的好战略。

定战略重要，坚持战略同样重要。领军人物要有坚持战略的决心，高管要领会战略意图并将战略翻译为下级可执行的行动计划，中层要坚决执行，要有一种“死磕”的信念。

军规 30　用文化带队伍

我们是一支铁嘴钢牙的队伍，学习是我们的生活方式。

微语录

#昆仑的仑#：

只有一支铁军才能战无不胜，带队伍是领军人物的三大职责之一，要用文化带队伍，共同的核心价值观、方法论及战术原则是让80%的人在80%的情况下达到80分的唯一可行方法。

打造一支铁军

所谓带队伍，就是练兵，就是要把一群散兵游勇、性格各异的人捏合成一支具有共同价值观，令行禁止、进退有据的队伍，以便带领这支队伍攻无不克、战无不胜。

带队伍要达成三个目标：一是让队伍有共同的目标，二是让队伍有基本的纪律，三是让队伍学会打仗，掌握各种战斗技能。

我认为，领军人物要靠文化带队伍，企业文化是让企业这支队伍有共同目标、有基本纪律以及有战斗力的唯一途径，是让80%的人在80%情况下达到80分的唯一方法。

要警惕队伍中的“聪明人”，一支队伍的战斗力不是由队伍中最聪明的那个人决定的，而是由战略的正确性和文化决定的。相反，队伍中的“聪明人”是队伍中的危险分子，他们总认为自己聪明，所以贯彻领导指示之前总要评估一下领导对不对，往往不会去理解领导的意图而是沉湎于自己的意图，登山时他们总想抄近路，游戏时他们总想守株待兔，随时可能脱离预定位置让同事踏空。带队伍的过程，就是要去除队伍中的“聪明人思维方式”，让所有成员用一个频道思考和行动。

联想对新员工有一个“入模子”课程，其实华为、富士康等公司也有类似的课程，其目的都是让员工形成统一的思想和行为规范，形成基本的战斗力。

在战场上，打胜仗靠的不是某个人而是一支队伍，而且只能是自己的队伍，所以才有了黄埔军校、红军大学。没有人能依靠雇佣军获得最终的胜利，打造一支铁军是革命胜利的前提，企业经营也一样。

不要幻想外来的和尚会念经，外来和尚不可能会念你的经，你自己一手创办起来的企业只有你自己最了解，只有你的队伍最了解。不要花大价钱请所谓的专家加盟，更不要放手授权给他们，这是非常危险的做法。真正了解企业，对企业怀有感情的是我们自己的队伍，一定要相信自己的队伍。既然我们的队伍已经打了很多胜仗帮助企业走到今天，就要相信他们能够帮助企业走向明天。

相信和依赖自己的队伍并不是要故步自封，也不意味着我们不要引入新人。一个组织要发展就必须不断引入新人，但一定要清楚引入新人是对我们队伍的补充而非替代，引入的新人必须要融入队伍。

要想把队伍带成一支铁军，首先要选对人

选人，不同层级的人有不同的标准，柳传志先生提出的员工有责任心、中层干部有上进心、核心高管有事业心，就是最基本的选人标准。

不要要求基础员工有上进心甚至事业心，没有这个必要也不现实。对于绝大多数人而言，他们工作只是谋生的手段而已，要承认这个前提，并且在这个前提的基础上设计企业的管理制度，对他们而言，遵守企业的基本纪律，认同企业的愿景、使命、核心价值观就可以了，不要期望过高。

但中层干部和核心高管必须要有上进心和事业心，这是人最宝贵的特质之一，也是成功人士共有的品质。

大学的同班同学，入学成绩相同，四年大学所学课程相同、老师相同、成绩相似，应该说毕业时大家是在同一起跑线上，但是工作几年之后差距开始显现，大概 10 年之后境况会天差地别。原因何在？我认为固然有运气的因素，但根子是态度差别所致，是把工作当作自己最重要的事还是当一天和尚撞一天钟？是拿多少钱干多少事还是把工作当作品一定要体现最高水平？这种态度差异是造成人和人成就差异的核心原因，当然境界和学习能力也是非常重要的原因。

这也是我们评估一个人是不是有潜力的三个主要标准，（1）境界：是志存高远还是鼠目寸光，是一心想做一番事业还是斤斤计较工资奖金？（2）态度：是创业心态还是打工心态？（3）学习：是否有学习意识？

公司里 80% 以上的问题不是因为能力不足而是因为不负责任，80% 不负责任的人是因为对“责任”理解不到位，仅仅理解到了责

任心的第一层、第二层境界而已。

拉卡拉找人时会关注 4 个小窍门：

1. 请行家介绍同行。

2. 相信“味道”，亲自见，哪怕 10 分钟，价值观不是谈出来的，是“闻”出来的，细节让你不舒服的人以后多半出问题。

3. 履历调查不可省，不诚实和不实事求是的不能用。

4. 宽进严转，如果三个月不能出成绩，最大的可能是一年也出不了成绩。有能力的人给点阳光就会灿烂，没有能力的人给再多机会也不会出成绩。

用文化才能带出一支铁军

打造一支铁军要从 4 个方面入手：（1）建立共同的基本纪律，做到令行禁止。（2）建立共同的愿景、使命、价值观。（3）践行共同的方法论。（4）建立组织结构及执行体系。

这就是拉卡拉企业文化的五大板块对应的内容，我们认为，只有用企业文化才是带队伍的正确方法。

一支部队首先要令行禁止，这源于共同的基本纪律，如同解放军的“三大纪律八项注意”一样，拉卡拉建立了“十二条令”，从“看”、“想”、“写”、“做”四个角度规定了共同的基础纪律。

其次，必须建立共同的愿景、使命、价值观，这是队伍凝聚力的基础。一支具有相同价值观的部队是最有战斗力的。靠价值观取胜的企业，很像金庸小说之中的全真教武功，白驼山的武功剑走偏锋，弟子修习的时候，前 20 年进境极快；而全真教是名门正派，讲究打基础，所以前 20 年白驼山弟子的武功要高于全真教。但是 20 年后，全真教的进境神速，30 年后白驼山连望其项背都难了。不择手段冲业绩挣钱的企业，也许可以逞威风于一时，但是长跑下来，是不可能跑过坚持价值观的企业的。

再次，要求践行共同的方法论。如果一个组织的所有成员都按照共同的方法论行事，就如同大家在一个频道上交流，在一个水平上工作，自然战斗力倍增。在拉卡拉，我们的践行方法论是“先问目的、再做推演、亲手打样、及时复盘”。

最后，一支队伍还必须建立起组织结构及执行体系。组织结构保证了汇报关系和序列的清晰，执行体系保证了政令畅通，协调有序。拉卡拉的执行体系包括执行力四步法（设目标、控进度、抓考评、理规范）以及管理三要素（搭班子、定战略、带队伍）。

以拉卡拉的执行力四步法为例，要求管理者在工作中按照四步展开工作，周而复始：设目标、做计划、抓考评、理规范。

企业的组织结构及执行体系设计对战斗力的影响非常大。

组织结构有两个关键点：部门设置和汇报体系。部门，必须要根据公司的业务特点以及经营重心来设置，要兼顾三个问题。

第一要合并同类项，把性质同类的业务置于一个部门管理之下，以确保业务的专业性，同时确保每个部门都对结果负责，如果一个部门只对过程负责不对结果负责，该部门不但会走向官僚和低效率，而且必然会影响总体目标的达成。

第二要明确部门性质。公司的部门按照性质可以分为前台、中台和后台。如果更细致，可以分为销售部门、市场部门、行政部门、技术部门、运营部门等，每个部门性质不同，所需的人才也不同，考核的 KPI 不同，工作方法也不同，其核心是每个部门的性质要明确，KPI 和管理方法要和部门的性质一致。如果将销售部门的 KPI 设成行政部门的 KPI，或者将市场人才放到销售部门之中，结果都不可能好。

第三是销售优先。任何一个公司，销售都应该是核心的部门，再好的产品如果不能销售给用户也是没有价值的。如果一个公司不具备销售能力或者达不成销售目标，就不可能生存。

汇报关系也是组织结构中的重要问题，谁对谁汇报，谁归谁管理，直接决定了组织的效率和效果。组织结构需要根据公司战略的变化不断调整，结构不合适，就会导致职责不清，互相推诿，效率低下。

建立培训体系也很重要，新兵不训练就送上战场那是炮灰，企业不抓内训战斗力必然疲软。如何能够让我们的队伍不断进步？唯一的办法是把我们的队伍建设成为学习型组织，马上动手抓培训，并持续进行。知道学习以及会学习，是人最大的能力。唯一能让我们不落于人后的方法就是学习，唯一能让我们超越别人的方法就是比别人更努力地学习。

军规 31　物质激励必不可少

微语录

昆仑的仑 #：

管理者必须建立起公司的激励体系，一个没有激励政策的目标能否达成只能靠执行者的觉悟，大多数情况下一个没有激励的团队是没有战斗力的。在拉卡拉，我们把目标、打法、资源、激励作为战略的四个关键点。激励要讲究方法，正确的激励方法是软硬结合、长短结合，错误的激励方法效果会适得其反。

人人都需要激励

人人都需要激励，包括管理者自己，每个人都喜欢听夸奖的话，这是人之常情。尤其是对于长期“抗战”的队伍，必然会陷入疲态，所以更需要激励，而且激励的方法必须变换花样。

激励，一方面是调动员工工作积极性的手段，另一方面也是员工的付出和业绩的合理回报。同时体现了一个理念：让员工分享企业成长的果实，员工是企业成长的创造者，也必须是受益者。

虽然我自己是一个较真的管理者，但是我也认为管理者应该多激励少惩罚，以激励为主，刺激团队努力向前，尤其是与业绩相关的事。惩罚主要用于与制度相关的事情，凡是违反制度的，以惩罚为主。创业公司，应该以激励为主。越高层，越应该以激励为主。

激励的核心是奖惩分明，对所有人一视同仁，否则会适得其反。激励必须“论功行赏”，必须公平、公正。激励运用得当，就能形成一种积极向上的精神，有效地激发主人翁的创新意识和开拓精神，真正起到“加油”的作用。如果运用不当，仅仅是为了照顾关系人的利益，势必会引起离心的效应，使多数人产生不满情绪以至消极怠工。

管理必须主动激励

管理者必须时刻关注 N–1 甚至 N–2 团队的战斗状态，如果等到下属状态出现了问题才知道，很可能一切都晚了，这样的管理者是不称职的。

好的管理者必须是敏感的，能够随时感知下属的稳定性以及下属工作中可能遇到的“问题”，并主动干预。

实际上，我认为好的管理者首先应该能做到下属不想离开，也能做到任何一个下属离开都不会影响自己的工作。

在拉卡拉，我提出一个理念，希望每一个符合拉卡拉文化的员工都能在拉卡拉退休。拉卡拉文化包括五个板块，符合这五个板块的人我认为是都有态度和有素质的。实际上，只要有态度，就可以一直在拉卡拉工作下去，如果再有素质有能力，就可以不断晋升，拉卡拉自信有足够快的发展速度给出足够多足够大的舞台让你可以施展，如果有一天你自己想创业或者拉卡拉的舞台已经容不下你的能力了，你可以自己创业，拉卡拉可以投资你，如果你有这样的管理理念，下属不会想离开你。

另外，管理者还必须做到任何下属的离开都不会影响你的工作。要做到这一点，需要两个基本条件，第一是凡是都有 B 计划，第二是要有预见性，能够预知下属可能离开。

这一切的基础是激励体系，管理者必须为公司建立起清晰有力的激励体系，没有激励机制的团队不会有战斗力，更不会是狼性的团队，久而久之必然会陷入平庸和低效。

联想是非常重视激励的，杨元庆重新担任联想集团 CEO 后非常成功，外界只知道是因为确立了一个正确的“保卫 + 进攻”的 4 年战略，以及大力宣贯了“说到做到”的企业文化。当然这两个方面确实是非常正确的，但背后还有一个重要的法宝，就是制定了一个名为 LGP 的奖励体系，激励全球团队摩拳擦掌，斗志昂扬地奔向目标。蓝色光标早年也以超额部分重奖的激励政策刺激团队创造了连续多年的高速增长奇迹。

激励的三大误区

激励的效果和激励的方式密切相关，错误的激励方式效果会适得其反。

误区一：只讲物质激励

有些公司喜欢用物质激励，将物质激励发挥到了极点，依靠高额奖金，甚至有的公司超额部分奖金的提取比例可以达到 70% 的程度，每年年底，总裁会先和董事会讨价还价，然后和下属讨价还价。

我一度曾经非常反对这种当期强物质刺激的激励政策，更愿意以长期激励为主，但后来我发现，对于基层员工而言，当期物质激励要比长期激励有效得多。实际上，最高层员工才是长期激励的合适对象，对中层员工而言都是短期必不可少，长期锦上添花。

物质激励最简单，最直接，也最有效，但一切向钱看的结果是团队必然会向公司要求越来越多的物质，直到公司负担不起的那天为止。一旦公司无法满足团队的物质要求，团队的战斗力甚至稳定性都会出问题。一个没有核心价值观、只讲物质激励的公司不可能有持续的战斗力和凝聚力，一旦外界给出了更高的物质待遇，团队很可能就调转枪口了。

让员工分享公司成长的收益和物质激励导向是两回事，前者奖金是结果，后者奖金是前提。所有人都想生活得好一点，通过自己的劳动去换得必要的劳动报酬是应该的，但如果企业只讲物质激励，认为“钱”才是万能的、唯一的就不对了。正确的做法是，建立企业文化，确立共同的愿景、使命、价值观以及方法论等文化，在此基础上添加物质激励，这样效果最好。物质激励的核心是，“我可以给，你不能要”，公司应该主动给予员工下属物质激励，但是下属不能以物质激励为工作的前提，我一贯的做法是，主动关注下属的收入，主动提升下属的收入，但是如果下属主动要求加薪加待遇，我一般都是说“再见”。

误区二：学而优则仕

中国式激励往往陷入“学而优则仕”的怪圈，似乎只有做官、职务晋升才是人生的要义。如此一来，企业为了激发员工的积极性和创造性，就想方设法把所有的人才往升迁这一条路上赶。遗憾的是，并不是所有的人都具有管理才能，也不是所有的人都有管理、控制他人的欲望。这种激励方法的后果往往是多了一个平庸的官员，少了一个有才华的科学家或者企业家。企业内也同样，不要以管理职位来激励那些不擅长管理的专家型人才。

误区三：江湖式分配

创业期公司在激励上最常见的状态是“大秤分金，大碗吃肉”，有福同享有难同当，大家不分彼此，有项目一起上，有钱一起分，这是不对的。也许对创业初期公司而言有效果，但是不能长久，而且会为未来埋下不好的文化因子。

革命也许靠觉悟，但干工作不能靠觉悟，依靠觉悟干工作结果是不可控的，必须尽早建立规范的激励体系。

正确的激励方式才有效果

软硬结合就是要精神激励与物质激励并举，以精神激励为基础，以物质激励为主体。

长短结合就是综合使用工资、奖金和期权等激励工具，换言之，激励有当期（工资）、中期（年度奖金）和长期激励（期权）三种形式，应该组合使用，较低级别岗位以当期激励为主，最高级别岗位以长期激励为主，中间岗位以中期激励为主。

比较通用的激励方法是：中低级岗位现金激励，中高级岗位现金＋期权激励，同时可以给被激励者一个选择权——是选择较高的现金较低的期权，还是较低的现金较高的期权？即所谓的期权变现权。

不过，在实践中我发现，早期公司期权激励的效果其实不如想象。早期公司前途叵测，所以给出期权和接受期权的人都认为期权不值钱，往往是给了期权也起不到激励效果，给和不给一样，给了期权激励也省不下现金激励。所以，不如就是现金激励，同时约定一个未来给予期权的约定，发放时论功行赏。

公平是激励的第一原则，激励最重要的是相对公平，功而不奖、过而不罚是最坏的一种情况。奖励机制一定要公平，员工不是在真空中进行工作，他们总是在不断进行比较。因此，管理者在设计薪酬体系的时候，员工的经验、能力、努力程度等应当在薪水中获得公平的评价。只有公平的奖励机制才能激发员工的工作热情。

要杜绝分配上的平均主义，不要干好干坏一个样，干与不干一个样，人人有奖品，个个得红包。更不要把奖励当成贿赂或拉拢朋党的纽带，否则不但无法达到激励效果，还会严重挫伤员工的积极性和创造性。

红包式激励不可取。所谓红包式激励，是香港老板喜欢用的方式，逢年过节年头年尾、公司周年甚至是喜得贵子，以私密方式给下属发钱。获得者彼此之间不知彼此的金额，本人不知何时再次可得以及可得多少。红包式激励的核心是认为员工是自己的附庸，是一种施舍的心态，这种方式起不到激励作用，只能起到喜兴效果。

激励必须是可预见的，可计算的，换言之，就是标准清晰并事先明确标准。这样才能达到激励效果。不要让部下有被施舍的感觉，要让部下对可能获得的物质和精神激励有预见性。

激励必须和严格的目标考评配套。激励的前提是考评，考评的前提是目标。激励必须和严格的考评相结合，否则就是乱激励，乱激励不如不激励。考评的前提是目标设立清楚，我们经常遇到的情况是，到需要奖惩的时候发现起初没有将目标设清楚，考评者和被考评者对于目标的理解不一致，一个认为自己做得很出色，一个认为没有达成目标。

高效激励的四个原则

1. 物质激励与精神激励相结合。

物质激励是基础。拉卡拉的企业文化之中有一条是分享，我们认为员工必须分享企业成长的果实，随着企业的发展，员工的收入必须同步增长。一个伟大的公司，其员工的生活水平也应该同样是一流的。

让员工过上好日子，让一直追随你的人不断成长和收获成果是你的责任，但是你首要的责任是打造一支有战斗力的团队，并引领其走向胜利，用胜利来给追随到终点和未追随到终点的部下一个交代。让留下的人比离开的人更成功，这是你的终极责任。

但是不能只讲物质激励，必须同时辅以精神激励，包括向员工授权，认可他们的工作绩效，公平、公开的晋升制度，提供进一步提升的机会，实行灵活多样的弹性工作时间制度以及制定适合每个人特点的职业生涯发展道路等。精神激励是一项深入细致、复杂多变、应用广泛、影响深远的工作，它是管理者用思想教育的手段倡导企业精神，是调动员工积极性、主动性和创造性的有效方式。

2. 当期激励与远期激励相结合。

奖惩的实效性比奖惩的力度更重要，要缩短奖惩周期，越及时越好。

所以必须给予员工当期的激励，例如月度、季度的奖金，但是也必须有长期的激励。如果员工可以获得的所有收益都在当期兑现，不利于留住员工，而远期激励可以增大员工的离职成本，起到稳定员工队伍的作用。

3. 现金激励与期权激励相结合。

物质激励包括奖金、股权和期权等，两者要相结合。完全是现金，企业当期负担太重，而且无法进行长期激励，一旦你给予不了员工期望的现金或者有人给出更多的现金，员工就会离开。一个亘古不变的真理是，当员工手里有足够的现金之后，他的工作动力就会大大降低，甚至会一边工作一边做些个人投资，工作的专心程度也大大降低。很多公司上市之后催生了无数百万富翁的同时也产生了很多离职员工就是一个例子。

给予一些期权，锁定员工的长期服务，同时减少员工可支配的现金，是一个很好的组合。对于立志于长期与企业一起成长的员工而言，期权在未来带来的财富放大效应也是员工辛勤工作的更好回报。

奖金是一种工资形式，其作用是对与生产或工作直接相关的超额劳动给予报酬，具有很强的针对性和灵活性，可以及时弥补工资的不足，具有更强的激励作用。

期权激励和股权激励的授予对象主要是公司的高级管理人员、技术骨干等，对改善公司治理结构、降低代理成本、提升管理效率、增强公司凝聚力和市场竞争力起到非常积极的作用。

4. 单场奖与连胜奖相结合。

即时兑现的当场奖是最刺激的，以至于足球赛场上会出现老板提着装满现金的手提箱现场督战的情形。连胜奖是更大的一种刺激，每连胜一场奖金翻倍，将激励你不断进取。

2008 年柳传志先生重新出山担任联想集团的董事局主席，杨元庆复出担任 CEO 时，制定了一个四年战略，同时配套了一个四年的激励计划，设定了四年的经营 KPI，以年度利润的一个百分比作为团队奖金总额，但是如果四年都做到会另行增加一个可观的附加奖励，同时规定各个子团队如果指标超额 50%，还可获得另外一个额外的超额奖金。清晰的目标、合理的战略路线以及刺激的激励，造就了三年联想集团的飞速发展。

第六部分

融资有窍门

现代社会，资本已经渗入商业的方方面面，创业者若不能与资本结合，相当于用小米加步枪对抗飞机大炮，在起跑线上就输了，几无胜率。对于创始人而言，学会和资本打交道，学会借助资本的力量实现自己的梦想是必须具备的才能。

资本既不是天使也不是魔鬼，风险投资只是一个投入产出的商业模式而已。融资时不要纠结于估值，迅速拿到钱最重要。公司做起来，自己的股份稀释多点少点只是很小的差别，融不到资公司做不起来一切都是零。

上市是且只是企业的成人礼，既不是创业的结束也不是创业的目标，只是企业发展到一定阶段的一个里程碑而已，不要为了上市而上市，也不要该上市不上市。

军规 32　资本只是你的一段情

微语录

昆仑的仑 #：

对创业者而言，资本既不是魔鬼也不是天使，投资与融资只是生意而已。洞察了这一点，你就会接受投资人从来锦上添花很少雪中送炭的现实，你就会明白投资人帮你是情分，帮不到你是本分，帮得到你是福分。

资本是魔鬼还是天使？

当当网上市后李国庆发起的那场著名论战，其实质是关于风险投资和创业者之间关系的问题。

很多创业者上市之后感谢资本，认为没有资本就没有公司的成功，但也有很多创业者上市之后对资本颇有微词，认为资本给公司带来了伤害。资本到底是天使还是魔鬼？

新东方上市之后俞敏洪接受采访时说，把新东方做这么大然后弄上市对他的个人生活来说或许是一个错误的决策，但是这又不是以个人意志为转移的。他认为做教育和上市还是有一点冲突的，作为一家好的上市公司要关注的是收入、利润以及学生人数等。但对于一个教育机构来说，它最大的可持续性发展的保证在于它的教学质量，而并不在于它的学生每年增长了多少。

凡事有利必有弊，这是客观规律。企业遇到困难时特别想找钱，企业要快速发展必须要引入投资人，尤其是在目前这个资本的时代，风险投资几乎进入了每一个有价值的公司，你的对手融资了你没有融资就等于你拿着大刀长矛和人家的飞机大炮对抗，你获胜的可能性近乎于零。但是资本进入公司必然是以出让你自己的利益和权力为代价的，这一点融资之前就要想明白。

不可否认风险投资对创业公司的价值。对创业者而言，很难从银行贷到款，也不可能从国家弄到钱，创业者自身的财力有限，必须需要风险投资。而且从创业者风险分散角度，创业者即便家财万贯也不宜把身家性命都投入到公司之中，有限责任公司就是这个意思，你的身价和你对公司承担的风险和责任是两回事。创业者融资，其实是把自己的创业能力让那些拥有闲置资金的人可以一起参与到“创业红利”中来，共担风险共享收益。

过去十几年，风险投资对促进中国创新创业，尤其是互联网经济的发展起了至关重要的作用，而且它们给中国互联网带来了一种新的游戏规则，一种清晰的、透明公开的利益分配机制，投资人、创业者、企业员工、核心骨干，大家如何承担责任和分享收益？普通股、优先股、期权、限制性股票等设计给出了清晰的利益关系，保证了企业的健康发展。

当然，风险投资在投资时为了保护自己要求的各种权力和条件，也着实让一些创业者深受其“害”。

所以，资本既不是魔鬼也不是天使，既是魔鬼也是天使，全看创业者如何使用和如何把握了。

资本进入企业的唯一目的就是获利退出

所谓风险投资，即由基金管理公司发起募集资金成立的由其管理的资金，资金来源通常是养老基金、保险公司、商业银行、投资银行、大公司、大学捐赠基金、富有的个人及家族等。

风险投资本质上是一家公司，其经营行为包括融资、投资、管理、退出 4 个阶段。一般基金的生命周期会被设定为 7 年，由基金管理公司的合伙人们通过初步筛选、尽职调查、估值、谈判、条款设计、投资结构安排等一系列程序，把风险资本投向那些具有巨大增长潜力的创业企业。

投资后的管理也是基金公司的主要工作之一，主要通过参与被投资企业董事会、在被投资企业业绩达不到预期目标时更换管理团队成员等手段，对被投企业进行管理，通过帮助被投资企业完善商业计划、公司治理结构以及帮助被投资企业获得后续融资等手段，帮助被投企业发展。

风险投资进入被投企业的目的是为了退出，而且目标会设在尽可能短的时间内获利退出，其退出途径包括被投企业上市、股权转让和破产清算三种方式。

每个基金在设立的时候都有自己的定位，是投资早期、中期还是晚期，投资哪个方向，每一笔投资金额范围是怎么样等等，了解了这些，你就可以少走很多弯路，虽然你不知道哪些基金可能投你，但是你一定可以判断哪些基金不可能投你，不要为此耽误工夫。

资本的本性是贪婪的

资本的本性是极其贪婪的，创业者和资本打交道时必须清楚这一点。我的一个资本界的朋友曾经对我说，虽然大家是朋友，但是投资人下意识的动作是把利益算计到极致。虽然大家在一条船上，但如果船要沉了，他们是不会和你一起沉下去的，而且他们会在船沉之前把你兜里的最后一枚铜板装到自己兜里。

现在的中国资本市场尤其浮躁，大家恨不得都是今年投资你，你明年就上市，带给他们三四十倍的回报。

而且中国的风险投资的可笑之处在于其追求的是无风险的高回报投资，虽然这在逻辑上是“逆天”的，但是几乎所有的风险投资都会要求创业者签署承诺四年上市，承诺上市时候的市值，承诺如果四年不能上市要按照每年百分之十几的复利回购等等，请问，天底下哪有这种稳赚高回报没有任何风险的“好事”？如果有，创业者为什么要你投资自己贷款投入不就得了？当然，你可以说是因为创业者没有途径获得资金只有你能提供，但这就是你给出如此“不平等”条款的理由吗？

好在我看到徐小平老师已经开始在践行一页纸的 Term Sheet（投资条款清单）了，去除那些“无耻”条款，至少，我在自己能够主导的基金里是不让自己“无耻”的。

不要指望投资人能帮你钱以外的事情

我曾经写过一条微博：不要指望投资人能帮你钱以外的事情，不要指望投资人能帮你解决业务上的问题。投资人帮你是情分，帮不到你是本分，帮得到你是福分。

很多基金在抢项目的时候，会告诉你可以提供给你很多的增值服务、很多的资源。你听着就行了，不要太当真。对于财务投资人许诺的钱以外的帮助，可以期待但不要期望。即便是战略类的投资人，投资之后能否形成业务上的合作，还要看双方业务部门的意见。介绍关系一定能够做到，能否解决实质问题还要看是否符合市场规律以及缘分，即便都是他们投资的企业，你们之间能否展开合作，合作到何种深度，本质上还是看双方能否共赢。能共赢的合作没有关系也会开展，不能共赢的合作有了关系也没用。

很多创业者希望在融资的时候融到的不仅仅是钱还有资源，其实融资首先是融钱，在你没有钱的时候，谁的钱价值都一样。在你有得选时，你可以比较钱的背景、资源、基金管理者的风格和性格等各个因素，但为这些选择浪费太多的时间或者为后来的基金毁约已签的意向之类的就没有必要了。本质上，各种钱对公司的要求都是一样的，能带给公司的额外价值也差不多。

但也确实有些基金是将增值服务作为自己商业模式中的一环来运作，这也成为他们能够快速发展的竞争力之一。例如君联投资从成立之初就建立了30多人的队伍，相比其资金规模，这个队伍完全是不经济的，但是他们就坚持做了，目的是为了给被投企业提供更好的服务。同时，君联投资坚持每年举办CEO、CFO俱乐部等活动，这也是朱立南先生能够带领君联投资短短十年就成为中国风险投资行业的领军企业的原因所在。如果可以选，这一类基金是首选，

融资时心态要平和

和风险投资打交道是创业者的必修课，创业者在融资时既不要自视过高，也不要自卑，首先要克服融资时自己的“弱势心理”。

中国人有个心理，总觉得找投资是找人借钱或者要钱，觉得自

己低人一等，其实不是，你找对方融资是给对方赚钱机会。对方作为基金，其使命就是把钱投出去并获得回报，你是对方的客户，客户就是“上帝”。

可笑的是，很多基金的工作人员，哪怕只是一个小小的投资经理，也会因为潜意识之中自己是“给钱”的一方总是有一种高高在上的感觉，自我感觉很好，这在美国是不可思议的。在美国，都是成功的企业家在做天使投资人，他们白发苍苍、拥有半生经历，对创业者足够理解，也知道尊重。在中国，很多学院派的小孩一出校门就加入基金，顶着基金的光环，狂妄自大，对于创业者有着莫名其妙的优越感。他们没有意识到在投资和融资过程中，创业者是最伟大的，没有创业者的创业，就没有风险投资的获利机会。可以肯定，这种浅薄的投资人是走不远的，尤其是在未来这个资本过剩的时代。

我有一个师兄在一个曾经很有名的基金做合伙人，拉卡拉第二轮融资时我曾打电话给他，约好了见面。结果我到他办公室时，他临时有重要事情就安排一个副手和我谈，他的副手是一个30岁左右的年轻人，坐下来大大咧咧地直接让我介绍项目。这种沟通氛围让我根本没有兴趣打开电脑讲PPT，简单聊了10分钟我就告辞了。我在楼下给师兄打了个电话，告诉他以后师兄还是师兄、朋友还是朋友，但是和他们基金不打交道了。

事后我才知道，师兄的基金在行业内是有名的傲慢，他们对我还是比较客气的。其实完全搞反了，创业者才是最高贵的，没有创业者就没有基金的市场基础和收益来源，作为投资人，如果不尊重创业者，不在相互平等的基础上和创业者对话，是不可能获得成功的。

不要被“战略投资”战略控制

近年，国内也开始兴起战略投资。所谓战略投资是指一个企业投资另外一个对自己的业务有协同作用的企业，最常见的是所谓的平台型企业沿着自己的产业链所做的投资。对于被投及企业而言，他们认为获得平台型企业的投资可以让自己进入对方的平台，获得流量和用户从而促进自己的发展。

什么事情到了中国都会变味儿，有的巨头开始用战略投资作为竞争武器，通过所谓的战略投资来控制被投公司，试图让被投公司按照他们规划的方式来发展，一旦发现你的发展会影响到他们主业的利益，就会在董事会甚至股东会上层层设立障碍，阻碍你的发展。

曾经有一个公司打着战略投资的旗号进入过我创办的一家企业，在该企业发展壮大后该投资人竟然以不到8%的股权要求对12件事情的一票否决权，包括公司的重组、公司经营方向的变更、公司的并购等等，简直是天下奇谈，于是我们果断地请他们退出了。后来我听说，有几个企业也是因为接受该公司的战略投资，然后被人家行使优先股权利限制做大，以免和投资方的主业竞争而备受煎熬。

资本是把双刃剑，什么时候该融资，该接受谁的投资都是一门学问，当人家把投资当作是主业的竞争手段时，这种钱还是不要为好。

不要被 Term Sheet 忽悠

“Term Sheet”即投资条款清单，或者称为投资意向，是投资公司与创业企业就未来的投资交易所达成的原则性约定，除约定投资者对被投资企业的估值和计划投资金额外，还包括被投资企业应负的主要义务和投资者要求得到的主要权利，以及投资交易达成的前提条件等内容。投资者与被投资企业之间未来签订的正式投资协议中，将包含合同条款清单中的主要条款。

通常 Term Sheet 是投资方假设自己所了解到的被投企业的状况都是真实情况下的一种投资意向，虽然 Term Sheet 对双方都是非约束性的，但一般而言签署还是非常严肃的一件事情，如果随后展开的 DD（尽职调查）若未发现重大偏差，投资方即应该确定投资。

但也有一些不良基金商会把 Term Sheet 当作一个抢项目的工具，甚至压价格的工具来使用，他们先与融资企业签下 Term Sheet，以锁定企业不得与别的投资公司谈投资事宜，但自己也迟迟不确认投资，最后甚至不了了之。这是非常不道德的，融资时需小心这类不良基金，不要被他们忽悠了。据统计，只有大约有 1/4 至 1/3 签了 Term Sheet 的项目最后成功达成了投资协议。

如果你同时与一家以上的投资公司谈判投资条款，“背靠背”是必要的，千万不要讲出另外一家投资商的名字和他们开出的投资条件，要不然你得到的将不是两份互相竞争的 Term Sheet，而是一份联合投资的 Term Sheet，基金肯定会互相打电话联系的。当你想拿别家投资公司的报价来压价时，当心他们会联合起来跟你讲价。

由于每个投资者的要求不同，每个被投资对象的具体情况不同，Term Sheet 也会千差万别。很多创业企业家都对理解投资公司发来的 Term Sheet 感到极为困惑，因为 Term Sheet 充满了陌生的名词。尽管有些条款事实上是为了企业的正常发展，但看起来却像是列强与清朝政府签订的不平等条约，或是长工与老地主签订的卖身契。尤其是很多基金在出具 Term Sheet 时会下意识地列出很多很多对他们有利的条款，俗称的“漫天要价”，如果创业者不懂，往往以为是行业惯例就稀里糊涂地接受了，我想提醒大家的是，没有什么所谓的行业惯例，如果基金非常想投你，这些条款都可以没有。

签署 Term Sheet 之前最好请融资顾问或律师先把它看一遍，不用迫于压力或为了表示合作态度而急急忙忙地签署。

另外，基金内部是有一套非常严谨的决策程序的，和你谈的非合伙人级别的人员一般都没有表决权，所以不要被他们显示出的“巨大兴趣”所迷惑，那是他们吸引你的营销手段，和基金决定投资之间没有任何必然联系。

不要“卖”了公司

我听到一些基金，尤其是天使投资人，向企业要求的股份高达 40% 甚至 60%。我非常不理解，如此的话，是投资人在经营公司还是创业者在经营公司？

反正我作为投资人的心态不是这样，创业的主体是创业者，投资人只是跟随者，对自己信任的创业者用钱投票，帮助创业者成就梦想的同时让创业者为自己的投资创造增值。

对于天使投资人而言，除了投钱之外，还应该是一个联合创业者，用你的经验去充当创业者的教练，最好是用自己的“大资源”来帮助“小创业者”，而不是“大鱼吃小鱼”倾轧创业者。尤其是那些已经功成名就的天使投资人，你可以用自己的成就、威望和财富招徕优秀的创业者，并且应该怀着一种做慈善回报社会的心态来做天使投资，至少不应该以此来挤压创业者的利益空间。毕竟在创业企业里，创业者和团队永远应该是企业的核心力量。有一种情况例外，就是天使投资人自己规划了全新的创业、投入了全部的资金，并寻找了一个操盘手类的创业者，这时候投资人占较大股份是合理的。

我自己是把天使投资当作慈善来做的。在我看来，每个人都应该回报社会，而企业家回报社会的最好方式就是做天使投资，用自己的钱和经验去帮助创业者创业，成故欣然败亦可喜，成了是意外收获，败了就当作捐赠了。这种心态下的天使投资，重要的不是为了投资获利，而是回报社会，同时为社会创造一个创业的生态系统，这是成功企业家应该肩负的社会责任。

反过来，作为创业者，也不要为了获得融资，什么条件都答应，除非你想好了，否则即便你为了着急要钱答应了，企业做起来之后你的心理也会极度不平衡，与其未来后悔，还不如不要这样的投资人。

军规 33　能融资时要尽快融资

微语录

#昆仑的仑#：

现代企业的竞争是全面竞争，资本和实业已经高度融合，实业只有借助资本的力量才能在竞争中胜出，创业就必须融资，不要让自己输在创业的起跑线上，创始人必须学会和资本打交道。谁更了解资本，谁能用好资本，谁就能让自己的企业占据先机。

全面竞争时代

现在是全面竞争时代，任何一个创业都不再是创业者自己的创业，而是资本+实业的创业，是企业相互结盟的创业，任何一个企业单打独斗自己的产品已经几乎没有成功机会。

首先，资本的介入已经改变了企业的成长周期。过去，我们听到的创业故事都是从几千元、几万元起家，一点点滚动发展，用了十几年时间打造出一家知名公司，甚至很多公司没有使用一分钱银行贷款，没有融过一分钱资本。现在，资本已经深深介入各行各业，资本的介入催生了一种“先烧钱再挣钱”的企业发展道路，如果你不借助外部资本的力量，还是靠自身的积累滚动发展，就如同手持小米加步枪和飞机大炮作战，胜算很低。同时，资本对企业的介入大大加快了企业的成长速度，任何一个企业都不再可以奢望一个20年甚至10年的成长周期，如果你不能在5年或最多10年内成为市场老大，你就要被赢家通吃。

其次，现代社会，资本与创业高度结合，企业间的市场竞争已经从产品、制造、营销等的竞争延展到资本领域，一些自身竞争力不是最优的企业在获得强大资本注入后迅速击败原领袖企业的例子屡见不鲜。

现代创业，如果不借助资本的力量很难在竞争中脱颖而出。虽然融资解决不了经营上的问题，虽然有时候创业期的公司资金太多反而会增加企业犯错误的机会，虽然钱不是万能的，虽然创业初期企业的困境绝大多数不是靠钱能解决的，但还是必须融资。

在飞机大炮遍地的战场上，靠小米加步枪去打仗，打胜亦是偶然。现代社会的创业者，只能学会借资本的力来发展。

不要担心融资后股份被稀释，一个百分之百属于你的小公司远比不上一个你只占有一个小百分比的大公司，把事情做成要远比把事情做成自己的事业更重要。

时代确实变了，你所能列出的每一个知名公司几乎都是吸纳了风险投资。曾经有一个朋友跟我开玩笑说，现在的新趋势是那些所融资金比从市场上挣到的钱还多的公司，以及那些从政府拿钱比从市场拿钱还多的公司在台上风光。

即便是依靠自己的力量没有融资发展起来，我的建议也是要融一部分资，至少引入投资人可以改善公司的股东结构，强化董事会作用以及逼迫公司按照现代企业制度去经营，提升公司的竞争力。

不融资就会输在起跑线上

现代商业社会，创业者除了必须有能力找到企业的发展方向和人才之外，还必须有能力找到足够的风险投资，否则就会输在起跑线上。

最近几年，社会的狂躁也渗入了资本市场。资本越来越贪婪和狂躁，初创不久、还在大幅度烧钱的企业就因为概念性感动辄被估值几亿美元，疯狂的资金投入之下是企业疯狂的经营行为，高买低卖、狂砸广告、高薪挖角等比比皆是。甚至有些行业创业者和投资者喊出拼的就是钱就是融资能力这种神奇的观点。

虽然这种状况不正常，虽然钱并不能解决初创公司找方向和找人的问题，但在这个资本已经渗透到了每个行业的角角落落的时代，创业者不融资也不对。

我有一个朋友，企业做得非常不错，每次我劝他尽早引入风险投资发展他都不以为然，他认为企业很赚钱而且又不需要钱，为什么还要出让股份来融资呢？这种观点已经越来越落伍了。

首先，你需要钱。经济学的观点是资源永远是稀缺的，一个企业如果认为自己不需要钱、资源已经足够，那只能说明管理者有很大局限性，并没有规划出最佳的战略。

其次，资本的进入会强制性地帮助你梳理你的商业模式，让企业的管理进入规范化，会大大地提升企业管理能力和经营能力。

再次，你的竞争对手会融资。一旦竞争对手融到资，突破自身滚动发展的框框开始大踏步在市场上前进，你就会很被动。

最后，并购是一种重要的发展方式，如果有钱就可以通过投资做布局，通过并购跨越式发展，一切都自己从零做起是最笨的做法。

如果要融资，一定要在企业不需要钱的时候去融资。我的老帅厉以宁教授在讲到国企改制时曾经用过一个词“靓女先嫁”，企业一定要在最好的时候来融资和扩大发展，等到你走下坡路时想融资也没有人感兴趣了。

争取和最强的资本结合

冯仑说做企业要“傍大款”，那融资就要争取和最强的资本结合。大牌投资机构拥有的不只是钱，还有品牌和人脉，虽然我认为不要指望投资人能帮你钱以外的事，但是不可否认，融资除了获得钱外还是有不少增值价值的。

首先，融资的过程能够让你的企业强大起来。有人说过，见每一个投资人不要看结果，要将投资人看成磨刀石。见30个投资人哪怕30个投资人一个也没给你投钱，通过他们的挑战，你能把自己的模式想得更清楚，能把自己的商业模式打磨得更清楚也是很大的收获。

其次，投资人确实可以带来一些资源。这些资源包括，你可以获得一个经验比较丰富、阅历比较广的董事，投资人投资的其他企业是你天然的合作伙伴。投资人的品牌给你企业做了背书等等。

如果可以，一定要选择强大的资本来融资。要规避那些坏基金，坏的基金一旦沾上后患无穷，尤其是那些将战略投资当作竞争武器的公司，一定要敬而远之；另外要看基金对公司的看法和期望是否和你的设想一致，如果志不同道不合也会很麻烦；最后要选择能够带给你更多资源更多增值服务的。

最后，融资其实是一个结盟过程。一些战略性的投资人选择成为你的股东，其实是在和你结盟，反之亦然。在现在这个高度竞争的时代，结盟至关重要。

学会和资本打交道

创业者必须学会和资本打交道。融资能力也是领军人物能力的一部分。

融资时要注意保护自己。对于条件不好的投资宁愿不要，失去了控制权的公司必然沦为资本谋求最大收益的工具，最终毁了公司。

与创业公司相关的投资基金分为几种，规模不同，投资方向也不同。最早期的是天使投资人，其后是风险投资，然后是私募股权投资基金，以及各种保险基金、对冲基金等类型的基金。与创业者关系最紧密的是天使投资人和风险投资。

天使投资人是指提供创业资金以换取可转换债券或所有权权益的富裕的个人投资者，原则上天使投资人是个人，但现在也有以基金形式运作的天使投资。在国外，天使投资人多数是成功的企业家，在我看来，成功的企业家从事天使投资是回报社会的一种方式，把自己的财富中的一部分拿出来，投资给那些有创业梦想的人，以及那些有意义的创业想法，是非常有意义的一件事，至少我自己是这么认为并身体力行的。

风险投资也称创业投资，其投资对象多为处于创业期的中小型企业，而且多为高新技术企业；投资期限至少 3~5 年以上，投资方式一般为股权投资，通常占被投资企业 30% 左右的股权，而不要求控股权，也不需要任何担保或抵押；风险投资人一般积极参与被投资企业的经营管理，提供增值服务；投资目的是追求超额回报，当被投资企业增值后，风险投资人会通过上市、收购兼并或其他股权转让方式撤出资本，实现增值。

创业者要清楚风险投资的本质，风险投资基金是由基金管理公司来管理的。不管是风险投资还是私募股权投资，本质上都是一家以钱来挣钱的公司而已，而且这家公司非常短视，其寿命事先已经被设定为 7 年。

基金公司的生产资料是有限合伙人提供的资金，收益来源于两部分：一部分是固定的管理费，按照基金总额的一个百分比按年提取（一般是 2% 左右）；另一部分是基金赢利部分的一个百分比（一般是 20% 左右）。

因此我们可以简单理解为我们一般见到的所谓投资人，其实是基金管理人，他们的薪酬来源于基金管理费，他们的奖金和分红来源于投资收益的分成。

了解了这些你就可以明白，为什么基金公司也要去融资，为什么有的基金公司融资后会快速把项目投完，为什么很多基金投资的项目你看不懂了。

风险投资如何选项目？

我自己是多家基金的 LP，拉卡拉也创立了自己的风险投资基金，我自己同时一直在做天使投资人，我自己选择项目有三个标准：

第一是看人，我认为首先人要对，即人要有领军人物的气质和素质，要志存高远、心力强大、胸怀宽广，还要有战略水平和学习能力。如果扎克伯格、乔布斯再次创业，你有机会投资，你投不投？你当然会投，为什么？因为你认为他们是适合创业的人，他们能够把事情做起来，即便是从一个最不起眼的起点开始做，他们也能最终做成大事。古往今来，成功者都是那些给点儿阳光就灿烂的人，都是那些能抓住一个点做成一个面的人，失败者都是那些挑三拣四推三阻四的人，都是那些大事化小小事化了的人。

第二是看需求，要看创业者做的事抓没抓到需求，要看创业者重视不重视需求。需求是一切创业的起点也是根本点，没有需求的产品是不可能生存更别谈发展的。但是，对创业者而言，初识没有抓住需求很普遍，这不可怕，如果是一个能力强的创业者总是可以找回到需求的路上的。

第三是看商业模式，所谓商业模式就是赚钱的模式，你有没有做出一款有人愿意买的产品，你有没有找到一种方法把产品源源不断地卖出去？就这么简单，可很多创业者不懂。大多数创业者的商业计划书我看完都是一头雾水，看不懂他在做什么，他们花了太多篇幅阐述趋势、概念、力量，就是不说他们的产品是什么，怎么收费，怎么卖，而这是商业模式的核心。

第四是看前景，看这个创业方向市场有多大，竞争门槛有多高，毕竟我们想要投资的是能够长成参天大树的树。

所有做投资的人都希望事和人都 OK，但这种情况是可遇不可求的，我坚持认为人是最关键的，人对了事才能对，人不对事也做不对。

雷军在《评估创业项目的十大标准》中给出了评估团队的 6 条标准，可以从另一个角度供大家体会：（1）能洞察用户需求，对市场极其敏感。（2）志存高远并脚踏实地。（3）最好是两三个优势互补的人一起创业。（4）一定要有技术过硬并能带队伍的技术带头人（互联网项目）。（5）具备低成本情况下的快速扩张能力。（6）履历漂亮的人优先，比如有创业成功经验的人会加分。最难的是（1）和（5）。雷军认为如果创业团队达到上述 6 条标准，只要有梦想，坚持下去，就一定会成功。但同时创业团队必须找到合适的创业方向，才会真正成功。如何判断项目是否值得做呢？雷军总结了 4 条标准来选择项目:（1）做最肥的市场，选择自己能做的最大的市场。（2）选择正确的时间点。（3）专注、专注再专注。（4）业务在小规模下被验证，有机会在某个垂直市场做到数一数二的位置。一句话来表达就是：在对的时间做一件对的事，并且要做到数一数二。

军规 34　融资时要敢于吃亏

微语录

昆仑的仑 #:

不要相信那些融资神话，实际上只有很小比例的创业者能够融到资金。创业初期应该专注于业务，与其把时间浪费在见投资人身上，不如先竭尽全力推动业务走得尽可能远些，你自己不发挥出全力资本不会出手参与。融资时要敢于吃亏，尽快拿到钱去干活是最重要的。

别相信那些融资神话

融资其实是很难的一件事，而且是一个漫长的努力和多次被拒绝的过程，大概只有很小比例的创业者可以融到资金。

企业融资时的最大问题是融资总是在商业计划被验证之前，本质上，大多数投资经理的水平并不比常人高明，他们看不懂创业者还未实施的很多想法，他们也太急功近利，希望投到的项目都是没有风险、有一个保底的回报并且收益上不封顶的项目（至少他们的投资协议都是这么签署的），而所有的创业其实都需要在前进过程中不断调整才能成功，这两者之间的差距让很多投资经理看不懂创业项目，让很多创业项目融不到资。

首先不要相信那些融资神话，至少你知道的那个6分钟融到花不完的钱的故事肯定是假的，这世界上如果有神话也是百分之一或者千分之一的概率，既然是小概率事件，就不是你我这种普通人所能遇到的。

我一贯认为，天上会不会掉馅儿饼不重要，我根本不会浪费时间和情绪去考虑这种问题，因为我知道即便天上会掉馅儿饼也不会掉到我头上，所以我不会把成功的希望寄托在天上掉馅儿饼砸到我头上，我只会把天上不会掉馅儿饼作为前提来思考和行动。

其次不要相信那些绚丽的公司估值和融资金额。有一次我看到报道给我的一个投资人打电话，问他为什么他们给一家比我们差很多的公司的估值竟然比我们还高。他听了后呵呵直笑，告诉我，对方对媒体公布的融资金额是实际金额的5倍！

实际情况是，企业融不到资是常态，如果我们统计一下每年发布的融资案例，或者简单地把所有基金募集的金额和他们平均的投资金额相除，我们会得出一个结论，其实只有不到1%的企业能够获得融资，创业者必须做好在融不到资的情况下的创业，靠自己能够动员到的有限资金，一步一步向前走。

你自己不使出全力没有人会施以援手

很多创始人总认为企业发展不起来是因为没有钱，其实不是，很多时候初创企业发展不起来不是因为钱，而是因为没有方向没有人。

以我多年经验，创业初期企业的核心问题多半不是缺钱，而是缺方向。对很多公司而言，即便融到资了，除了多招些人多开几个城市多些费用之外并无本质区别，因为还没有做出来有人愿意买的产品，或者有产品了但还没有找到可以持续销售的方法，这时候与其到处去融资还不如专注于业务，先发挥出自己的最大潜力，先靠自己的力量把上述两个问题解决掉再去融资，这是事半功倍的方法。

我不赞成创业初始就去融资，创业初期，最需要的是想清楚做什么，把样品做出来。这一部分的钱，是你自己可以解决，也必须自己解决的。

很多时候融不到资的原因是你还没有走到可以融资的那一步，每类资本都有其投资的阶段，是投资于创意的还是投资做出产品阶段的？是投资用于打样的还是投资用于复制的？投资人未必是你的业务的专家，但一定是看项目的专家。他们每天要看很多项目，他们有很专业的分析模型，有非常清晰的标准来衡量项目，他们未必知道什么公司能做成，但是他们知道什么样的公司做不成。所以当你的商业模式不清晰或者有硬伤时，当你还没有把你自己应该使出的全力使出来时，他们是不会出手投资的。

当你向别人求助的时候，一定要自己先竭尽全力，你不使出吃奶的劲儿，别人的手不会伸过来。如果别人认为你自己可以做的事你自己不做却来寻求帮助，没有人会愿意出手。

融资更是如此，你一定要把你自己能够投的钱都投完了之后再去融资。道理很简单，投资人会想，这些资金他自己能解决吗？如果能解决他自己不愿意解决却跑到我这里来融资，为什么？

对于天使投资而言，如果你没有尽自己的全力，他很难对你投资。曾经有一个创业者来找我希望我投资，我问他要钱作什么用，他告诉我需要自己雇几个人去签商户验证他的产品能不能卖出去。我直截了当地告诉他，你根本不需要打扮得衣冠楚楚地来我这里浪费时间，而应该去见客户，自己先签下10个客户，验证清楚自己的想法客户接受不接受。如果想法是可行的，你只要拿出数据，告诉投资人投入多少资金，你雇用多少人复制你验证的事情，预计产出会如何，投资人会很容易认同。如果想法是不可行的，你来找我，我怎么会投？

这个例子告诉我们，第一，你必须把目前资源下可以做的事情做到极致，把所有的资源都发挥了，甚至把自己和亲朋好友的借钱潜力都发挥了，投资人的钱才更可能投给你。第二，在钱成为唯一的瓶颈时再融资。很多在挖空心思融资的创业者其实现在需要的不是钱，与其跑出去融资，不断回答投资人的一个又一个质疑，不如先把不需要用钱解决的那些问题先解决了。

我建议初创期公司要尽可能把精力放到业务上，在逼不得已或需要大量起步资金时再去找投资。我见过非常多的创业者因为分神去融资而导致公司越做越差，最后资金没有融到业务也耽误了。

换位思考一下，如果你是投资人，我来让你投钱给我，你的第一反应是什么？肯定是怀疑，我投资给你之后赔了怎么办？我该不该投资给你？第二个反应一定是，这件事靠不靠谱？你说的是不是真的？你想做的是不是能做到？

投资人最关心的是创业者的想法是否成立，即是否已经被小规模验证。当然他们不可能等到所有的想法都已经被验证再投资，但是他们会希望尽可能多地被验证，以提高确定性。

所以，假如你想徒步从北京去广州需要找人赞助旅费，最好的做法不是在北京的大街小巷到处寻觅投资人，也不是在酒吧里像个怨妇似的逢人便阐述愿景。最好的做法是马上出发，等按照计划到了石家庄，再告诉投资人你何时可以到济南、上海以及广州。这就是验证，把想法一步步变成现实，就是最有力度的说服力。

关于估值的重要提醒

我认为现在的创业者有一个巨大的误区：就是盲目地要求高估值。

也许是现在的资本热潮吧，很多创业者心比天高动辄公司估值就报价数亿人民币数亿美金，要知道仅仅是五年前，雷军等我们朋友们聚会时大家还是以这辈子应该做一家十亿美元市值的公司共勉呢。而现在，创业者动辄给自己的公司标出几亿美元的高价，不知道是创业者的泡沫还是投资人的泡沫，至少我不赞成。

其实前面一两轮融资估值高低对于创业公司真的没有那么重要，重要的是融到钱把事情做起来。

融资的时候需要换位思考一下，如果你是投资人，对于一个刚刚开始还没有被验证的商业模式你敢投入吗？即便是商业模式成立，面对蜂拥而至的竞争对手们甚至是 BAT 们，作为投资人你敢赌被投公司一定能够生存下来吗？对于一个创业的新手，把几百万数千万的资金交给他去尝试他的创业想法，作为投资人你敢吗？

这些其实都是很难做出的决定，所以，作为创业者，一味地要求高估值其实要想融资成功是很困难的。

我的建议是，融资最大的目标应该是融资成功，以及尽早融资成功，前一两轮的估值真的不重要，尤其是第一轮融资，只要估值不是太离谱了，有人愿意投资赶紧接住。要知道，企业是否被投资是有本质区别的，融到资的企业说明已经被第三方认可。

而且，早期企业能否做成还是一个未知数，甚至一两年后能否生存下来都还是一个未知数，这时候估值高一点低一点对于创业者重要吗？

很多创业者纠结的所谓估值高低问题，其实之间的差别很小很小。在拿同样钱的情况下不过是股份多稀释了几个百分点而已，不伤筋不动骨，试想一下，融资 2 000 万，投资前估值 1 个亿和估值 1.5 个亿差 50%，估值高 50% 够高了吧，而投资人拿走的股份就是 16.7% 和 11.8% 的差别而已，而如果你的持股是 40%，稀释后你的股份是 33.3% 和 35.3% 只差 2% 而已，差别有多大？你觉得你斤斤计较的公司估值有那么重要吗？

公司做成了是 100，做败了是 0，如果失败，再高的估值都会变成零，如果成功，现在估值低下一轮只要估值稍微高一些就把此前的损失都找回来了。所以，前一两轮融资的时候不要斤斤计较估值高低，尽快拿到钱向前走才是最重要的。如果做败了你的股份比例再高又如何？如果做成了，你的比例多个百分之一二少个百分之一二重要吗？再者说了，如果觉得这轮估值低了你把公司做起来下一轮找补回来就是了。

创始人总是认为自己的企业很值钱，不愿意公司价值被低估，其实投资人压低你公司的估值和他们对公司价值的认可没有必然关系，基金公司投资于你和做生意是一个道理，高估值对他们来讲意味着高风险，就是这么简单的道理。

融资又不是卖公司，喊个高价，除了给自己架上更高的指标、更重的担子之外，没有多大意义。

每个基金的规模不同、定位不同，所以投资的领域以及投资的企业阶段也不同，融资时一定要找对基金。一般而言，一个基金的规模决定了其投资的规模，原则上一个项目的最大投资额不能超过基金规模的10%，达到基金规模5%的项目就已经是大项目需要全票通过了。

每个基金都有自己的决策流程，要找对人，和低级别的投资经理花再多时间也解决不了决策问题。尤其要注意，很多低级别的投资经理为了拉项目会将基金对于项目的兴趣夸大，将自己在基金内部的权力夸大，如果创业者区分不清楚就会被他们指挥得团团转，浪费工夫。

一般而言，只有合伙人在基金之中才能发挥作用，只有决策委员会才能最终决策。

融资的唯一窍门是敢于吃亏

融资有窍门吗？有，融资唯一的窍门就是要敢于吃亏，敢于贱卖，甚至敢于答应投资人那些“无耻”的回购、保底等条款。

融资的时候，创业者总是处于不利位置，一方面，经验和知识严重不对等，几乎所有的创业者都是第一次融资，但是对于投资人而言，他们每天的工作就是投资；另一方面，很多创业者总是感到自己是要钱一方，羞于谈公司估值，也不知道如何谈。

其实融资谈判除了项目本身，更像是一场心理的较量。我的建议是，创业者要把融资当作和战略合作伙伴的一次业务合作来看，自己吃点亏，让合作伙伴的所得超出预期，合作自然容易达成，合作自然愉快。

记得申音写过一条微博说江南春曾经总结他融资的三个窍门，价格低点儿、融资的规模小点儿、时间早点儿，我觉得非常到位。

首先是融资价格要低点儿。公司估值对创业者和投资人其实都没有他们自己想象的那么重要，除非是估值高得离谱或者是低得离谱，否则高低的差别不会超过相对数 10%。重要的不是多稀释 10%

少稀释10%，也不是多挣10%还是少挣10%的问题，而是投对投错做成做不成的问题，对投资人而言投对了是1投错了是0，对创业者而言做成了是1做败了是0，规避0应该是双方最大的目标。所以，对创业者而言，融资时要价低点儿，让自己吃点亏，让投资人觉得有便宜占，提高成功率、加快完成速度最重要。

此次拉卡拉金服融资15亿人民币，从开始到结束也只用了一个半月，很多人告诉我百亿人民币的估值低估了，但我认为企业要诚信，既然我们报价了，就不能因为市场反应热就涨价，最终我们没有涨价，但是因为想投的人太多，我们最终超募了50%。有意思的是，就在我们融资到账之后两天，赶上A股的大跌，不到两个星期A股总体市值跌幅超过三分之一，大量的公司价值腰斩，我身边的人都告诉我，很多正在谈的融资都受到了波及，而我们已经把精力放到拿着融资扩张业务上去了。

其次是融资的规模小点儿，你不要幻想一次把企业发展所需的资金都融到手，这样不现实，即便是实现了公司估值也会吃大亏。要正确地认识到融资的难度，不可能一口吃个大胖子，不要指望有人会一次性给你足够的资金。融资要一轮一轮地融，拿到一笔钱，把计划向前推进一个里程碑，再融一笔钱去实现下一个里程碑，这是正道。

再次是融资时间要早点儿，融资需要一个过程，一般而言，一轮融资从开始找钱到钱入账，怎么也需要四五个月，不要等到弹尽粮绝再去融资，否则一丁点儿的差错都会影响到经营。手中握有底牌，才能使自己立足于不败境地。企业应该在不需要钱的时候借钱，你越在很有钱的时候去融资，投资者就越愿意给你资金，因为他会觉得你不是因为没钱才融资，而是为了要把公司发展得更好，这样投资者感觉比较安全。等到弹尽粮绝再去融资，连谈判的底气都没有了。

军规 35　不要让投资人替你决策

微语录

昆仑的仑 #：

引入投资人后企业发生了很多变化，从目标到治理结构以及决策权，但创业者必须清楚，你和投资人的利益并不完全一致，创业者应该是公司的主人，永远不要放弃你对公司所负有的责任，永远不要让投资人替你决策。

投资人和创业者的利益不完全一致

投资人和创业者的利益并不完全一致，所以创业者选择投资人时要慎重，和投资人打交道时要谨慎。

创业者是把企业当孩子养，投资人是把企业当猪养。企业是创业者的唯一，也是创业者一辈子的事业，但你的企业只是投资人几十个投资组合之一，只是投资人挣钱的工具而已。不管企业成功失败、顺境逆境，创业者都必须也只能不抛弃不放弃。

投资者投资给企业，当然不是企业的对立面，他们占有相当的股份，当然希望公司成功。但是，投资人投入是为了退出以及每一期基金几十个投资组合的本质决定了资本和创业者的利益并不完全一致，很多时候甚至是不一致的。

我的师兄王志东在点评本书时写道：不要认为投资人会与你穿同一条裤子，就算他同意，你也不能干。钱不是万能的，没钱却是万万不能的，所以双方才会在一起，说白了就是互相利用。成功了，他的钱生钱，你的梦成真，双赢。但记住，双方动机不纯，大难临头各自飞是可能的。

投资人进入后，企业会发生很多变化。首先，一般公司都得设立一个上市目标，投资人投资就是为了退出，他们不会投资无法上市或者无法出售的公司，他们投资之后就会推动公司设定上市时间表。其次，公司的治理会规范化。从董事的人选到董事会的召开频次到召开方式，从公司的财务管理到经营管理都会规范化起来。再次，公司的权力结构会发生变化。董事会上很多重大事情，投资人都拥有一票否决权，经营层面的重大事情，也需要和投资人进行沟通。

不可否认，从企业接受风险投资那天起，就意味着创业者接受了一个游戏规则，这个企业不再属于你个人，你需要和投资人分享股份和权力，作为企业家，要有一种心态——这个企业属于你，又不属于你，至少你得按照新的游戏规则来玩，为了继续掌握公司的命运，你需要多做一个功课：管理好你的投资人。

资本和创业者的关系更像保姆而非伴侣

正确认知资本和创业者的关系对创业者非常重要。

很多创业者把资本当作是“伴侣”，是同甘共苦的一辈子合伙人，这种观念是错误的，这种观念会让创业者吃大亏。

创业者和创业公司只是资本的生产工具而已，虽然我们不愿意面对，但这是事实。虽然关于投资有很多美丽的包装，诸如支持创业等等，但风险投资本质上是商业行为，是要你帮助投资人获得资本回报，如果你不能做到这一点，没有任何投资人会投资你。他们投资你的最终目的就是为了以更高的价格卖出。

所以，风险投资和创业企业的关系，绝对不是夫妻关系，而更像是保姆与主人的关系，如果一定用男女来比喻，风险投资更像是你家的保姆，帮你照顾一段时间孩子，最终会离开。她不是雷锋，不会免费帮你，保姆帮你照顾孩子是为了获得工资回报，如果你付不出工资或者有人给更高的工资她就另谋高就了，如果你能付得起，孩子大了保姆也会离开。资本投资给你就是为了未来退出的，退出的时候他希望获得足够的回报，这一点创业者必须清楚。

中国很多创业者就是因为没有看清楚风险投资的本质，盲目相信资本，结果交了很多学费品尝了很多“苦果”。

要学会管理你的投资人

在公司内部，我一贯强调下级要学会管理你的上级。

同样，创始人必须学会管理你的投资人，因为他握有权力，很多事情你必须获得他的支持。

所谓管理你的投资人，就是让投资人同意你的思路、支持你的计划。

这是非常重要的，也是每一个创始人都必须做好的工作，如果管理不好你的投资人，你的工作不可能做好。

如何管理好你的投资人呢？

我认为要做到四点：

第一，永远不要让投资人 surprise。即要随时采取各种方式与上级沟通，让投资人知晓你的想法、你的动态、你的进展，让投资人对你的事情做到心中有数，这样在需要他做表态的时候他不会一头雾水。

第二，要建立信任。核心是说到做到，如果投资人认为你是一个说到做到之人，支持你就是顺理成章的，如果投资人认为你“不靠谱”，他就很难同意你的计划。

第三，要建立感情。人都是感情动物，和投资人要像朋友一样相处，建立起一定的私交，工作上配合起来会更顺畅。

第四，要讲究方式方法，在什么时间，用什么方式提出想法是非常重要的。尤其要注意的是，不要贸然开大会，大会之前必须和关键投资人开小会，达成一致后再争取其他人支持。

如果不能管理好你的投资人，你就会每每在最关键的时候要面对一个“符号”，一个投资人派给你的董事，一个投资经理。你是 7×24 小时心思都在公司上，而他们只有来参加你董事会的时候心思才在你的业务上，公司是你的百分之百，但只是他们几十上百个项目之一。你听到的不是对方派给你的董事这个“人”的意见，而是一个虚无缥缈的“基金”的意见。

融资条款的“秘密”

融资条件中价格并非最关键因素，核心的是那些关键条款。每一条都足以决定公司的生死存亡，一定要谈好投资条件。条件不合适的，宁愿不要钱，否则会为公司未来的发展埋下巨大的隐患。

需要提醒的是投资人所谓行业惯例条款，即那些每个投资人都会要求的诸如优先股、反稀释、跟售权、强制出售权等等，其实并没有什么不可变更的。所谓行业惯例条款，一切都是可以谈的，对于抢手的企业，不给这些“行业惯例条款”资本也一样挤破头想投，对于资本不看好的企业，给出双倍的优惠条款他们也不投。

投资人所谓的“行业惯例条款”其实只是他们追求自己利益最大化、风险最小化的手段罢了，基本上分为三类：一类是投资人要求的决策权，一类是公司经营状况不好时对投资人的保护，一类是公司经营状况好的情况下的约定。搞清楚每类条款都是什么意思，对第一种，要策略地设计，底线是保住自己对公司的基本控制权；对第二种，尽可以让步；对第三种，必须力争，对于事关股东会、董事会投票权等的条款，绝对不能掉以轻心，不要认为自己没有经验就想当然地听从投资人的意见来决策，实际上，真正了解公司的只有你自己，所以，大的决策你必须自己去判断，你必须在合同条款中不失去自己对公司大事的决策权。

实际上所有的投资条款都是可以改变的，关键看公司的价值，所谓“弱国无外交”，好公司、不需要融资的公司谈判最主动，等着融资救命的公司没有资格谈条件。

我的体会是，不要在那些小概率事件条款上浪费时间，例如回购，例如优先清算等。这些条款发生时意味着公司已经做败了，这类条款不妨大方一些，作为为大概率事件讨价还价的筹码。对于大概率事件条款要寸土不让，例如董事会的权力、独立投资权限、追加投资权限等，投资人会要求各种一票否决权等特殊权力，但创业者必须对这类条款据理力争，坚决守护底线，例如：

1. 投资人的一票否决权

融资后，投资人进入公司，持有股份并进入董事会。一般来讲，他们会要求对于很多重大事项的一票否决权。这就意味着，公司的重大问题你自己已经没有了决策权，你需要听从投资人的意见。但是哪些事情他们有一票否决权？各个投资人之间一票否决权如何行使？这些都是可以争取的，一票否决权使用事项的范围越小越好，如何最大限度地让多数来制约少数，如何尽可能地给创始人留下决策空间，都要花心思去设计结构和法律条款。

2. 回购条款

投资人会要求如果没有在几年以内上市，他们可以要求你回购他们手里的公司股份。这类的条款，只要是公司回购就可以答应，但是原则上不能答应创始人回购。因为创始人回购是无限责任，公司回购是有限责任，真正到回购的时候要么是投资人不愿意你回购要么是公司没有能力回购。

3. 上市时间表

投资人进入公司后，一般都会要求制定一个上市时间表。这也不怪他们，因为基金的最长存续期只有 7 年，投资人必须在 7 年之内完成对你的投资以及退出。他们的时间很紧，所以就会紧逼你加快速度。但是对于创业公司而言，何时上市不是完全由你决定的，如果承诺明确的时间表对公司是一个巨大的压力，建议的做法是，可以同意该条款，尽量把时间放长，同时规定一旦公司进入下一轮融资，就按照与下一轮投资人的约定办。

任何时候创业者都必须自己做主

很多创业者融资后会下意识觉得既然很多权力都归属了投资人，就让投资人决定吧，或者在和投资人意见不一致时就屈服于投资人的意志，这是完全错误的。

请记住，只有创业者才能担负起经营公司的责任，创业者任何时候都不能放弃这个责任，否则对于自己、对于企业，甚至对于投资人而言都是悲剧。不要认为投资人注入了资金就有权控制公司，更不要认为反正有投资人在把关，自己可以放松神经了，创业者永远不能放弃自己对公司的领导责任，永远不要让投资人替你思考和决策。

不当家不知柴米贵，不操盘不知创业。最了解企业、最能够为企业负责任的一定是创业者不是投资人。

俞敏洪也说过，不要按照投资人的要求来做公司，创业者都有梦想，要按照梦想去做公司。

融资时必须放弃一些权力，这是没有办法的事情，但创业者还是应该尽可能地去寻求对公司更大的控制，例如保持董事会的多数（毕竟一票否决权是核武器，投资人用起来会很慎重），以及注重培养和投资人的感情，建立自己说到做到的信誉，建立起投资人对你的理解和信任等。

上市时，可以设计一些特别的计划保护创业者对公司的控制权，例如新浪在面对盛大收购时，就启用了早已设计好的“毒丸”计划。核心是：如果盛大及关联方再收购新浪 0.5% 或以上的股权，购股权的持有人（收购人除外）将有权以半价购买新浪公司的普通股。现有股东可以行使权利以半价增持新浪股权，以图摊薄盛大持股，令收购计划泡汤。毒丸计划客观上稀释了恶意收购者的持股比例，增大了收购成本，或者使目标公司现金流出现重大问题，引发财务风险，使恶意收购者一接手即举步维艰，让收购者感觉好似吞下毒丸，最终实现了反收购的目的。

最好不要对赌

有时候，投资人很强势会要求签对赌条款，而你为了拿到钱也不得不接受，这时候要注意对赌条款的设计。如果一定要对赌，或者创业者把对赌当作自己被低估之后的挽回手段，那就精心设计对赌条款吧。

一般来讲，创始人很少会输掉对赌。

但是我依然不赞成对赌条款，原因很简单，对赌会让管理层动作变形，会去做很多正常经营内不会做的动作，这些动作带给企业的危害会远远大于对赌条款带给投资人的保障。事实上，当投资人对赌赢了的时候，投资已经失败了。当然，如果创业者对赌失败，对企业对自己对投资人其实也是三输的结果。

这个世界上，谁都不比谁傻，创业者和投资人之间，还是坦诚相待比较好，毕竟，革命成功之前大家还是在一条船上的人。

军规 36　上市是企业的成人礼

微语录

昆仑的仑 #：

企业的目标应该是可持续成长，不要把上市当作企业目标，上市只是企业的成人礼和新的起点而已。到了该上市的时候一定要上市，不到上市的时候不要为了上市而上市。

不要为了上市而上市

很多创业者把上市作为创业目标，这是错误的，上市甚至不应该是评判企业是否成功的标准，只是企业发展中的一个里程碑而已，衡量企业成功的标准应该是经营健康和可持续发展。

如果企业自身还没有成长到成熟阶段，强努着去上市后果未必会好。公司上市后，负有向公众（包括竞争对手）进行充分信息披露的义务，需要按照季度达成财务目标，需要接受更严格的监管等等，对于没有成熟的企业，这些都是不可承受之重。

上市是对企业更严酷考验的开始，投资人每个季度都会看你的业绩，看你经营目标的达成情况，投资人是用脚投票的，一旦他们对企业的表现不满意就会卖出股票，引起你的股价大跌。

所以创业千万不要把上市定为创业的目标，尤其是不要给自己规定一个上市时间表。这会对企业的经营造成很大影响，你的很多动作就会变形，你会不自觉地突破一些商业的常识和规律设定目标和方法，结果很可能是适得其反。

当然，成熟的企业上市能够极大地促进企业的发展，一个企业能走多远，取决于三个因素：治理结构、管理水平和抗风险能力。企业上市成为公众企业，可以大大提升治理结构及管理水平的规范性以及大幅度提升抗风险能力，加速企业的发展。

上市会带给企业巨额资金，并且大大提升企业的品牌知名度，使得企业的资本实力倍增，能大大提升企业整合资源的能力，从而帮助企业更好地抵御风险以及扩大再生产。

上市是企业的成人礼，不要心疼股权被稀释，不要觉得监管是束缚，企业发展到一定阶段一定要上市，就如儿童的成人一样，过了上市关也就意味着企业进入成熟的发展阶段了，可持续发展性更强了。

上市不是判断企业成功的标准

如果把上市当作创业目标，就会把上市当作评估企业成功的标准。而实际上，99% 的企业是上不了市或者不上市的，中国股市的上市企业一共 4 000 家，美国各类股票市场的上市企业也只有几万家而已，如果以上市为评价企业是否成功的标准，那华为岂不都是不成功企业？上市本质上只是企业的一种融资手段而已。

中国很多企业都是“一代拳王”，靠一个产品、一个市场机遇兴起又很快沉沦。如何驾驭企业可持续发展是对创业者最大的考验，经受住了考验，不管上市与否都是成功的企业。

中国企业上市之难难于上青天

中国企业上市很难，不论是去国外上市还是在国内上市，都需要过五十关斩六十将，能够成功的是极少数。任何一关闯不过都不行，任何一个环节判断错误都可能会前功尽弃，需要巨大的决心、艰辛的努力、长时间的煎熬以及一丝丝的运气才可能成功。

企业如果启动上市就要信念坚定，选定上市地点后就要坚持不动摇，逢山开路遇水搭桥，只有那些抱定“咬定青山不放松”死缠烂打到底的企业才可能上市成功。很多企业就是在国内还是美国还是香港，创业板还是新三板的犹豫和变换之中消耗了时间，拖垮了自己。暴风影音的冯鑫在准备选择上市地点时我们有过一次谈话，我给他的建议是一旦选定一个方向就横下一条心死磕，今年上不了就明年，明年上不了就后年，总之认定了一个方向就不要改，只要坚持死磕一定会达成目标。后来他下定决心上 A 股，于是开始拆 VIE，开始按部就班地准备，果然，2015 年股市开始启动审批加快，暴风影音成为第一只拆 VIE 登陆 A 股的企业，创造了几十个涨停板的奇迹。

上市路上，时机非常重要，能早一天上就不要晚一天上，谁知道明天市场会怎样？一旦有窗口就要果断上，不要斤斤计较发行价格之类的问题，挂上去是第一位的，以后有大把时间让企业的价值获得承认，而上市窗口稍纵即逝，一旦错过，也许就是永远地错过。

一般而言，企业上市地点的最终选择，应当是在综合考虑企业战略、目标市场、筹资规模、市场声誉、后续融资等因素后做出选择。但实际上，一个企业能够去哪里上市在第一次融资中就已经确定了，VIE 架构只能去国外，如果想在国内上市，引入的投资中最好没有外资。

企业的上市模式分为直接上市和间接上市两种。直接上市是指企业通过股份制改造成股份有限公司，然后直接向监管机关和证券交易所申请发行股票并成为上市公司。间接上市又称买壳上市，以一家已经上市的公司为壳公司，通过取得这家壳公司的控制权，并向这家公司注入自身资产的方式实现上市。

企业不管准备在哪个市场上市，一旦准备走上市之路，对经营活动就会产生很多重大影响，创业者对此要有足够的心理准备。

首先，经营成本会大幅度上升。因为企业的税务、法务、劳动等方面要最大限度地规范化，必须按照最严格的要求来做，而且这些规范化不可逆，不管企业是否能够上市成功，这些成本一旦开始产生都不可能再降下来。

其次，上市费用很高昂。虽然很多费用可以上市成功之后支付，但是之前必须支付的费用也不是一个小数。企业从改制到发行上市需要支付的费用包括中介机构费用、交易所费用和推广辅助费用三部分。上述三项费用中，中介机构费用是发行上市成本高低的主要决定因素，其金额的变化直接决定了上市成本的高低。当然一个公司要走完上市的过程，其付出的费用远远不止其可以公开的材料中列出的那些费用。

再次，会牵扯领军人物极大的精力。为了筹备上市，管理层需要付出大量的精力，基本上要一个专门的小组干个一年半载，而且组长很可能必须是总经理。上市是一个庞大而又系统的工程。从最开始寻找券商、评估机构到最后刊登上市公告书，在交易所安排下完成挂牌上市交易，每一步都关键，稍有差池可能付出的不仅仅是时间、金钱的代价，还有可能失去一次宝贵的机遇。所以上市的过程需要领导者全身心地投入，调动企业上下来打这场关系企业命运的一仗。

中国的上市是审核制，上市之路更加漫长和不确定。所以你会看到，很多好企业上不了市，很多莫名其妙的企业上市了，有些企业一上市业绩就大变脸，有些企业一上市就开始转型。这都是中国证券市场非市场化的表现。

近期的好消息是，《证券法》即将修改，注册制即将实施，我们有理由相信，中国的证券市场会越来越好，成为支持实体经济发展的工具。

但无论如何，不能因为上市影响了公司的经营，否则就得不偿失了。

上市之后，考试才刚刚开始

企业上市是对创业者新的考验的开始，募集资金到手的同时，如何满足股民对公司业绩的更高期望？如何达到监管机构对公司经营和管理的要求？如何用好募集资金？如何克制有钱了之后的投资冲动？这些都是对经营层新的持续的考试，考砸了一样会“死人”。

很多企业为了能够顺利上市，也为了企业上市时能够获得更高的发行价格，往往都会对公司进行包装，把东施包装成西施，把稻草包装成黄金。这种包装是否有弄虚作假嫌疑且不说，还会大大地透支公司未来若干年的成长性，公司上市后成长性自然也就体现不出来了，市值最终会下调到趋于正常。包装带给你的漂亮的发行价格除了帮助投资人高价退出获利外，对企业以及创业团队有百害而无一利。

对于创始人而言，上市之后你的股票是被锁定的，加之你需要向监管部门承诺服务年限、股票限售等，你的艰巨使命实际上才刚刚开始而已。

上市对企业的影响还是很大的，包括高管不能随意发布对公司经营等的看法、各种信息必须及时公开，以及为了公司未来在资本市场上继续融资，你必须把近期甚至当期的业绩做好，不管这样做是否会大大制约你的投入和长久发展；上市以后，企业必须接受更严格的监管；上市成功也就意味着公司的核心骨干都成了百万千万富翁，如何让这些富翁继续努力工作，这也是一个很大的挑战。上市之后，企业会面临被并购的危险。这些对创始人而言都是全新的挑战，考试才刚刚开始。

代跋1

《创业家》黑马营第一教材
——"简明国民创业教程"诞生记

创业家杂志社社长，创始人俱乐部常务主席　牛文文

孙陶然兄《创业 36 条军规》正式出版了，微博上的创业者都很期待，《创业家》黑马营的学员们更是格外高兴。说起来，这本书的诞生，与《创业家》杂志及其黑马成长营，与这两年中国的创业浪潮，还存在着一些不得不说的"神秘联系"。在此书出版之际，陶然兄授权我这个知情人来说说"出版内幕"，很是荣幸。

4 年前在筹备创办《创业家》杂志的同时，我就和陶然兄等几个著名的连续创业家探讨过这样一个问题：今天国内的创业者，最缺什么？或者说，我们能为创业者提供点什么服务，让创业人群在中国能不那么孤独，不那么迷茫？尽管有 30 多年的市场化变革，尽管政府一再鼓励，创业在中国仍然是个小概率事件，仍然是少数不安分的冒险者独自涉险然后苦苦求生的个体过程，每个成功创业者的心上都结满了茧子，都写满不可言说的苦痛体验。在中国，一个人的创业之初乃至创业早期，很少有渠道可以获得真实而成体系的"国民创业教程"：怎么开公司，怎么融资，怎么建立创始团队，怎么找到自己的产品定位，怎么寻找自己的客户和市场，怎么和工商

税务打交道，怎么建立可规模增长的商业模式，怎么处理早期团队的分裂……别觉得诸如此类的“初级问题”简单，对初次创业者来说，每个都可能成为生死问题。就是那些已经成功的著名创业家，也有可能还在为创业初期的某个初级问题所困扰。

办一本创业者杂志，能不能同时再办个创业者交流和培训组织，让已经取得成功的创业家用自己的经验和教训来帮助刚走上创业苦旅的创业者？拥有一大批创业成功的企业家，是我们这个国家的一笔宝贵财富；帮助下一代年轻创业者，才是创业家群体最大的不可替代的社会责任。应该办一个创业家帮助创业者的实战培训孵化组织，把经过创业家自己总结梳理的创业实操案例，由创业家自己成体系地传授给年轻的创业群体。

现在大家知道了，这个组织，就是今天的创始人俱乐部和黑马成长营；孙陶然是最早的策划者和发起者，他是创始人俱乐部最早的 20 位发起理事之一、首任联席主席，也是黑马营的第一批创业导师。2011 年 10 月，黑马营开营第二天，学员们到拉卡拉上课，陶然兄的讲课 PPT，赫然是“创业 36 条军规”！

这次课非常成功，黑马学员觉得全是沉甸甸的“干货”：孙老师把自己十几年内连续 6 次创业的得失体会，浓缩成 36 个最可能出问题的陷阱及相应对策，倾囊分享。问题直指人心，听得人直冒冷汗；对策清晰可行，又让人额手称庆。

孙陶然的这一课，为什么能在黑马创业者中引起热烈反响？这里面可能有两个因素：第一，连续创业者的经历与黑马创业者的接近性。从北大毕业后，孙陶然就没有正经找过工作，一头扎进创业的苦海，连续 6 次创业，从四达广告、《生活速递》、蓝色光标、商务通、永业国际，直到拉卡拉，对几种产业领域的创业生态都有深刻理解，对创业各个阶段的沟沟坎坎都有切身体会，创业者听起来很亲切，许多问题感同身受，容易引起共鸣。创业导师假如不是创业出身，或者已成为500强巨头，可能就会和创业者有一定“落差”，针对性和接近性不够。第二，孙陶然又是创业家中特别善于复盘总结的那类人，他从创业起就是联想管理思想的信奉者，后来又进入联想投资大家庭，平时就摸索出一套“先问目的，再做推演，亲手打样（做试点），及时复盘”的方法论。在总结自己的创业经历和体会时，这套思维方法自然显示出了独特的力量。中国很多创新型企业的创始人，在创业及管理上都有其独到之处，如果都能像孙陶然这样系统地总结出来，传授给创业者，将是一件非常有意义的事情。中国的商业创新思想和创新实践一样，并没有止步于第一代企业领袖，等待人们从传授创业的角度去梳理总结。孙陶然的《创业36条军规》，无疑开了一个好头。

第一次上课开讲“36条军规”之后，陶然兄又在无锡、苏州、上海、北京等地多次给黑马营学员及众多创业者做过分享，每次都获得创业者的热烈互动。《创业家》杂志随后刊发了“36条军规”的精要内容，读者反馈也非常热烈。陶然兄在开通个人微博后，也将“36条军规”陆续发布，博友和粉丝们大呼过瘾。从讲课PPT，到杂志刊发，再到微博互动，直到今天正式结集出版，《创业36条军规》这本书的诞生，可以说就是一个与创业者反复互动反复完善的旅程，也是在教材PPT、杂志、微博、书籍等各种传播介质间来回穿行的旅途。它从一个连续创业家的内心流向黑马学员，流向创业人群，再从创业者那里流回到讲述者。

这样的一本书，这样的诞生过程，我自然很乐意把它当作“创始人俱乐部书系第一书”、“黑马营第一教材”来推荐给《创业家》

杂志的读者们（其他导师的授课内容也在陆续整理出版中）。可很显然，它更像是为中国广大创业者而写的一本“国民创业教程”，会在一代又一代年轻创业者中传播，并将被未来的创业者们续写改写成“创业维基百科全书”，不再属于任何机构甚至作者个人。

代跋2

联想控股股份有限公司总裁　朱立南

我和陶然是老朋友了，2005 年联想投资又通过投资的方式参与了他最新一次的创业，而后又和他一起推动了拉卡拉加入联想大家庭，在一个战壕里为实现联想的中期战略而奋斗。

过去几年，作为拉卡拉的投资人，我亲身感受了陶然带领他的拉卡拉团队从第三方支付中渐渐脱颖而出，从一个简单的便利店信用卡还款业务发展到全面便民金融服务以及网购支付两大领域，从京沪广深发展到全国 290 个城市，从便利店发展到办公室、家庭以及个人。其间陶然能够根据市场变化，建班子定战略带队伍，在市场的每一个转折点上都能够有预见性地未雨绸缪，给我留下了很深的印象。

联想投资过去 10 年，投资了数百家企业，可以说每一家企业的创始人都各具特色，但陶然还是比较独特的。首先他的经历和同龄人相比比较独特，1987 年高考时他是吉林省文科第四名，考入当时最为热门的北大经济管理系，师从厉以宁老师。1991 年毕业时，本来联想接收了他，但是由于学校没有给他留京指标导致他无法前来，不过他没有屈从于命运的安排，而是毅然放弃了分配，留在北京发展。

从北大高才生到一个没有户口的“北漂”，从四达集团的合同工到恒基伟业的联合创始人以及常务副总裁，20年间陶然主持推出了著名的商务通全中文掌上手写电脑，其间又联合发起创办了《北京青年报·电脑时代周刊》、《生活速递》、《户外装备》等杂志、蓝色光标公关机构等企业，每个企业都做到了细分市场数一数二的位置，陶然一路走来很不容易。

前一段时间，陶然打电话告诉我他利用业余时间完成了本书，把书稿发给我请我写点东西，我很为陶然高兴，在联想投资，我们把学习当作一种生活方式，在联想控股，我们把求实进取作为工作理念，我从陶然身上看到了这些品质。

陶然和联想很有缘，他身上有着很强的联想文化色彩，他提出的拉卡拉十六字方法论“先问目的、再作推演、亲手打样、及时复盘”，与联想的根文化非常契合，他在本书中所总结的36条军规，就是在长期的工作中不断复盘不断学习的结果。

很多创业者都是将公司作为自己命根子来做的“事业狂”，都是认准一个方向就执着努力的人，我希望陶然总结的这些“军规”在带给读者启迪的同时也能帮助他的拉卡拉团队，以及他投资的其他公司的团队不断提升经营和管理水平，再创高峰。